KB252906

일제말기 소설연구방법의 모색

신 희 교

새미

일제말기 소설은 연구를 하면 할수록 흥미가 더해지는 대상이다. 주로 『문장』과 『인문평론』 폐간 이후가 시기적 대상이 되는 이 시기의 소설은 주지하듯 친일소설이 주류를 이룬다. 그러나 이 당시의 소설은 친일소설로 볼 수 없는 소설도 친일소설 못지않게 많이 발표되었다. 원거리에서 보면 친일소설로 도배되어 있는 듯하나 근거리에서 보면 친일소설, 친일소설로 볼 수 없는 소설, 그리고 이 둘의 중간쯤 되는 소설들이 발표되었던 것이다.

이 당시 소설은 이렇게 범주화된다. 한편 이때의 소설 중에는 일본어로 발표된 작품들이 많다. 일제의 강요에 의한 것이든 자발적인 것이든 간에 작가들의 창작적 언어매체는 모든 장르에 걸쳐 일본어가 중심을 이루고 있었다고 해도 과언이 아니다. 언어매체와 관련, 이때의 텍스트들은 일본어만의, 한국어만의, 일본어와 한국어의 혼용의 세 가지 양상을 보여준다.

세 범주의 소설과 세 가지 양상의 언어매체는 이 당시의 소설에 대한 유형화로서의 명명이 결코 쉬운 것이 아님을 말해 준다.

단순하게 말해 보자. 한국어를 매체로 한 친일소설이 있고, 일본어를 매체로 한 친일소설로 볼 수 없는 소설도 있다는 것이다. 특히 후자의 경우, 언어가 민족문화의 일요소임을 모르는 바는 아니나 일본어를 수단으로 하여 일종 우리의 민족문화를 담아낸 소설로 판단되는 소설도 있다는 것이다.

이 당시의 어떤 소설을 읽되, 친일소설이라고 판단하기 전에 텍스트의 겉과 속을 꼼꼼히 따져 보아야 하는 이유가 여기에 있다.

이 책은 『일제말기소설연구』(국학자료원, 1996)와 관계가 있다. 지난번에 발행한 책이 학위논문을 약간 손질한 것이라면 이번의 책은 일제말기 소설연구의 방법을 좀 더 다양하게 모색해 본, 그간 여러 학회지에 발표한 논문들을 약간 손질하면서 엮어졌다. 지난번 책에 수록되었던 한설야, 김남천, 안수길의 작품론들도 편제상 새 책에 다시 싣고자 하였으나 그리 아니 하였다. 새 책을 기준으로 하여 지난번 책을 보았으면 좋겠다. 새 책에는 논문과 관련된 소설을 당시의 표기대로 수록함으로써 이때의 소설들에 대한 이해를 돕고자 하였다. 아울러 일본어로 발표되었던 김사량의 「물오리섬」을 소설연구의 필요상 번역해 두었는데 이번에 조금 다듬은 후 이를 수록하였다. 수록의 과정에 만용이 없을 수 없었던 바, 이 시기 소설연구를 위해서는 일본어 문학 전공자와의 유기적 협력이 절실함을 더욱 깊이 절감하였다. 아무튼 이 소설들이 이때의 소설들을 모두 대표한다고는 할 수 없으나 이 당시 소설의 실상을 보여주는 데에는 부족함이 없으리라고 생각한다.

일제말기 소설연구와 관련, 일본어 소설 연구, 특정 발표매체 중심의 소설 연구, 당시 신문에 발표되거나 단행본으로 발표된 장편소설에 대한 연구, 우리 작품들간의 연구가 과제로 기다리고 있다. 그리고 이 시기 일본, 중국, 대만, 만주 문학과의 간텍스트성 차원에서의 연구 등이 과제로 기다리고 있다. 지리적으로는 동아시아 전체와, 역사적으로는 해방 이후의 시기와, 문학사적으로는 분단극복지향의 통일된 문학사 기술과도 무관치 않은 이 당시의 소설에 대한 논의가 더욱 활발히 이루어졌으면 한다.

묶어 놓고 보니 지난 책에 이어 자신의 무지가 더욱 드러난 듯하여 조금 부끄럽다. 그러나 타인의 시선을 의식하지 않고, 시간이 허락하는 한 끝까지 일제말기 소설 연구에 매진해 보고자 한다. 어려운 가운데서도 이 책을 출판해 주신 정찬용 사장님께 감사드린다. 그리고 항상 옆에서 기도해 주는 아내와 두 아들에게도 고마움을 표한다.

2007년 7월
모악산을 바라보며
저자

| 차 례 |

| 머리말 | … 3

| 제1부 | **친일문학 규정 고찰(考察)**   … 9

| 제2부 | **소설연구방법의 모색**   … 35
김사량의 「물오리섬(ムルオリ島)」 연구   … 37
일제말기 액자소설의 양면성   … 65
　　　－이북명의 「빙원」을 중심으로
이기영의 「광산촌」 연구   … 89
친일소설의 해방전후 개작 양상   … 113
　　　－박계주의 「유방(乳房)」을 중심으로
일제말기 일본어 소설의 갈래   … 137
황순원의 「그늘」에 나타난 초점화 연구   … 161
이효석의 「산협」에 나타난 초점화 연구   … 183

| 제3부 | **일제말기소설선**　　　　　　　… 205

　　김사량, 「물오리섬」(한국어역)　　　… 207

　　이북명, 「빙원」　　　　　　　　　　… 255

　　박계주, 「유방」　　　　　　　　　　… 275

　　황순원, 「그늘」　　　　　　　　　　… 281

　　이효석, 「산협」　　　　　　　　　　… 297

| 찾아보기 |　　　　　　　　　　　… 329

제1부
친일문학 규정 고찰(考察)

친일문학 규정 고찰(考察)

- 친일소설과 관련하여

1. 서 론

개화기의 한국문학은 그 상상력의 한 발원지를 선행하는 일본의 문학에 두고 있음은 부인할 수 없다. 이 점은 예컨대 개화기의 신소설이 일본 정치소설의 영향을 빼놓고서는 논의될 수 없는 것을 미루어서도 알 수 있다. 일제하의 한국문학은 이후 그 상상력의 테두리가 일본을 벗어날 수 없었으며 형상화된 상상력 또한 일제의 검열을 통과하지 않으면 안 되는 것이었다. 이는 개화기 이래의 한국문학이 무의식적으로나 의식적으로 항상 친일적인 혐의를 받을 수밖에 없는 까닭도 된다. 이는 또한 일제하의 한국문학은 전폐되어야 마땅하다는 극단적인 주장으로까지 이어질 수 있다. 일제하의 한국문학 중에서 전폐되어야 마땅한 문학, 제일호는 아마 암흑기의 친일문학일 것이다. 암흑기의 친일문학은 그러나 전폐되어야 마땅한 문학이 아니라 더욱 구명(究明)되어야 할 문학이다. 암흑기 친일문학의 실상을 밝히 드러내 놓지 않고는 한국문학사도 존재할 수 없다.

암흑기 하면 흔히 친일문학을 연상하고 친일문학하면 흔히 암흑기를 연상하게 된다. 이 글에서는 개화기 이래의 시기 중에서도 이른바 암흑기의 친일문학에 대해 논의를 집중해 보았다. 암흑기라는 용어는 그렇지 않아도 부정적으로 인식되는 이 시기를 더욱 부정적으로 보게 한다. 문학작품에 대한 실체적 접근을 가로막으면서 우리 문학에 대한 허무주의적인 정서까지 조장할 우려가 있다. 이 시기의 문학연구 방법의 다양하고도 활발한 논의를 위해서도 먼저 이 용어는 반성적으로 검토되지 않을 수 없다. 나아가 친일문학을 화두로 삼아 이를 올바로 규정하기 위한 시도를 해보고자 한다.

2. 본 론

1) '암흑기' 용어 검토

문학사상 1940년대 전반기는 '암흑기'라고 부르는 것이[1] 일반화되어 왔다. 문학연구자들에 따라 1939년(송민호), 1940년(장덕순), 1941년(조연현), 1941년말(백 철) 등 기점 설정에의 이견이 없는 것은 아니나 암흑기로 명명함에는 대체로 일치하였다.[2] 사실 일제하의 전 기간이 암흑기였는데 유독 이 시기를 암흑기라 하는 것은 일제하의 세부적인 시기구분을 위한 과학적인 고민의 결여를 반증한다. 그러나 1940년대 전반기는 일제하 중에서도 탄압이 극심한 시기였던바 이때를 일러 암흑기로 통칭하는 것은 무리가 없었다. 그래서 이 용어가 일반화되었다. 그리고 그 기점은 『문장』과 『인문평론』 등의 폐간 이

---

1) 백 철, 『조선신문학사조사』 현대편, 백양당, 1950(초판, 1949년).

2) 송민호(『일제말 암흑기문학 연구』, 새문사, 1991, 187면), 장덕순(「일제암흑기의 문학사」, 『세대』 통권 4호, 1963.9, 177-180면), 조연현(『한국현대문학사』, 성문각, 1978, 585-586면), 백 철(위의 책, 398-399면). 백 철은 '암흑기'와 함께 '부랑크의 시대'를, 조연현은 '공백기'란 표현을 쓰고 있지만 이 말은 '암흑기'만큼 일반적이지 않다.

후로 잡는 것이 일종 상식화되었다.

그러나 우리는 다음과 같은 점도 생각하게 된다. 즉 암흑기란 이 이름은 당시의 문학적 정세 때문이기도 하지만, 문학사가 자신의 아름답지 못한 경험이[3] 반영된 것일 수도 있다는 것이다. 오죽하면 그가 이 시기를 "수치에 찬 암흑기", "백지로 돌려야 할 부랑크의 시대"라[4] 했을까? 따지고 보면 해방 이전 작가들 거의가 이러한 경험을 했다. 암흑기란 이름은 그래서 작가들에게 해방 이전의 아름답지 못한 경험에 대한 면책 사유도 될 수 있었다. 그 이후 이 시기는 한번 잘못 그린 그림을 고치기 위해 덧칠을 하다가보면 더 망치게 되는, 또는 뒤적거릴수록 냄새만 더욱 나는 시기로 공인해 왔다.

이와 관련 우리는 이 시기의 문학 연보가 제대로 작성되어 있지 않다는 사실에 주목하게 된다. 발표된 작품들이 산적해 있음에도 찾을 생각을 하지 않았던 것이다. 장르별 연보는 최근에 이르러서야 작성되고 있다.[5] 작성되어 있다고 하더라도 부정확하다. 예컨대 소설의 경우가 그러하다. 암흑기의 『매일신보』 소재 소설들만 보았지만 그 연보는 상당히 부정확하였다.[6] 연보 작성과 관련된 것이지만, 이 시기의 문학, 특히 소설의 경우, 친일적이지 않은 것이 더 많을 정도로 발표되고 있었음을 알 수 있다. 예컨대 1930년대의 소설의 경향인 신

---

3) 예컨대 「白 鐵論(白矢世哲)」(임종국, 『친일문학론』, 평화출판사, 1983)에서 보이는 그의 친일문학활동.

4) 백 철, 앞의 책, 398-399면.

5) 소설의 경우, 한국어 소설은 졸저, 『일제말기소설연구』, 국학자료원, 1996에서, 일본어 소설은 호테이 토시히로, 『일제말기 일본어소설 연구』, 서울대 석사논문, 1996에서 연보가 작성되었다.

6) 필자는 『매일신보』에서 소설들의 연재기간을 검토하였다. 그런데, 권영민 편, 『한국현대문학사연표(1)』 -시·소설-, 서울대학교 출판부, 1987 중 「12. 한국현대소설목록(1940)」, 226-231면, 「13. 한국현대소설목록(1941-1945)」, 231-241면에서 『매일신보』 소재 소설연재기간이 상당히 부정확함을 알 수 있었다. 몇몇 작품은 목록에서 빠져 있기도 하였다.

변소설과 세태소설이 여전히 지속되고 있었던 것이다. 역사적 사실 등으로 인해 이 시기가 암흑기일 수는 있지만 문학사적으로도 과연 암흑기였던가 하는 것에 대해서는 신중한 판단을 요하는 것이다.

암흑기 문학의 연보는 아직 불완전하다. 그러므로 전 장르에 걸친 이때의 문학 연보는 정치하게 재기술되어야 한다. 그리고 암흑기라는 용어가 선험적으로 드리우는 어두운 그늘을 벗기고 어떠한 작품이 어떠한 양상으로 존재했는지를 성실하게 연구하지 않으면 안 된다.[7] 나아가 이때의 문학사 또한 대폭 보완되어야 한다.

암흑기라는 용어는 이때의 문학사를 허무주의적으로, 비관적으로 바라보게 할 뿐더러 문학사에 대한 실체적 접근을 가로막는 것이 아닌가 한다. 역사인식을 달리할 때 이 시기는 국내외를 막론하고 ‘민족해방투쟁’의 시기일 수도 있는 것이다. 암흑기라는 용어는 그러므로 일반화되어 있음에도 불구하고 우리 역사를 부정적으로 보게 하는 등, 역사인식을 오도시킬 우려가 있다는 점에서 반성적으로 조심스럽게 검토되어야 한다. 그것은 이 시기 문학에 대한 객관적인 접근을 위해서도 그렇다. 이 경우 ‘일제말기’라는 용어도 검토해 볼 만하다.

2) ‘친일문학’ 용어 검토

한편 이 시기 문학의 일반적 명명에 대한 반성이 있어야 한다. 통칭 ‘친일문학’이 사용되지만 이는 후대의 명명이다. 당대에는 전쟁문학 또는 국민문학 등의 용어가 사용되었다. 전쟁문학과 국민문학은 서로 밀접한 개념이다. 전쟁문학에 대한 개념은 『인문평론』 창간호에

---

7) 1940년대 전반기 문학 연구 논저로 앞의 각 주들에서 언급된 것 외에 김윤식, 『한일문학의 관련 양상』, 일지사, 1974 등을 들 수 있다.

있는 박영희의 「전쟁과 조선문학」에서 발견된다.[8] 그 글을 통하여 전쟁문학은 일본정신의 발로인 침략전에 이바지하는 문학임을 알 수 있다. 전쟁문학은 이후 애국문학, 국민문학, 결전문학 등의 용어로 바뀌었으나[9] 모두 전쟁문학의 다른 표현에 지나지 않는다. 국민문학의 개념 안에 전쟁의 의미가 내포되어 있음은 『국민문학』 창간호 글인 최재서의 「국민문학의 요건」에서도 확인된다.[10] 그 글을 통하여 국민문학이 일본정신에 기초한 일본국민의 이상을 추구하는 문학임을 알 수 있다. 아울러 국민문학이 전쟁의 완수를 위해 요청된 문학임도 알 수 있다. 그러나 전쟁문학이니 국민문학이니 하는 것은 모두 당대의 용어이다.

친일소설과 친일시 등을 망라하는 친일문학의 의미도 이의 연장에 있다. 국어사전에는 친일과 관련된 단어로 친일파가 있는데 일본과 친하게 지내는 무리라는 뜻이다. 그러나 이를 역사와 결부시킬 때, 을사조약 전후부터 해방 전까지 일제와 가깝게 지내면서 매국에 가담한 자 또는 일제 강점 하에서 일제의 식민지 정책에 협력한 자들을 일컫게 된다.[11] 이를 준용할 때, 친일문학은 일제의 식민지 정책에 협력한 문학이라 할 수 있다.

친일문학에 대해서는 임종국이 "주체적 조건을 상실한 맹목적 사대주의적인 일본예찬과 추종을 내용으로 하는 문학"이라 한 바 있다. 그리고 여기에는 친일파의 문학만이 아니라, 민족문학자의 작품일지라도 이 요건을 충족한다면 포함되어야 한다고[12] 했다. 임종국의 견

---

8) 박영희, 『인문평론』 창간호, 40면.
9) 임종국, 앞의 책, 16면.
10) 송민호, 앞의 책의 번역부록, 277면.
11) 정운현, 『나는 황국신민이로소이다』, 개마고원, 1999, 22면.
12) 임종국, 앞의 책, 15-16면.

해에는 그러나 모호한 점이 있다. 즉 문학에 있어서의 친일성 여부를 친일파인가의 여부로 기준 삼고 있는 것은 아닌가 하는 점이 그러하다. 그러면서 친일파든 민족문학자든 간에 문학에서의 친일성이 드러나면 친일문학이라 했다. 이 경우 친일문학에의 가치판단은 작가 쪽에다 두어야 할지 작품 쪽에다 두어야 할지 명확하지 않게 된다. 친일문학에 대한 평가는 이 점을 분명히 해야 논의가 가능하다.

이 시기에는 친일적이지 않은 문학이 더 많을 정도이다. 이러한 문학들은 민족문학 등으로 부를 수 있을 것이다. 그럼에도 이 시기는 '친일문학'만이 충만한 시기로 인식되어 왔다. 친일문학은 그렇지 않은 문학의 영역보다 더 큰 자리를 차지한 채 일방적인 영향력을 발휘해 왔던 것이다. 이 용어는 심지어 (친일적이든 그렇지 않든) 개별 작품이 속 깊이 지니고 있는 의미의 다양성 내지 해석의 다양성을 일률적으로 규정지을 수도 있다. 이 시기의 문학은 일반적으로 '친일문학'으로 명명되지만 양질면에서 그것은 의미상의 세밀한 제한을 두지 않으면 안 되는 것이다. '친일문학'이라는 담론은 그러므로 반성적으로 신중하게 전개되어야 한다.

(1) 구조적 측면

1940년대 전반기의[13] 작품을 일별할 때 한국어 전용, 일본어 전용, 한국어와 일본어 혼용의 작품이 존재함을 알 수 있다. 이 작품들 중에는 친일적이지 않은 것과 친일적인 것이[14] 있다. 이를 구조적 양상 즉 언어형식의 양상과 내용의 양상으로 갈라 도표로 보이면 다음과 같다.

---

13) 구체적으로는 1941년 4월 이후.

14) 위의 친일문학 개념 참조.

언어형식의 양상	한국어	일본어	한국어와 일본어의 혼용
내용의 양상			
친일적이지 않은 것	A	C	E
친일적인 것	B	D	F

소설의 경우이기는 하지만 위 도표에서 A는 그 동안 무시되어 왔다. 그러나 A는 적지 않은 것으로 조사되었다. 예컨대 김정한의 「묵은 자장가」(춘추, '41.12), 이태준의 「사냥」(춘추, '42.2), 「무연」(춘추, '42.6), 이근영의 「소년」(춘추, '42.10), 한설야의 「젖」(야담, '43.2), 채만식의 「어머니」(조광, '43.3-10), 이기영의 「공간」(춘추, '43.6) 채만식의 「심봉사」(신시대, '44.11-'45.2) 등은 모두 암흑기로 일컬어지는 시기의 작품이지만 친일적이 아니다. 이 시기가 문학사적으로 문제가 되었던 것은 역시 B 때문이었다고 할 수 있다. 그러나 B는 하나의 작품 안에도 상이한 이념이 있을 수 있다는 것을 가정하면 간단한 사안이 아니다.[15]

이 시기 소설 중에서 C 또한 무시할 수 없다. C는 작품에 사용된 언어가 일본어이다. 일본어는 일제에 의한 강제 사용과 맞물려 작가들이 수용해야만 했던 언어였다. 그러나 이 말은 모든 작가가 모든 작품에 일본어를 사용했다는 뜻은 아니다. A도 창작했기 때문이다. A의 존재는 C의 존재를 친일적인 것으로 보게 한다. 그러나 C는 내용의 양상이 친일적이지 않은 것이다. C를 친일문학(친일소설)으로 부를 수 있겠는가? 이는 D와 비교해 보면 더욱 분명하다.

김사량의 「물오리섬(ムルオリ島)」(국민문학, '42.1)과 정인택의 「뒤돌아보지 않으리(かへりみはせじ)」(국민문학, '43.10)를 예로 들어 보자. 전자는 비록 일본어로 창작되었지만 순전히 한국적인 내용을 담

---

15) 이에 대해서는 (2)에서 검토하기로 한다.

고 있다. 제목부터가 우리말을 일본어로 표기하였다. 물오리섬은 대동강에 있는 섬인데 이 작품은 이 강을 문학적 동기로 삼았다. 대동강 주위에서 구전되어 온 여러 설화의 흔적이나 민요를 살려내어 기록하였다. 작품의 주인공인 미륵의 삶 또한 설화적이다. 소작인인 미륵은 지주의 횡포로 인해 사랑하는 순이를 잃고 물오리섬을 떠돈다. 전체가 4절로 된 이 작품은 탁물우의(托物寓意)의 창작방법이 훌륭하게 관철되었는 바, 그 우의의 일면은 망국과 일제침략이다. 이 작품은 특히 정서의 일체감이라는 측면에서 일본인보다는 한국인에게 다가오는 부분이 압도적이다.[16] 이에 반해 후자 또한 일본어로 창작되었지만 징병에의 독려를 여러 관점에서 생각하게 한다. 제목부터가 일단 출전하면 뒤돌아보지 않겠다는 시구에서 따온 것이다. 즉 일본의 방패가 되어 죽을지언정 되돌아오지 않겠다는 각오를 담고 있다. 일본을 위해 결사적 충성을 다짐하는 한 출정 지원병이 전쟁터에서, 후방에 있는 남동생에게 부친 편지글의 형식으로 된 이 작품은 주인공의 그러한 충성심을 징병을 독려하는 방향으로 시종 몰아간다. 「물오리섬」과 「뒤돌아보지 않으리」 공히 일본어로 창작되었지만 전자는 후자에 반해 판이한 세계관을 보여주고 있다. 전자를 친일문학(친일소설)이라고 단정짓기는 어려울 것이다.

이 문제를 다른 각도에서 논의해 보기로 한다. 이 시기 문학을 보는 일반적인 기준으로 속지주의, 속인주의, 속문주의, 속소재주의의 네 가지 큰 범주를 설정해 볼 수 있을 것이다. 즉 한국이냐 일본이냐에 따라, 한국인이냐 일본인이냐에 따라, 한국어냐 일본어냐에 따라, 한국적이냐 일본적이냐에 따라 문학의 귀속 문제는 달라질 수 있을 것이다. 그런데 이 네 가지가 만들어내는 경우의 수를 생각하면 귀속

---

16) 졸고, 「金史良의 「물오리섬(ムルオリ島)」 연구」, 『국어문학』 제33집, 1998.8.

문제는 더욱 복잡해진다. 예컨대 한국에 거주하는 한국인이 일본어로 일본적인 소재를 다룰 경우와, 일본에 거주하는 한국인이 일본어로 일본적인 소재를 다룰 경우 귀속 문제는 달라질 수 있다. 후자의 경우 시비의 소재는 친일성의 여부와는 다른 양상을 띠게 될 것이다. 그것은 일본문학의 영역으로 이월될 가능성이 있기 때문이다. 재일한인 작가가 일본으로 귀화할 경우에는 더욱 그러할 것이다. 이렇게 볼 때 그 네 가지가 만들어내는 경우의 수 중에서 가장 문제가 될 만한 것은 한국에 거주하는 한국인이 일본어로 한국적인 소재를 다룬 문학이다. C의 존재가 여기에 가깝다. 이러한 문학을 두고 친일문학이라 한다면 그것은 매우 옹색한 주장이 될 것이다. 이 경우 친일문학의 협의는 속문주의의 입장을 취할 때만 성립되는 것이기 때문이다. 속인주의, 속소재주의의 입장에서 친일문학이 아니라고 할 만한 근거가 더욱 많은 것이다.

그러나 C는 다음의 점에서 일본문학의 것으로 볼 수도 있다. 즉 당대적 상황에서 식민지 조선은 식민지 만주나 식민지 대만 등처럼 내지(內地) 일본의 입장에서는 한 지방에 불과한 것이고 문학상 그 소재가 한국적이라 하더라도 그것이 일본어로 쓰여졌다면 '지방색'을 담은 지방문학에 불과한 것이 아니겠느냐 하는 것이다. 다시말해 이들 일본어 작품은 일본의 한 지방문학으로서 일본문학의 것도 되는 것이다.

이제 C의 경우만을 들어 위의 논의들을 정리해 보면 대체로 다음과 같다. 즉 속소재주의적 관점에서 볼 때 C는 한국문학이다. 그러나 속문주의적 관점 및 식민지 본국의 지방문학이라는 관점에서 볼 때 C는 일본문학이다. 그러므로 C는 관점에 따라 한국문학도 되고 일본문학도 되는 것이다. 또는 친일문학도 되는 것이다. C와 같은 작품에 대해서는 따라서 섣불리 단정지을 수 없다. D의 경우는 C의 경우를 미루어 친일문학이라 하겠으나 언어 문제는 여전히 남는다. 한편 E의 경우도 예상할 수 있다. F의 경우로는 이광수의 「봄의 노래」(신시대, '41.9-'42.7)를 들 만하다.

(2) 작품내외적 측면

위에서 암흑기 문학의 구조적 양상은 간단하지 않음을 살펴 보았다. 이와 관계 있는 것이지만, 논의의 각도를 달리해 보기로 한다. 그것은 친일문학이라 부를 때에도 어떤 기준이 있어야 하기 때문이다. 한 작품을 '친일문학'으로 보는 것은 작품 외적 기준이나 작품 내적 기준이 작용했기 때문일 것이다. 작품 외적 기준이란, 작가의 작품 외적 친일 활동, 작품과 무관한 친일 활동을 들어 작품 또한 예단하는 것이다. 작품 외적 기준에는 또한 작가의 창작 동기를 생각해 볼 수 있다. 작품 내적 기준이란 작품의 구조에 의한 것을 말한다. 언어형식과 내용을 함께 아우르는 것 등을 말한다. 이렇게 볼 때, 한 작품을 '친일문학'으로 보는 것은 최소한 ① 작가의 창작 동기, ② 작품 구조의 두 가지가 기준이 됨을 알 수 있다.

첫째, 작가의 창작 동기로 그 작품의 가치를 판단하는 경우이다. 작가의 창작 동기는 암흑기의 『매일신보』에서 더러 보이므로 이것을 살펴보기로 한다. 예컨대 김동인의 「백마강」은 "내선일체의 성지 백제를 배경으로 신체제에 즉응하여 역사소설의 신기원을 만들고자 하는 것"이라고 소개되었다. 채만식은 「아름다운 새벽」의 연재에 앞서 '국민문학의 시험'이라고 표명하였다. 그의 「여인전기」는 "그 아들을 훌륭하게 길러서 충성스러운 황군의 일원이 되게 한 조국 어머니의 피눈물나는 일생을 그린 것"으로 소개되었다. 이태준의 「왕자호동」은

"그 아름다운 붓 끝이 그려내는 충효와 도의정신은 전시하의 우리들을 감격시킬 뿐 아니라 본받고도 남을만한 것이 있을 것"이라고 소개되었다. 이무영은 「향가」의 연재와 함께 "흙과 싸우는 혼, 씨를 뿌리는 혼. 이 혼을 통해서 전시하의 농촌을 그리려 한다"라고 했다. 박종화의 「여명」은, 대원군을 미영격멸의 선구자요 선각자라 하면서 양이사상의 고취를 위한 소설로 소개되었다.[17] 작가의 창작 동기나 이에 준하는 신문사의 연재 의도에 의하면 「백마강」 등은 친일소설로 판단될 수밖에 없을 것이다.

그러나 작가의 창작 동기는 의도의 오류를 범할 수 있다는 점에서 무엇보다 작품의 구조가 가치 판단의 우선 기준이 되어야 할 듯하다. 이에 대해서는 이미 전항에서 살펴 본 바 있다. 여기서는 언어형식의 양상이 한국어이고 내용의 양상이 친일적인 B의 경우를 들어 상론해 보려 한다. 특히 B의 경우, 친일문학(친일소설)이라고 판단을 내릴 때의 문제점은 없는지 검토해 두려 한다. B의 경우, 작품에서 다루어진 내용으로 내선일체, 징병 독려, 전시하의 생활 양식, 개척민의 삶 등을 찾아 볼 수 있다.[18]

그러나 문제는 앞서 C, D의 경우만큼이나 B를 친일문학으로 단정 짓는 것이 쉽지 않다는 것이다. 「빙원」(이북명 작, 춘추, '42.7)을 예로 들어 보자. 액자소설인 이 작품은, 외화와 내화의 성격이 동일하지 않다. 외화는 저수지 수문 개조공사에 나선 한 건설 기술자의 결연한 의지를 형상화한다. 고공(高工) 졸업생으로 수력발전소에서 근무를 하게 된 그는 건설의 현장에서 인부를 독려하는 등 전력생산을 위해 총력을 경주한다. 그러나 내화는 수력발전소 건설로 인한 한 인부 가족

---

17) 「백마강」('41.7.9, 3면.'41.7.15, 2면), 「아름다운 새벽」('42.2.7, 2면), 「여인전기」('44.10.4, 2면), 「왕자호동」('42.12.19, 2면), 「향가」('43.5.16, 2면), 「여명」('43.6.16, 2면).
18) 졸저, 53면.

의 비극적 해체를 압축적으로 보여준다. 지문형식의 내화는 일제의 '대륙전진병참기지화' 정책에 대한 일종의 저항감을 환기시킨다. 이처럼 「빙원」은 외화와 내화의 성격이 상이한 바 친일소설로의 단정을 유보시킨다.

암흑기의 소설들 중에는 이러한 성격을 가진 소설들이 있다. 즉 형편상 친일 담론을 전개할 수밖에 없지만 정작 관심은 다른 곳에 가 있는 경우이다. 「목축기」(안수길 작, 춘추, '43.4)도 그러하지 않은가 한다. 이 작품은 다른 작품들과 함께 '만주개척민창작특집' 중의 하나로 마련되었다. 특집물로 꾸며졌다는 점에서 이 작품의 내용도 짐작이 간다. 실제로 작품의 전반은 한 개척민이 만주국의 정책에 순응하는 것으로 형상화된다. 그러나 후반에 등장한 한 양돈 전문 인부는 시국에 전혀 둔감한 인물로 형상화된다. 즉 작품의 전후반을 통하여 인물설정이나 분위기가 뚜렷하게 다른 것으로 나타난다. 이 작품의 전략(戰略)은 그의 「새벽」(만선일보, '41.2.1-3.1)과 「원각촌」(국민문학, '42.2)에서 이미 나타난 바 있다. 이들 작품도 제목이나 외화는 일제 시책에 순응하고 있지만, 내용이나 내화는 그렇지 않다고 보아진다.[19]

물론 모든 액자소설들이 이와 같은 것은 아니다. 「유방」(박계주 작, 조광, '43.2)도 액자소설이기는 하나 외부와 내부 모두 친일성을 띤 것으로 판단된다. 이 작품의 외부는, 조선인 출신 일본군 부대장이 중국전선에서 무훈을 세우고 귀환하여 작가에게 전한 이야기라 하였다. 그리고 내부는, 전투 끝에 중상을 입은 조선인 병정과 그의 군국주의적인 어머니와의 만남을 그리고 있다.

---

19) 일제말기에 창작된 안수길의 소설들은, 시대와 접촉하고 있는 부분과 그렇지 않은 부분의 세계관이 상이한 듯한데 이 점에서 이 시기 안수길은 일제의 시책을 정면으로 거부하지는 않았지만 실제로는 그것을 거부하면서 창작활동을 지속해 나갔던 것으로 판단된다(졸저, 307면).

액자소설인 것은 동일하나 「빙원」이 외부와 내부의 상이성을 보여 준다면 「유방」은 외부와 내부의 상동성을 보여준다. 이처럼 각각의 액자소설은 내용의 양상이 다르다. 「빙원」은 「유방」에 반해 작가의 창작적 고민이 반영된 소설로 이해된다.

①과 ②를 통해 한 편의 작품에 대해 친일소설 여부를 판단해 보 았다. 그런데 ①에 반해 ②의 경우가 친일성 판단이 쉽지 않음을 알 수 있다. 특히 ②의 경우, 액자소설을 살펴 보았지만 '친일소설'로의 단정에도 세심한 주의가 요구됨을 알 수 있다. 끝으로, ①과 관계 있 는 것이지만 작가의 작품 외적 친일 활동을 들어 그 작품마저 친일적 이라고 볼 수 있는가 하는 것도 여전히 문제로 남는다.

(3) 작품내 이념적 측면

한 작품에 대한 가치 판단은 신중해야 한다. 특히 '친일문학'으로 명명함에 있어서는 더욱 그렇다. 이와 관련, 친일문학의 항목에 오른 작품 중 한 작품을[20] 택하여 작품내의 이념적 측면을 검토해 보기로 한다. 암흑기 한복판에 발표된 「광산촌」(이기영 작, 매일신보, '43.9.23-11.5) 은 이른바 생산소설로 지칭되는 작품이다. 이 작품은 강원도의 옥동 광산을 배경으로 전쟁물자 원료의 전투적 증산을 형상화하고 있다. 이 점에서 「광산촌」이 일제의 식민지 정책에 협력한 소설로 판단됨에는 의심의 여지가 없다. 그러나 이러한 판단도 절대적이지만은 않다. 여기 서 작품내의 이념적 측면을 인물 유형을 통하여 살펴 보기로 한다.

> ① 하나, 그는 마음을 돌이키고 다시 집으로 내려왔다. 물론 그도 집안을 돌보 지 않는다면 고학을 할 수 있었다. ○이라고 하는데[21], 이미 노동의 체험까지 있

---

20) 이기영의 「광산촌」(임종국, 앞의 책, 475면).

는 몸이 못할 일이 무엇이라만은 늙은 부모를 떼어 놓고 저 혼자만 창창한 공부 길로 나선다 할 수가 없었다. 마침내 형규는 이러지도 못하고 저러지도 못하는 중에 울분한 세월을 보내고 있었는데 마침 작년 봄에 면에서 광산징용(鑛山徵用)으로 인부를 모집한다는 공문이 나오고 구장이 권고하는 바람에 자원하여 나섰던 것이다....그때 형규는 빙그레 웃으며 모친을 간곡한 말로 위로하였다. "어머니 우리들은 나라를 위하여 병정이 될 몸입니다. 한두 해 쯤 광산 일을 가는 것이 뭐 그리 대단할 것 있겠어요. 그리고 사람이란 문견이 있어야 하는 건데 우물 안 개구리처럼 집안에서만 뱅뱅 돌면 무엇에 쓰겠어요……제가 비록 불초하오나 타관에 나간다고 부랑배류가 되어오지는 않을 터이오니 그 점은 안심해 주십시오" 형규는 이렇게 모친을 안심시키고 떠나왔다.[22]

② 그러나 형규와 같이 농촌에서 보국대로 뽑혀 온 사람들 중에는 여기에 겁을 먹고 며칠 못 가서 몰래 달아나는 겁쟁이가 간간 있다. 우선 형규와 한 구미로 들어온 축에서도 그와 같이 달아난 사람이 생겨서 동무들을 웃긴적이 있었다. 하긴 산중에서 자라난 소박한 그들이 난생 처음으로 광산을 들어와 볼 때는 미상불 어마어마한 생각이 없지도 않을 것이다.....물론 개중에는 광부 생활을 한갓 품팔이꾼으로밖에 생각지 않는 사람이 있다. 그런 사람은 단지 노자관계로 이해만 따져서 자기는 하찮은 인부에 불과하다는 자격지심을 갖게 된다. 그때 그들은 자포자기의 정신적 타락으로부터 시작하여 필경 주색잡기에까지 물심을 허비하고 일생을 허송하는 가련한 말로를 밟는것이었다. 그러나 이것은 우매한 낡은 사상의 찌꺼기다.[23]

「광산촌」에는 두 유형의 광부들이 형상화되어 있다. 광산의 일을 모범적으로 수행해 내는 광부들이 한 유형이고, 광산의 일로부터 일탈하려는 광부들이 또 한 유형이다. 이 작품은 시대적 정황에 기인하는 것이겠지만 당시의 나팔수격(格)인 충량한 광부를 주인공으로 설정해 놓고 있다. 또한 그 주인공의 개인적 성장사도 다루어 놓고 있다. 먼저, 일 년 전 광산징용에 자원하여 오게 되었다는 주인공의 개인적 성장사를 살펴 두기로 한다.

---

21) ○는 해독 불능.

22) 이기영, 『광산촌』, 성문당, 1944.8, 24-26면.

23) 위의 책, 40-43면.

주인공인 형규는 충청도 어느 산읍의 가난한 농가에서 출생하였다. 그리고 집안 형편 때문에 국민학교를 겨우 졸업하였다. 천성이 영민한 그는 산중을 벗어나, 더 공부를 하고 싶었다. 그러나 그는 농사가 제격이라 생각하고 몇 년 동안 귀농을 해보기도 하였다. 그럼에도 전장이 귀한 산간벽지에서 남의 박답을 소작해본들 아무 소득이 없었다. 한 해 두 해 시간은 지나가고 장래에 대한 번민은 계속되었다. 그의 향학열은 여전하여 독학이나마 중학강의록으로 졸업하였다. 의지의 주경야독이었다. 이상을 안은 채 고학을 하기 위해 상경(上京)도 하곤 했다. 그러나 노부모가 늘 마음에 걸렸다. 고향에서 그냥저냥 세월을 보냈다. 그러다가 광산징용에 나섰다. 광산징용 전의 주인공은 이처럼 배움에의 의지가 굳센 인물로 나타나 있다. 그런데 그의 이 의지를 가로막는 것은 부모님에 대한 생각 때문이었다. 인용문 ①이 이를 나타내고 있다. 인용문 ①은 다음과 같이 해석된다.

향학열에 불타는 주인공의 의지도 노부모를 모셔야 한다는 생각에 앞설 수는 없다. 그의 배움도 노부모 앞에서는 접어둘 수밖에 없었던 것이다. 주인공의 행동을 통해, 인간 윤리의 그 어떤 덕목보다도 효가 가장 중시되고 있음을 알 수 있다. 그러나 부모에 대한 효를 압도하는 또 하나의 윤리가 등장하고 있다. 그것은 충의 윤리이다. 개인의 이상이 아무리 중하다 하나 효 앞에서는 무위한 것일 수밖에 없음을 고민하던 그였다. 그러나 효냐 충이냐, 또는 충이냐 효냐 하는, 윤리적 선택을 위한 고민은 잘 보이지 않는다. 개인의 이상과 효의 문제에 대해서는 '울분'을 감출 수 없었던 그는, 이 부분에서는 울분을 드러내지 않는 것이다. 그는 별 다른 고민 없이 자원하여 징용의 길에 나서는 것이다. 왜냐하면 그는 일본을 자기의 '나라'로 수용하고 있기 때문이다. 정신의 괴로움을 포기하고 행동의 단순함을 택한 그는 더욱 저돌적이 된다. 그러므로 그는 이후 일제의 증산정책에 즐겁게 협력하고 또한 광산 안에서 '반장'을 맡아 자기의 역할을 충실히 감당하는 것이다.[24]

그러나 이 작품에는 광산의 일로부터 일탈하려는 광부들이 있다. 광산의 일을 모범적으로 수행해 내는 광부들에 반해 발광(發光)의 정도가 약한 듯하지만 이들의 존재는 매우 주목된다. 총 8장으로 이루어진 이 작품의 제3장인 「희유원소광」에는 광산을 벗어나려는 광부들의 면모가 엿보인다. 인용문 ②가 이것을 나타낸다. 인용문 ②는 다음과 같이 해석된다.

노무징용자라고 해서 모두 광산 일에 열심을 내는 것은 아니다. 징용자 중에서도 광업에 종사해 본 경험이 없는 농민들은 광산을 탈출한다. 그리고 자신을 노동자로 자각하고 노동력을 일방적으로 착취당한다고 생각하는 광부들은 광산 일에 소극적이다. 자기대로의 생활방식대로 살아온 농민들이나[25] 자기만의 정신구조를 견지해내고 있는 사람들에게 있어 자발적이지 않은 이질적인 성격의 집단노동은 한마디로 말해 폭력일 수밖에 없다. 이러한 사람들은, 사회조직에 순응하여 살아가는 사람들의 입장에서 보자면 한심한 사람들이다. 그들은 결코 충량한 황국신민이 못 되는 것이다.

「광산촌」에는 이와 같이 생리적으로 농민일 수밖에 없거나 정신적으로 불순한 광부들이 등장한다. 특히 생산관계를 노자관계(勞資關係)로 이해하는 광부들의 정신은 매우 불순하다. "우매한 낡은 사상"으

---

24) 「광산촌」에는 충량한 황국신민으로 형규 외에 봉출이와 건성이가 있다. 이들은 애초 광산촌 안에서 그저 불량 일변도로만 나가려고 하였다. (이것의 의미는 가볍지 않다.) 그러나 결국 모범청년인 형규에게 흡수된다. 이 점에서 이들도 충량한 황국신민이다.

25) 「광산촌」에는 이러한 인물도 비중있게 형상화되고 있다. 土着農民이자 老農인 여주인공(을남)의 아버지가, 그러하다. 농민적 삶의 형상화에 탁월한 능력을 가진 이기영의 작풍이 또 한번 발휘되고 있는, 완고한 이 인물이야말로 어쩌면 주인공에 맞설 수 있는 인물인지도 모른다.

로 표현된 그것은 '사회주의 사상'으로 보인다. 사회주의자가 사상을 포기했거나 천황주의자가 되고 만 상황에서 사회주의 사상은 여지없이 격하된다. 그것은 전체주의의 적(敵)인 것이다. 아무튼 불순한 광부들은 서술자에 의해 도덕적으로 타락한 인물로 매도되고 있다.[26]

한편 「광산촌」에서 서술자의 태도는 주인공처럼 전체주의적이다. 그러나 서술자의 태도는 작중 인물 모두의 태도는 아니다. 서술자는 그들로부터 전적인 동의를 얻지 못하고 있다. ②의 경우에서 보듯, 다른 생각을 가진 인물도 존재하는 것이다. 「광산촌」에서 언어의 표면과 이면을 볼 때 서술자와 주인공 대(對) 농민(老農)과 불순한 광부들의 이념은 이처럼 대립적으로 나타난다. 인물 형상화의 매재(媒材)인 언어의 중층구조를 주목할 때, 이 작품을 한가지 이념만으로 전단해도 되는지는 여전히 의문이다.[27]

3) 해방후(解放後) 작품과의 관계

어떤 작가의 작품이 친일문학으로 규정된다는 것은 단순한 문제가 아니다. 왜냐하면 그 작가의 친일적이지 않은 작품까지 부정적으로 바라보게 하는 결과를 낳을 수 있기 때문이다. 특히 해방 전 친일 작품을 산출한 작가가 해방 후 친일파 비판의 작품을 선보인 경우, 우리는 후자를 온전히 바라보기 어려운 것이다.[28] 더구나 그 작가의 해방 후 작품이 강렬한 항일성을 띠고 있다고 할 때, 우리는 그럴수록 그 작가의 해방 전 작품을 검토하지 않을 수 없는 것이다. 이는 해당

---

26) 2-2-3항은 졸고, 「이기영의 「광산촌」 연구」, 『한국언어문학』 제43집, 한국언어문학회, 1999.12를 일부 참고하되 상당 부분 수정.

27) 이 점에서 먼저, 언어를 통한 理念素들을 찾아 보아야 할 것이다.

28) 예컨대 해방을 전후하여 「젊은 용의 고향」과 「살아있는 이중생 각하」를 쓴 오영진의 경우가 그러하다.

작가의 해방 후 항일문학에[29] 대한 진정성 여부를 가늠하는 중요한 한 기준이 될 수 있기 때문이다. 이하 본 항에서는 앞에서 약술한 바 있는 「유방」의 예를 들어 이 문제를 검토해 보기로 한다.

「유방」은 '43년 2월 『조광』에 발표된 작품이다. 『조광』의 '43년 2월호에는 '박계주 단편집(3편전재)'이라는 제목 밑에 '유방(乳房)'이라는 제목이 병기되어 있다. 그리고 작품의 말미에는 동년 1월 9일 밤에 창작되었음과 함께, '조선헌병대점검제(朝鮮憲兵隊點檢濟)'라 하여 검열을 거친 작품임을 밝히고 있다. 이로 미루어, 작가는 「유방」의 원고를 들고 당시 경성의 조선헌병대를 출입하였을 것으로 보인다.

한편 「유방」은 해방 후 「어머니」로 개작(改作)되어 이상, 홍난파, 이석훈의 작품과 함께 '74년도의 문원각 간 『현대한국단편문학전집』에 수록되었다. 「어머니」의 말미에는 이 작품의 창작년도가 '1950년(年)'임을 밝히고 있다. 「어머니」는 이후, 동일한 성격을 유지하면서 다시 「유방」이라는 제목으로 발표되었는바, 최인욱, 이종환 등의 작품과 함께 '83년도의 삼성출판사 간 『한국현대문학전집』 37에 재수록되었다. 이로 미루어 볼 때 조광 판은 문원각 판으로 개작이 되었고, 문원각 판은 다시 동일한 내용을 담은 채로 삼성 판으로 발행되었음을 알 수 있다.[30] 이하 해방의 시점을 기점으로, 조광 판과 문원각 판의 작품을 대조함으로써 해방 전 작품에의 성격 규정이 해방 후 작품에의 평가와 결코 무관하지 않음을 밝혀 보려 한다.

「유방」은 상술한 일제말기 전쟁문학의 성격에서 벗어나지 않는다. 이 작품은, 남원 공략전을 비롯, 태원성 함락에 이르기까지 빛나는 무훈을 세운 김석원 부대장이 중국전선으로부터 귀환했을 때 들려준 이

---

29) 항일문학의 개념은 이 글의 전개에 따라 자연스럽게 밝혀지리라 본다.

30) 삼성 판은 문원각 판에 비해 훨씬 정제되어 있으나 작품의 세계관은 동일하다.

야기를 작가가 옮겨 적은 것이라고 하였다.[31] 액자소설의 형식으로
된 이 작품의 내화(일인칭 시점)는, 조선인 병정이 낭자관 전투에 참
가하여 용감하게 싸우던 중 중상을 입고 야전병원으로 옮겨져 어머니
를 간절히 찾던 끝에 만나게 된다는 것이다. 낭자관 전투에서 조선인
병정인 '○○군'은 부상을 입게 되었다. 낭자관 함락 후 부상병을 위
문하기 위해 김석원 부대장은 "낭자관 전선에서 악전고투하던 부상병
들이 낭자관이 함락되었다는 소식을 듣는다면 얼마나 기뻐하랴"[32]라
는 생각을 하면서 그에게로 달려갔다. 그러나 그는 눈과 귀를 심하게
다친 상태였고 어머니만을 줄곧 애타게 찾았다. 전보를 받은 그의 어
머니가 마침내 왔다. 김석원 부대장은 "전선에서 당신의 아드님은 용
감히 싸웠던 것과, 그리고 명예의 부상을 입게 된 것 등을 이야기"[33]
하였다. 그러나 '○○군'은 그녀를 알아보지 못하였다. 이때 그의 어
머니가 젖을 꺼내어 물려주자 그제야 알아보았다는 것이다. 여기서
화자는 조선인 병정의 어머니가 부상당한 아들을 보고도 울지 않은
것은 "군인의 어머니다운 굳은 의지의 여인"[34]이기 때문이라 하였다.
　해방 이후에 발표된 「어머니」 또한 액자소설의 형식이다.[35] 외화는
작가가 한 학도병으로부터 들은 이야기임을 밝혔고, 내화는 그 학도
병의 이야기가 일인칭 시점으로 펼쳐져 있다. 학도병인 정태호군은
강제 징집된 지원병이다. 그는 연안으로 탈출하기 전 일본군의 일원
으로 태항산맥 전투에 참가하였다. 무엇보다 그가 소속된 부대에는
또 다른 조선 병정인 김인철이 있었다. 김인철은 문맹의 농촌 출신자

---

31) 「유방」의 내용은 『조광』, 1943.2.

32) 위의 책, 202-203면.

33) 위의 책, 204면.

34) 위의 책, 205면.

35) 「어머니」는 이상, 홍난파, 이석훈, 박계주, 『현대한국단편문학전집』, 문원각, 1974.

로 홀어머니를 두고 강제출정을 당한 것이었다. 정태호는 김인철에 대하여 조선인으로서의 자각을 가질 것과, 주적은 팔로군(조선의용군)이 아니라는 것을 주지시킨다. 그리고 그는 부대장을 죽이고 탈출하는 꿈을 꾸기도 한다. 그러던 중 태항산맥 전투에서 김인철은 중상을 입게 된다. 그는 김인철을 병문안하였을 때 김인철의 창씨명을 부른 것에 대하여 자기혐오에 빠지기도 한다. 그리고 김인철의 어머니가 오게 되었을 때에도 그것을 일시동인과 내선일체의 일환일 것이라고 비판적으로 사고한다. 아울러 김인철의 어머니가 흰 옷을 입고 나타나자 그는 동포애로 감격에 잠긴다. 그리고 모자 상봉의 감격스러운 장면을 보고 그가 속으로 부르짖었던 '어머니'는 바로 '조국 조선!'[36] 이었음을 고백하고 있다.

박계주의 해방 전 작품인 「유방」은 일제의 침략전쟁을 찬양하고 고무한 것으로 보인다. 이 소설은 앞에서 살펴 본 정인택의 소설만큼 광적이지는 않으나 일제의 대륙 침략을 긍정하고 또 그것의 세계관적 밑바탕이라 할 군국주의적 정서가 있다. 이에 반해 해방 후 작품인 「어머니」는 항일적 상상력에 민족주의적 정서를 그 밑바탕에 깔아 놓고 있다.

두 작품에서 공통되는 정서는 모자간의 육친애이다. 이는 친일이냐 항일이냐의 판단을 넘어서는 문제일지 모른다. 해방 전의 「유방」을 두고 말하더라도, 모자간의 애정은 전쟁을 초월하는 문제라 할 수 있다. 비록 그 정황에 있어서 일제의 대륙 침략이 그 배경으로 자리잡고 있다 하더라도 이 문제는 그 침략적 정황을 초월하는 것이다. 이는 「어머니」에 대해서도 동일한 논법으로 성립된다. 즉 항일은 하나의 정황이고 모자간의 문제는 그 정황을 초월하는 것이다.

---

36) 위의 책, 285면.

그러나 다시 「유방」을 두고 볼 때, 모자간의 애정은 그 자체로 군국주의적 파시즘과 동궤의 것이라는 것이다. 즉 국민의 국가에의 충성은 그것을 정당화하기 위해 항용 자식의 어머니에 대한 효 또는 어머니의 자식에 대한 사랑을 이용하였기 때문이다. 다시 말해 효라든가 자식 사랑은 그것이 하나의 수단으로 충을 보완하는 기능도 했던 것이다. 이렇게 볼 때 「유방」에 나타난 모자간의 문제 때문에 이 작품의 친일성이 감해지는 것은 아니다. 이것은 「어머니」에서 어머니가 조국인 조선의 상징으로서 항일성을 보완하는 것으로 전화되는 것으로도 알 수 있다. 이로 미루어 볼 때 두 작품에 나타난 모자간의 애정은 파시즘적, 또는 파시즘으로의 변질 가능성을 항상 열어 놓고 있는 민족주의적 최면을 위한 것이라 하겠다.[37] 「유방」과 함께 「어머니」는 조선인 부상병의 어머니에 대한 애끓는 정이나 어머니가 젖을 물린 것 등에서 보듯 감상적임을 면키 어려운[38] 선전적이고도 목적주의적인 작품이다. 그리고 이 두 작품은 액자소설이라는 동일한 형식에, 모자 간의 애정을 기본항으로 친일과 항일의 상이한 세계관을 담아내었다. 이 작품들의 친일과 항일은 동전의 양면과 같다. 해방을 전후로 하여 '43년작인 「유방」은 '50년작인 「어머니」로 너무나 쉽게 개작된 것이다. 두 작품의 대조를 통해 개작의 안이함을 확인하게 된다. 한편 「유방」의 친일적 형상화에는 작가적 고민이나 번민이 없다. 「어머니」의 항일적 형상화 또한 '꿈'과 같은 비현실적 장면의 처리에서 보듯

---

37) 남는 문제는 「유방」이 한국어로 창작된 작품이라는 것이다. 한국어로의 창작은 그 자체가 이 당시의 일어상용 정책으로 미루어 볼 때 반정책적인 것이기도 하다. 그러나 한국어 창작의 허용은, 일제의 일본어 사용 강요가 단기간에는 성취될 수 없는 것이었다는 점과 함께 그것이 오히려 일제 정책의 선전 수단으로 활용되었다는 점이다. 이 점에서 「유방」이 한국어로 표기되었다고 해서 친일성이 감소되는 것은 아닌 것이다.

38) 「유방」은 통속소설의 취향을 벗고 단편소설을 통하여 순문학의 측으로 진출하려는 작가적 의도를 보증해 주는 작품이라고 논의된 바도 있다(백 철, 앞의 책, 335면).

항일적 체험을 기반으로 한 진정성을 확보해 내고 있지 못하다.

　이 점에서 해방 후 「어머니」에서 보이는 강렬한 항일성은 해방 전 「유방」의 친일성을 분식시키기 위한 것임을 알 수 있다. 「유방」이 존재하지 않았더라면 작품의 깊이야 어찌되었든 그 자체 항일문학으로 평가받을 수 있었던 「어머니」였다. 그러나 「유방」의 친일성은 「어머니」의 항일성 역시 온전한 것일 수만은 없음을 말해주고 있다. 원본과 함께 개작본의 예를 들게 되었지만, 한 작가의 해방 전 작품에의 성격 규정은 해방 후 작품 평가에 상당한 원인으로 작용하고 있음을 이로써 알 수 있는 것이다.

3. 결 론

　한국문학사에서 암흑기만큼 우리를 당혹스럽게 하는 것은 없다. 왜냐하면 암흑기는 친일문학만이 횡행하는 시기로 인식되어져 오고 있기 때문이다. 그러나 이 시기는 친일적이지 않은 문학도 상당수에 이르는 바 이 영역에 대한 관심이 요망된다. 그러나 암흑기 문학에서 친일문학은 피해갈 수 없는 영역이고 보면 우선적으로는 이에 대한 연구가 지속적으로 요청된다. 본고는 이 점에서 '친일문학 올바로 규정하기'란 문제를 관련 용어의 검토와 함께 구조적 측면, 작품내외적 측면, 작품내 이념적 측면에서 풀어 보고자 하였다. 문제를 풀어 본 결과, 일본어 작품이든 한국어 작품이든 친일문학으로의 판단이 쉽지 않음을 알 수 있었다. 그리고 그 문제는 해방 후 작품에 대한 평가와도 관련이 있는 문제임을 알 수 있었다. 이와 함께 작품에서의 일본어 선택이나 액자소설 형식의 선택 또는 상이한 내용의 표현이 해당

작가들의 창작적 고민에 따른 결과물임을 안다면 친일문학처럼 보이
는 작품이라 할지라도 그와 같은 식으로의 명명은 쉽지 않다는 것이
다. 결론적으로 말해 문학사의 올바른 복원을 위한, 친일문학을 둘러
싼 연구방법론의 모색이 더욱 활발해져야 할 것으로 보인다.(2000)

제2부
소설연구방법의 모색

김사량의 「물오리섬(ムルオリ島)」 연구

1

　1) 일제 말기 일본제국주의자들은 우리말과 우리글을 강압적으로 봉쇄하였다. 그리고 저들의 언어만을 사용하도록 강요하였다. 이 같은 상황에서 작가들은 한국어 또는 한국어와 일본어 혼용의 작품을 쓰기도 하였지만, 일본어 전용의 작품을 쓰지 않을 수 없었다. 이는 이 시기 일본제국주의자들이 한국민을 전쟁의 마당으로 내몰기 위한, 조작된 이데올로기인 내선일체(內鮮一體)와 관계된 것이었다. 내선일체를 위해 그들은 한국의 작가들에게 일본어로 창작할 것을 강요하였던 것이다. 이때에 창작된 한국작가의 일본어 소설은 그래서 일단은, 모두 친일문학[1]이라는 혐의로부터 자유로울 수 없었다.

　그러나 일본어로 창작된 작품도 작품 나름이어서 그것이 일제의 전쟁 수행을 위한 선전물 역할을 한 것이 있는가 하면, 전혀 그렇지 않은 것도 있었다. 후자의 경우는 말하자면 오히려 내선불일체(內鮮不一體)의 성격을 띤 것일 수도 있었다. 일본어로 창작된 작품이 지닌 의

---

1) 임종국, 『친일문학론』, 평화출판사, 1983, 15-18면 참고.

미의 스펙트럼은 다양한 것이고 이 다양한 의미는 그것대로 깊이 있게 분별되어야 할 것이다. 일본어로 창작된 작품은 일본어라는 피부를 절개하고 그것의 피하조직 일체가 한국의 것인가 일본의 것인가를 면밀히 살펴보아야 한다. 그런 연후에, 이 일본어 작품이 한국의 것이면 한국문학사(韓國文學史)의 소관으로 다루어 주어야 할 것이다.

2) 1940년대 전반기는 일제의 대륙침략전쟁 수행으로 인해 한반도 또한 전시체제로 더욱 재편되었던 시기였다. 이때에 일제가 한민족에게 끼친 수탈의 실상은 그 이전의 식민지 통치기간보다도 훨씬 강도가 높은 것이었다. 그러므로 바로 이때의 한국소설이 일제의 만행을 직접적으로 비판하고 고발하는 목소리를 표나게 형상화하는 일은 불가능한 것이었다. 시기적으로 볼 때 일제에 대한 항쟁의 모습은, 해방 이후의 발표물들에서나 볼 수 있는 것이기도 하였다.

일제 말기의 한국문학은 그러므로 문학성으로서의 비유라든가 상징이 그 앞의 시기보다 더욱 중요한 것으로 자리 잡았다. 알레고리 역시, 이 점에서 이때의 한국소설이 가지게 되는 필연적인 수법이었다. 알레고리란, 서슬 푸른 일제의 독기 가득 찬 눈을 피하고, 그들의 만행을 정면이 아니라 그 뒷면에서 비판하고 고발하는 방법이었다. 알레고리는 한민족의 형언할 수 없는 피해를 암시하는 방법이었을 뿐만 아니라, 가해자의 뒤통수를 치는 방법이기도 하였다.

이 알레고리와 무관한 것이 아닌 것으로 이 시기의 소설들에서 자주 등장하는 광포(狂暴)한 자연(自然)을 들 수 있다. 이때의 소설들에서 등장하는 자연은 그것이 등장인물에게 따뜻한 품으로 느껴지기보다는, 도리어 등장인물에게 가혹한 시련을 안겨주는 대상으로 부각되고 있다는 점이다. 예컨대, 채만식의 「집」이나 김정한의 「묵은 자장가」 또는 석인해의 「표류기」, 「포인(浦人)」 등에서 보듯, 형상화된 자연은 등장인물들에게 불가항력적인 대상으로 다가선다.

자연 자체는 사실 따뜻하지도 가혹하지도 않다. 자연은 자연일 뿐인 것이다. 자연이 따뜻한가 가혹한가 하는 것은 그것을 그렇게 느끼는 인간의 감각에 따른 것이다. 그러므로, 자연을 이러저러하게 형상화하는 것은, 작가의 세계관에 따른 문제이기도 하다. 예를 든 '40년대 전반기 소설들은 자연의 한 현상인 홍수나 가뭄 또는 폭풍우를 통하여, 등장인물의 생존을 매우 위협해대고 있다. 물난리로 인해 반파된 집을 다룬 「집」이나, 풍랑으로 인해 생이별된 부부를 그린 「포인」, 가뭄으로 인한 대지의 고통을 탁월하게 형상화한 「묵은 자장가」 등은 이렇게 볼 때, 작가적 세계관의 소산으로 이해된다. 그런데 이와 같은 작가들이 가탁(假託)한 자연은 우의(寓意)의 것인 바, 그 내적 의미를 밝혀주어야 할 것이다.

2

1) 이 시기 소설들에 등장하는 광포한 자연은 그 자연 속에 살고 있는 인물들을 비극적 상황으로 몰고 가는 바, 그 피해자들 또한 우의적(寓意的)이다. 이와 관련, 이때의 작품 가운데 일본어로 창작되었으나 이와 같은 알레고리적 특징을 지닌 작품이 있어 주목된다. 김사량(1914-1950)의 「물오리섬(ムルオリ島)」(『국민문학』, 1942.1.1)이 그것이다. 이 작가는 주지하듯 처녀작인 「토성랑(土城廊)」(1936년작)에서 홍수로 인한 평양 토성랑 빈민들의 참상을 형상화한 바 있었다. 「토성랑」은 리얼하기는 하지만 거친 질감으로 어필된다. 그러나 「토성랑」처럼 평양을 배경으로 하고 하층민의 삶을 형상화했으나, 「물오

리섬」은 작가의 창작적 연륜이 일정한 단계에 올랐음을 보여준다. 「물오리섬」은 그 리얼리티가, 알레고리를 통하여 잘 살아난다. 여기서 「물오리섬」이 지닌 그 내적 의미를 천착해나가고자 한다. 아울러 그와 같은 의미 등을 파악하기 위한 전이해(前理解)로 작가 김사량에 대해 간략히 짚어두고자 한다.

2) 일제말기에 김사량이 그려나간 문학적 행적은 한국의 평양과, 일본의 동경, 그리고 중국의 화북(華北) 등을 무대로 한 것이었다. 그는 1914년 평양의 부유한 집에서 출생했고 1939년 토쿄제국대학의 독문학과를 졸업했다. 그리고 1940년 「빛 속에(光の中に)」란 작품으로 아쿠타가와상(후보작)도 받았다. 그런가 하면 1945년에는 중국의 화북 태항산중(太行山中)에서 조선의용군의 일원으로 항일무장독립투쟁의 실상을 생생하게 기록하기도 하였다. 해방 이후 그는 평양에 머물렀고 이어 한국전쟁 때는 종군작가로서 북한군과 함께 남하하였다가 실종되었다.

그는 비록 일제치하이기는 했으나, 동북아시아(東北亞細亞) 3국을 배경으로 활동했기 때문에 국제적인 인물일 수 있었다. 그리고 그는 한국어와 일본어의 이중 언어를 구사하면서 창작활동을 했기 때문에 한국문단과 일본문단에서 공히 문제적인 인물이었다. 해방 이후 그는 재북작가(在北作家)로 남아 창작활동을 지속했는데, 이 점에서 그는 오랜 기간 동안 이른바 월북작가로 분류되어 오기도 했다. 그리고 전쟁 기간 중에는 북한군과 남하하면서 종군작가로 활동하기도 한 특이한 경력의 소유자이기도 했다.

작가 김사량은 이처럼 한국문학사가 안고 있는 여러 과제의 중심에 있는 인물로서 특히, 그는 올바른 통일문학사의 서술을 위해서도 매우 중요하게 다루어져야 할 문제적인 작가로 여전히 우리에게 다가와 있다. 일본어로 창작된 「물오리섬」은 이와 관련, 그에게 제기될 법한 매우 상투적인 질문이기도 한, 김사량은 친일작가(親日作家)인가의 여부[2]등을 점검케 해주는 작품이라는 점에서도 매우 중요하다.

3) 김사량은 한국어로 된 작품도 남겼고 일본어로 된 작품도 남겼다. 그의 일본어 소설 창작은 여럿 되지만 그 중에서도 가장 주목되는 작품은 「빛 속에」이다. 이 작품은 조선인의 정체성 찾기의 과정을 그린 것이었다. 그가, (한반도에서) 일제가 강요한 일본어로, 이처럼 소외될 수밖에 없었던, 그러나 소외되지 않고자 했던 조선인의 고통을 그렸다는 것은, 다음과 같은 의미를 띤 것일 수도 있다. 즉 그것은 조선인의 고통을 열도(列島)의 일본인들에게 알렸다는 점에서 오히려 일본어를 이용한 것이기도 하였다는 점이다. 이 점에서 「물오리섬」 또한 일본어로 창작된 것이지만, 이러한 정황과 일단은 무관하지 않은 것은 아닐까 한다.

그러나 「빛 속에」가 열도의 일본인들을 겨냥한 것이었다면, 「물오리섬」은 성격이 좀 다른 작품으로 보아야 할 듯하다. 왜냐하면 「물오리섬」은, 항일무장독립투쟁을 그 내용으로 하고 기행문을 그 형식으로 하여 해방 이후에나 발표될 수 있었던 「노마만리(駑馬萬里)」와 아주 밀접한 관계에 있기 때문이다. 이 두 작품의 관계는 어느 정도인가 하면, 상상력의 공간으로서의 평양 대동강을 중심으로 서로 마주보고 있는 형국이라고 할 수 있다. 말하자면 평양의 대동강이 이들 작품의 코어(core)에 자리하면서 서로 한 짝을 이루는 구조로 보여 지는 것이다. 이 점에서도 「물오리섬」은 그의 여느 일본어 소설과도 다르다.

「물오리섬」은 다루어진 내용이 우리의 정서와 부합되는 것이고 창작의 매체가 일본어라는 점에서, 일본인들에게 우리의 정서를 소개한

---

2) 김사량은, 임종국, 위의 책에서 친일문학가의 대열에 올라 있다.

것이라 해도 좋다. 그러나 「물오리섬」은, 재일본 조선인인 미나미(南) 선생과 조일혼혈(朝日混血) 조선인 소년인 하루오의 정체성 찾기 과정을 다룬 「빛 속에」처럼 일본민족 속의 한민족의 문제가 아니라, 한민족과 일본민족의 대결 위에 자리한 작품이라는 점에서 그저 단순하게 한국민의 정서를 '소개'한 작품으로 볼 수는 없다. 가해자 측인 그들로서는 도저히 감지할 수 없는, 전술한 알레고리칼한 수법을 통한 내적 의미가 담긴 작품인 것이다.[3]

4) 「물오리섬」은, 일본어로 창작된 소설은 내선일체에 모두 동원된 소설이 아니었음을 그 피하조직을 통해서 보여준 작품이라는 점에서 주목될 것이다. 『국민문학』에 「물오리섬」이 게재된 후, 유진오는 "김사량(金史良)씨의 「물오리섬」(『국민문학』 1월호)은 호흡이 길고 아름다운 로맨티시즘의 작품으로, 서선(西鮮)지방 사람들의 특유하고 선이 굵은 격정적 성격이 뚜렷하게 살아 있다"[4]고 평가했다. 유진오가 이 작품을 로맨티시즘으로 본 것은 무리가 아니다. 그러나 그는 인상비평의 차원을 넘지 못했다. 이 작품은 오히려 당대의 현실을 집요하게 물고 늘어진 작품이라는 점에서 현실비판적인 리얼리즘(realism)의 작품으로 보아나가게 된다. 한편 「물오리섬」에 대해서는 '42년 제일의 로망이다.[5] 향토에의 집념이 반영되어 있다.[6] 상당한 격조(格調)를 견

---

3) 이는 則武三雄가 「물오리섬」을 두고, 섬셋 모음의 단편집인 『雨』 속에 수록된 여러 작품을 연상시킨다고 한 것(「側面的文藝時評」, 『朝光』, 1942.2, 169면)을 보아서도 알 수 있다. 그는 「물오리 섬」을 '서양'의 작가·작품들과 연관지었다.

4) 중요 부분만을 더 소개해 두기로 한다. "노을 지는 대동강의 범람의 묘사도 감격적이다. 섬아가씨들의 추억도 아름답다. 대동강뿐 아니라, 큰 강가에 서서 질펀히 흐르는 수면을 바라보고 있노라면 곧잘 여러 가지의 공상이 일어나겠지만, 이 작품은 그런 공상을 헌걸차게 소설로 꾸며 낸 것으로 생각된다. 이 소설이 소설이기보다 오히려 전설 같은 느낌이 가는 것은 그 때문이리라. 아니 그것은 이 소설의 주인공이 미륵(彌勒)이 아니라 오히려 대동강 그 자체이기 때문에 그렇다고 말해야 할 것 같다. 실제 미륵은 현실의 인간이라기보다 대동강의 위대함을 의인화(擬人化)한 모습으로 느껴졌다. (兪鎭午, 「創作の一年─國民文學といふもの」, 『國民文學』, 1942.11(자료난 관계로, 김규동·김병걸 편, 『친일문학작품선집2』, 실천문학사, 1986.10, 56-57면 참고))."

지하고 있다[7]는 평가가 있다. 이러한 견해들은 모두 이 작품을 격찬 (激讚)한 것이다. 그러나 그렇게 언급되었지만 「물오리섬」은 여전히 방치상태인 채로, 지금까지 깊이 있게 연구되어 오지 않았다.

5) 그 표제가 물오리섬(水鴨島)의 일본말 표기인 「ムルオリ島」인 이 작품은, 전체가 4절로 되어 있다. 미륵과 순이가 남녀 주인공으로 등장하는 이 작품은 "우리나라에 흔히 있음직한 설화(說話) 같은 이야 기"를 소재로 하였다.[8] 이 작품에서 두드러지는 점은 평양의 대동강 유역을 배경으로 하되 강 주변의 경치와 여러 하중도(河中島)가 중점 적으로 묘사되어 있다는 점이다. 제1절은 작가의 분신이라 할 '낭 (烺)'의 눈을 통해 그려진다.[9]

'낭'은 대동강변의 모습을, 천천히 확대해 가는 "북화(北畵)의 산수 병풍"으로 비유한다. 그리고 그는 하중도 가운데 하나인 두로도의 모 습도 다음과 같이 아름답게 바라본다.

> 강이 흐르는 왼편에 가늘고 긴 두로도(豆老島)가 흐르는 것 같이 가로 놓이고, 바가지의 만초(蔓草)에, 덮힌 누런 지붕지붕이 논의 가운데에 꼿꼿이 고정되어져 보인다. 밭에는 몸을 구부린 흰옷 입은 농부들의 모습이 보이고, 강가의 푸른 초 원에는 암소라든가 송아지가 한가롭게 풀을 먹으면서, 때때로 생각해 낸 것 같이 꼬리를 흔들고 있었다. 흐름의 풍부함, 연안의 밝고 아름다움, 섬들의 아름다움에 있어서, 역시 대동강에 견줄만한 것은 없을 것이다라고, 그는 지금 새삼스럽게 생 각한 것이었다. 갑판의 위에서 뒤에 의지한 것 같이 서서, 그는 서늘한 강바람에 셔츠의 옷깃을 열면서 이 배의 작은 여행을 더욱더 행복한 것으로 생각했다.[10]

---

5) "國民文學の一月號に發表された此の作品は恐らく本年第一のロマンではないかと思はれた. 今年中を通じてもこれだけの作品は生れない…(側武三雄, 앞의책, 169면)"

6) 임종국, 앞의 책, 213면.

7) 송민호, 『일제말 암흑기 문학 연구』, 새문사, 1991, 164면.

8) 송민호, 위의 책, 163면.

9) 필명인 김사량(金史良)의 이름 끝자인 '량(良)'과 발음이 유사한 인물인 작중인물은, 작가 인 김사량에 다름 아니다. 이는 「물오리섬」의 1절이 항일무장독립투쟁기인 「노마만리」의 한 부분에서 거의 고스란히 되풀이되어지고 있는 데서도 알 수 있다. 그런가 하면 「물오 리섬」에 언급된 하중도 사람들의 후일담이 「노마만리」에서 서술되기 때문이다.

지병(持病)이 있는 주인공이 대동강 주위에서 요양처를 물색하기 위해 평양성 연광정[11]에서부터 강 하류의 요포(瑤浦) 고봉사까지 가는 증기선을 타고 가던 중 바라 본 두로도의 모습은 평화롭기만 하다. 두로도는 여러 하중도 중의 하나이다.

하중도 중에서도, 베기섬(碧只島)은 주인공의 어릴 적 추억이 듬뿍 담긴 곳이다. 주인공의 숙모가 살았던 베기섬은 그가 어릴적 여름 한 철을 보내었던 곳이다. 도회풍의 아이였던 그는 특히, 자수 일을 하던 그 "섬의 딸들"에게 인기가 있었다. 순이, 칠성녀(七星女), 서분네, 봉구네 같은 인물들은 밤이 되면 봉구네 사랑(客間)에 모여, 등불 아래 작은 토끼처럼 머리를 맞대고 조잘대면서, 저마다의 색실로 자수 일을 하면서 철없이 옛 이야기에 밤이 깊어지는 것도 알지 못했던 것이다. 주인공은 밤에는 또 그녀들의 곁에서 졸면서, 넋을 잃고 옛이야기를 듣는 것도 더없이 좋았던 것이다. "20년"전의 베기섬은 이처럼 주

---

10) 江流には左手に細長い豆老島が流れる如く橫はり，バカチの蔓草に，おほはれた黃色い屋根屋根が田圃の中にところどころ固つて見える．畑には白い着物の百姓たちの姿がくぐまつて見え，江べりの綠なす草原には牝牛や仔牛がのどかに草を喰みながら，時夕思ひ出したやうに尾を振つてゐた．流れの豊かさ，沿岸の明媚さ，島夕美しさにをいて，やはり大同江に並び立つものはあるまいと，彼は今更のやうに思ふのだつた．デツキの上に後へ凭れるやうに立つて，彼は凉しい江風にシヤツの襟を開きながらこの船の小さな旅をいよいよ幸福なものに考へた(김사량, 「물오리섬」, 『국민문학』, 인문사, 1942.1, 231-232면). 「물오리섬」 관련, 일체의 번역은 필자.

11) 「물오리섬」에 나타난 대동강변과 하중도의 경치는 매우 아름답다. 연광정 주변 또한 매우 아름답다. 이와 관련 다음의 글을 소개해 두기로 한다. "연광정이 아무리 아름다워도 부벽루를 따라갈 수는 없겠지만 (연광정에서 - 인용자 주) 대동강 아래로 내려가 바라 본 그 모습은 이 또한 천하 절경이 아닐 수 없다. 사실 연광정의 중요성은 영명사와 함께 평양의 지세적 결점을 보완하는 비보(裨補)의 역할에 있는 것이지만 워낙 절경이기에 그에 대한 얘기부터 좀 더 하기로 하자. 정자는 강 아래 내려가서 보면 사면이 탁 트인 바위 위에 얹혀 있다는 것을 알 수 있다. 이 바위 이름은 덕암(德岩). 바위가 강을 의지해 내려치는 물살을 막을 만하므로 성 안 주민들이 모두 그 덕을 입게 돼 그런 이름이 붙은 것이다. 강 건너 보이는 산들은 멀리 넓은 평야와 긴 숲밖에 점점이 이어져 그 산수의 아름다움을 이루 다 형용하기 어렵다(하략)(최창조의 「북녘山河북녘風水 <17>대동문과 연광정」, 『중앙일보』, 1998.6.13, 10면)." 연광정은 관서팔경의 하나이다. 상세한 사항은 이 신문을 볼 것.

인공에게는 추억처럼 아름다운 곳이었다. 그러나 20년 후, 그 섬의 딸들에 대한 근황과 관련, 「물오리섬」의 1절은 별다른 상세한 정보를 제공해 주지 않는다.

그 정보는 오히려 「노마만리」를 통해서 제공된다. 이 기행문은 김사량이 어릴적 놀았던, 고모네 집이 있는 두루섬의 광경을 언급하고 있다. 두루섬은 「물오리섬」에서는 두로도로 표기된 섬이다. 그리고 「노마만리」에서 이 섬의 풍경은, 「물오리섬」의 베기섬과도 동일하다. (이 점에서 「물오리섬」의 베기섬 정경은 실제로는 두루섬 또는 두로도의 정경이었던 것으로 보인다.)

「물오리섬」에서 매우 평화로운 곳으로 나타났던, 두루섬 사람들의 삶의 모습은 「노마만리」에 의하면 정반대로 나타난다.

> (전략)그동안 너나없이 우리들의 살림살이에는 풍상이 많았고 고초는 심하였다. 떠나기 얼마 전 나는 평양 길가에서 우연히 이 섬동네(두루섬-인용자주)의 사촌누이를 만났었다. 때 묻은 무명저고리를 후줄그레하니 걸친 채 등에는 어린애를 업고 머리에는 짐을 잔뜩 이고 있었다. 그 옛날의 탐스럽게 빛나던 검은 머리는 흩어지고 호수처럼 맑기 바이없던 눈은 정기를 잃었으며 언제나 그칠 줄을 모르는 웃음이 터져 나오려던 도톰한 입술이 핏기 하나 없었다. 화려하고도 슬기롭던 인상은 고생에 지치고 또 지치어 그 자취도 알아 볼 길이 없었다. 사랑하는 남편까지 일본의 어느 탄광으로 잡혀갔기 때문에 더욱이나 간고해진 살림살이를 꾸려 나가노라고 날마다 밤을 새워 가며 열두 새무명을 짜가지고 나왔노라고 하였다. 눈에는 이슬이 방울방울 맺혔다. 벙어리 아빼네는 벌써 전에 만주로 떠났고 나를 놀려 주기 좋아하던 쌍겹눈의 색시는 남편을 공출놀음에 때워 놓고 고생한다고 하였다.(하략)[12]

「물오리섬」에서 아름다웠던 옛 섬의 딸들은, 「노마만리」에서는 비극적인 현재적 인물들로 드러난다. 「물오리섬」이 1942년에 발표된 것이고 「노마만리」는 일제 패망 직전을 그렸기 때문에, 그처럼 묘사에

---

12) 김사량, 「노마만리」, 동광출판사, 1989, 368-369면.

서의 낙폭이 큰 것이 아니었을까 하는 의문도 가능하지만, 그 의문은 일제의 징용정책이 두 작품이 발표된 이전부터 이루어지고 있었다는 점에서[13] 무의미한 것이다.

이렇게 볼 때, 「물오리섬」에서 묘사된 대동강 유역의 아름다운 풍경 또는 아름다운 자연이란, 당대의 정치적 상황과 관련지어 볼 때, 단순한 아름다움일 수만은 없다. 그것은, 평양만이 아니라 대동강의 하중도에서조차 삶을 부지할 수 없는, 평양 사람들의 벼랑 끝에 내몰린 고통스러운 삶이 역설적(逆說的)으로 미화된 것으로 해석되어야 할 것이다.

여기서 우리는 「물오리섬」의 대동강이 1절에서의 아름다움과는 달리, 3, 4절에서는 광포(狂暴)한 것으로 그려지고 있는 것이 매우 자연스러운 것임을 안다. 즉 '낭'의 과거와 현재 속에 인식되는 아름다운 자연은, 그 과거와 현재 사이에 광포한 모습을 감추고 있었던 것으로 드러나는 것이다. 1절에서 그려진 대동강은 아무튼 그 모습이 아름다우면 아름다울수록 비극적인 의미가 더욱 짙을 수밖에 없는 것이다. 다른 작품에서도 발견되는 탁월한 풍경 묘사는 이 작가의 장기(長技)인데, 그 풍경 묘사라는 작풍(作風)의 진의가 이로써 명백하다 하겠다.

6) 「물오리섬」이 김사량의 일본어 소설 중에서도 주목되는 것은 이 작품이 우리 문학의 맥(脈)을 잇고 있기 때문이기도 하다. 이 작품의 배경은 평양 대동강이다. 한국소설 중에 이 소설만큼 대동강의 풍물[14]을 세밀하게 묘사한 것도 없다. 작품의 배경이 된 대동강은 우리 문학 속에서는 문학의 소재로서, 또 문학적 발상의 계기로서 자리하며 역대의 문학 작품들 가운데 두루 나타나고 있다. 즉 고구려 동명왕 설

---

13) 강재언, 『일제하 40년사』, 풀빛, 1984, 106-107면 참고.
14) 9)에서 후술.

화[15], 정지상(鄭知常)의 「송인(送人)」으로 대표되는 고려 때의 한시, 「서경별곡」과 같은 고려속요, 「수심가」와 「배따라기」 같은 서도잡가, 여러 시조, 김시습의 「금오신화」로 대표되는 고전소설, 「혈의 누」 같은 신소설, 이광수의 「무정」, 김동인의 「배따라기」 같은 현대소설, 주요한의 「불놀이」 같은 자유시, 양주동의 「패강송(浿江頌)」 같은 수필에서 보듯 우리 문학의 여러 장르에서 계속적으로 등장한다.[16]

「물오리섬」의 대동강은 단순한 배경 이상의 것이다. 대동강 주변의 풍경 또는 하중도의 풍경은 아름다우면서도 세밀하게 묘사된다. 그리고 그 대동강은 역사적인 의미를 띤 곳임도 알려준다.

도중 두로도의 중단리(中端里)에 한 번 대어 손님을 내려놓은 후, 증기선은 다도하(多島河)라고도 이를 만한 근처로 나아가기 시작했다. 점점이 떠있는 섬들의 풍정(風情)도 각양으로, 혹은 곤유섬(鵾游島), 혹은 복도(福島), 혹은 별잔섬, 혹은 추자도, 멀리에 장광도(長光島), 도단도(斗團島), 문발도(文發島), 그리고 이름 없는, 사람도 살지 않는 물새와 같이 눈에 띄게 곱고 아름다운 섬들. 오른 쪽은 예로부터 시가에 흔히 절경으로 불리는 만경대가 낭떠러지 위에 길게 드리워져 있다. 흐름은 넓게 혹은 좁게 몇 줄기로 갈라지고, 물은 검을 정도로 파랗다. 몇 척의 돛단배는 유연하게 오가고, 작은 짐배나 메세이(川獵船)는 증기선의 화력이 일으키는 파도를 받아 요동한다. 옛날 프랑스의 선함(船艦)이 한국 군대의 공격을 받아 좌초했던 것도 이 근처이다.[17] 만경대가 바로 아래 내려다 보는 곤유섬의 물가에는 아마 두로도에서 헤엄쳐 건너 온 아이들인지, 네다섯 명이 백로와 같이 잠깐 게 구멍을 엿본 듯, 갑자기 손을 쑤셔 넣고 발을 벌리고 힘껏 버티기도 하고 거꾸로 서기도 했다.[18]

---

15) 이는, 後代인 고려시대 문인에 의해 대동강과 동명왕의 설화가 연결되는 인식이 나타나고 있음을 말하는 것.

16) 『한국민족문화대백과사전』, 한국정신문화연구원, 1991, 330-331면.

17) 미국 상선 제너럴 셔먼호를 말하는 듯하다.

18) 途中豆老島の中端里に一度寄つて客を下ろしてからは, 蒸汽船は多島河とも云ふべきあたりへ出はじめた. 點タと浮んでゐる島タの風情と各様で, 或は鵾游島, 或は福島, 或はベルチヤン島, 或は楸子島, 遠くに長光島, 斗團島, 文發島, そして名のない, 人も住まぬ水鳥のやうに奇麗な島タ.　右の方は昔からよく詩歌に絶景を謳はれてゐる萬景台の崖に頂いて長く垂れかかつている.　流れは廣く或は狹く幾筋にも岐れ, 水は黒

이 작품에서 대동강이 단순한 배경 이상의 의미를 포함한 곳임은 그 대동강 유역에 살고 있는 사람들에게 많은 옛날이야기가 구전되어 왔다는 것에서도 알 수 있다. 섬 처녀들은 자수 일을 하면서 밤 깊도록 옛이야기를 하였고, '낭' 또한 이들의 옛이야기를 들으며 자랐다. 그런가 하면 그는 섬 처녀들에게 옛 이야기를 조르기도 하였다. 한편 '낭'은 그가 상륙한 물오리 섬에서 뽕나무의 열매를 따고 있던 '붉은 댕기'와 '검은 눈'이 특징인 두 소녀를 만나기도 하였는데 그들도 '낭'처럼 많은 옛이야기를 듣고 자란 아이들이었다. 그들이 들은 옛날 이야기는 "호랑이가 중이 되어 마을에 나왔다고 하는 이야기", "돌구 두를 신은 장사의 이야기", "소금 파는 할아버지가 논길에서 가래를 주웠다고 하는 이야기" 등으로, 이 이야기들은 주인공도 들은 것이었 다. 이 작품에서 대동강은 이처럼 수많은 설화(說話)를 그 안에 담고 있는 곳으로도 나타난다.

「물오리섬」은 외형상 일종의 액자소설로도 볼 수 있을 듯하다. 반 드시 일치하는 것은 아니나 대체로 1, 2절은 외화에, 3, 4절은 내화에 해당한다고 할 수 있다. 내화는 특히, 대동강을 배경으로 한 물오리 섬이라는 무인도에서 순이라는 사랑하는 아내와 농사를 지으며 평화 롭게 살려고 했던 미륵이라는 한 소작인이 가뭄과 지주의 횡포, 그리 고 홍수 등으로 말미암아 애지중지하던 소를 빼앗기거나 아내를 홍수 에 떠내려 보낸 후 한(恨)에 사무쳐 살아간다는 이야기이다.

대동강의 섬들에 전해져 오는 사변적(事變的)인 사건은 말 그대로

い程蒼くしづんでゐる.　何隻もの帆船は悠然と往き交ひ,　小さな荷船や川獵船は蒸氣船のかき起す波を受けて搖れ動く.　昔フランスの船艦が韓國軍隊に攻められ擱坐じたのもこのあたりである.　萬景台が眞下に見下ろす鷗游島の水際では,　多分豆老島から泳ぎ渡つて來た河童たちであらう,　四五人が鷺のやうにぢいつと蟹の穴を覗いたかと思ふと,　急に手を押し込んで足をふん張つたり逆立すになつたりした(김사량, 「물오리섬」, 『국민문학』, 인문사, 1942.1, 234면).

하나의 역사이고, 옛이야기들은 하나의 전통이다. 미륵의 삶 또한, 오랜 기간 동안 우리 민족이 외적으로부터 피침(被侵)을 당해 온 과거라든가 우리네 가난한 민중들이 겪어 온 피착취의 아픔이 그 밑바탕에 자리한 역사성 또는 역사적 현재성을 띤 것이다. '낭'의 회상이 동기가 되어, 펼쳐지는 미륵의 지나온 삶은 그 자체로 하나의 옛 이야기이다. 이 점에서 미륵에 관한 이야기는 그와 같은 많은 설화들과 함께 하나의 전통인 것이다. 한편 「물오리섬」에는 미륵처럼 외로운, 늙은 대머리 뱃사공이 등장하는 바, 그는 미륵을 위로하기 위해 민요를 부르기도 하였다.

> 어허야차, 어어야차 / 대동강은 백오십리 / 평양성은 칠십리나 / 임 그리는 맘은 세치 / 어갸죠챠, 어어야차 / 순풍에 돛 올리자[19)]

한 행이 2음보의 반복으로 이루어지고, 모두 6행인 이 노동요 또한, 「물오리섬」이 우리의 문학적 전통성을 견지해 나간 작품임을 알리는 유력한 증거가 된다.

7) 「물오리섬」이 우리 문학의 관습 위에 있음은 미륵을 중심으로 전개되는, 주로 3, 4절의 이야기를 통해서도 알 수 있다. 성장과정(成長過程)이 비교적 순탄한 것으로 그려진 '낭'과는 달리, 성장과정이 시련의 연속으로 이루어진 미륵의 삶은 간단하지 않다. 모두 5차례의 시련이 주어지는 그의 성장을 차례로 살펴본 후, 그 의미를 살펴보기로 한다.

미륵의 과거와 현재 모습은 '낭'의 회상과 목격을 통해 알 수 있다. 숙모의 집이 있던 베기섬에서 보았던 미륵은 힘이 세고 입이 무

---

19) オホヤヂヨ, オウヤヂヨ / 大同江は百五十里 / 平壤城は七十里なれど / 君慕ふ胸は 三寸 / オギヤ ヂヨチヤ、オウヤヂヨ / 順風に帆を上ゲなん(김사량, 위의 책, 253면).

거운 인물이었다. 다른 농사꾼의 갑절이나 일을 했고 씨름도 잘했다. 그런데 '낭'을 아끼던 순이의, 흔적을 좇아 찾아간 고적한 섬—물오리섬에서 만난 미륵의 모습도 일견 옛날과 다를 바 없는 것이었다. 햇볕에 탄 적동색(赤銅色) 살갗, 높은 코의 들보, 빼어나게 다부진 골격, 깊숙하고 깊이 잠긴 채 약간 희게 번쩍번쩍 빛나고 있는 커다란 눈, 이것이 다시 만난 미륵의 모습이었다. 미륵은 순이와의 물오리섬에서의 정겹던 삶을 잊지 못해, 대동강을 오르락내리락 하는 때면 반드시 이 무인도가 되어 버린 물오리 섬을 방문하는 것이었다. 홍수 때 집과 함께 쓸려가 버린 순이를 잊을 수 없었던 것이다.

미륵의 삶이 이렇게 된 데에는 그러나 간단하지만은 않은 연유가 있었다. 미륵이 술회하는 그의 집안은 어떠한 것인가? 미륵의 아버지는 미륵이 "열 살 되던 해 가을, 수렵선을 타고 황해로" 나간 후 아예 돌아오지 않았다. 바람편에 들은 바, 그의 아버지는 "황해 연평도에서 선술집의 여자와 부부가 되었다는 것"이었다. 그때부터 미륵은 전혀 바다가 싫어졌던 것이다. 아버지의 가출 이래 미륵은 어머니와 함께 꿋꿋이 견디어 나간다. 어른을 능가할 만큼 몸도 억세고, 소작(小作)도 다른 사람의 배(培)나 할 수 있었기 때문이다. 이처럼 아버지가 없어도 살아갈 수 있다는 "외고집의 자신"이 생긴 것이 열네다섯 살 무렵이었다.

열아홉 살의 단오절 때에는 씨름대회에서 이등 상을 해, 그가 어릴 적부터 그토록 동경하던 송아지도 한 마리 생겼다. 또 씨름대회를 계기로 하여, 열여섯 살의 순이는 그에게 특별한 호의를 두기도 하였다. 그러나 어릴 때부터 이 "견개고독(狷介孤獨—고집 세고 지조가 굳으며 외로운 : 인용자 주)한 소년"은 젊은 여자가 매우 싫었다. 아버지를 집과 어머니와 자기로부터 빼앗아 간 자가 바로 젊은 여자였기 때문이다. 그래서 그는 순이에게 마음을 쉽게 허락하지 않았다. 그러나 지혜로운 순이의 접근으로 미륵의 마음은 조금씩 열려져 갔다.

베기섬에서도 인정이 많기로 평판이 있는 봉구네가 미륵을 짝사랑하고 있었지만, 미륵과 순이의 결혼은 추수 후쯤 하기로 양가에서 결정이 되었다. 그러나 예기치 못한 가뭄은 그들의 결혼을 가로막았다. 다른 때도 아니고 7월부터 8월에 걸쳐 큰 가뭄이 연이어 작물이 모두 타고, 섬 전체가 마른 풀 같이 말라버렸던 것이다. 7월까지의 농형(農形)부터가, 이것은 전연 예상할 수 없었던 것으로 단 한 사람도 소작료를 낼 수 없게 되었다. 특히 미륵의 지주(地主)는 평양성 내에서도 유명한 고리대(高利貸)였다. 그래서 미륵이 몇 번이나 공손히 소작료의 연기를 부탁했지만 들어주지 않고, 그의 생명보다 소중한 송아지를 가져가 버렸다. 그때 그는 그 일로 인해 분노와 슬픔을 참을 수 없어 거의 실성할 지경이었던 것이다.

미륵은 그 후, 그토록 싫어하던 바다로—황해로 돈벌이를 하러 나가지 않을 수 없었다. 춘 3월, 배에 돈을 싣고 순이와 어머니, 그렇게 세 사람이 다시 즐거운 섬 생활을 할 수 있을 것이라 생각했던 미륵은 그러나 다시 슬픔을 맛보게 되었다. 그의 어머니가 섬에 조개젓을 팔러 온 떠돌이와 함께 행방을 감추어 버렸기 때문이다. 외고집으로 어머니를 깊이 신뢰했고, 아버지가 없어도 훌륭하게 살고 있다고 자부심을 가졌던 그였으므로, 땅이 꺼지고 눈앞이 아찔했다. 특히 그는 금번에 바다에 나가, 남조선의 어떤 어장에서 뜻밖에 아버지를 만났으나 그에 대한 강렬한 증오심을 감출 수 없었던 것이다.

참으로 그는 마음의 유일의 의지처였던 어머니로부터 버려져, "정진정명의 고아(正眞正銘の孤兒)"가 되고 말았던 것이다. 그는 이제 인간이란 것을 싫어하게 되었다. 그를 낳아준 아버지랑 어머니조차 그

를 버리고 가는 판에, 더한층 다른 누구를 믿을 수 없었던 것이다. 그러나 순이만은 그가 부재중인 반년 사이, 자수 일이랑 직물(織物)을 하여 일가의 생계를 도우면서 그의 귀환을 진심으로 기다렸다. 아무도 믿을 수 없었던 미륵은 순이와 함께, 물오리섬으로 이사를 갔다. 미륵은 20살, 순이는 18살의 때였다. 부부가 된 그들은 무인고도에서 한때나마 둘만의 행복한 생활을 하였다.

그러나 해마다 홍수가 잇따르기 시작했다. 어느 해 음력 7월 말경부터 큰 비가 내려 강이 계속 범람하고, 어느 섬도 수공(水攻)을 만났다. 그러나, 그 중에도 수위가 비교적 낮고 면적도 작은 물오리 섬은 통째로 수침(水浸)이 되어 버렸다. 미륵은 집을 제외하곤, 작물을 모두 잃었다. 두 사람은 조 한 알 수확할 수도 없었고, 그날그날의 살림도 곤란하였다. 바다에서 번 돈은 섬을 사기 위해 모두 다 써버려, 돈 한 푼 없었던 것이다. 즐겁고 아름다운 생활을 한꺼번에 뒤집어 버린 것은, 그처럼 저주할 만한 홍수의 습래(襲來)였던 것이다.

송아지를 빼앗긴 한(恨)이 뼈에 사무치는 미륵은, 그 지주에게, 또 빚이라도 신청하지 않으면 안 되었다. 그것은 죽는 것보다도 괴로운 것이었다. "자기들의 원수라고도 말할 수 있는 이 지주"는 가뭄 이후 봉구네마저 첩으로 들이고 있었다. 지주와의 교섭은 역시 잘 행해지지 않았다. 그러나 물오리 섬 2만 5천 평을 저당하여 겨우 빚을 낼 수 있었다. 다시 봄이 오기까지, 미륵은 천렵을 열심히 하여 돈을 벌고 섬을 되찾기를 바랐다.

그들 부부는 다시 각각의 기술에 유의하여 일하기 시작했다. 그러나 미륵은 한 밑천 잡기 위해 다시 바다로 나가려고는 하지 않았다. 외고집으로 의심이 깊은 그는 처의 일이 역시 걱정이었기 때문이다. 그러나 그녀가 자수물을 팔러 평양시로 나가는 정도의 일은 허락하였다. 미륵 또한 숭어나 작은 물고기를 잡아 그때마다 생긴 돈으로 지주에게 갚아나갔다. 모양도 변함없이 순이와의 즐거운 생활이 괴로운 중에도 계속되었다.

그러나 쇼와(昭和) ×년 대동강 범람이 있었다. 음력 6월 말경이 되자 답답한 저기압이 평안남도 일대에 복잡하게 드리워, 오월도 유월도 큰 비가 계속 내렸다. 미륵은 농작물을 수확하지 못하고 빚을 제날짜까지에 갚을 수 없게 되어, 자기들 두 사람의 섬을 지주—고리대에 탈취 당한다면 큰일이라고 생각했다. 물오리 섬을 빼앗겨 다시 소작(小作)으로 전락하여, 일생을 기를 펴지 못하고 살게 되면 안 된다고 생각했다. 다시 지주에게 가서, 일단 기한을 연장시켜 받기로 하였다. 그는 순이만을 섬에 남겨 두고 겨우 물을 건넜다.

그는 지주에게 간청을 하였지만, 지주는 홍수를 기화로 하여 물오리섬을 빼앗으려 하였다. 미륵은 지주에게 복수를 하기 위해 지주의 첩인 봉구네와 도망을 가기로 하였다. 그리고 그들은 진남포행(鎭南浦行) 기차를 집어탔다. 그러나 생각이 순이에게 미쳤고 달리는 기차에서 뛰어 내린 그였다. 그는 "악몽"에서 깨어난 것이었다. 굉장한 홍수의 광경 속에 있어야 할 물오리섬은 멀리 있었으나 비안개의 가운데에 사라져 흔적조차 찾아낼 수 없을 정도였다. 그는 배를 저으며 사력을 다해 물오리섬으로 접근해 갔다. 그러나 섬 전체가 물에 다 삼켜진 듯하였고 순이는 물에 빠져 떠내려가 버렸던 것이다.

정신을 잃은 미륵은 남포(南浦) 앞 바다까지 흘러갔고 증기선에 구조되었다. 섬에 돌아와 보니, 다 떠내려가고 주춧돌의 돌멩이밖에 남아있지 않았다. 그 이래 그는 늙은 뱃사공과 짝하여 돛단배를 타고 평양과 진남포의 사이를 소금이나 생선을 싣고 매월 몇 번씩 대동강을 오르내리고 있었던 것이다. 그리고 물오리 섬을 통과할 적마다, 섬에 배를 대어서는 옛날을 그리워하고, 순이의 망령과 잠깐 대화를 하는 것이었다. 하늘은 고리대인 지주에 대해서도 미륵의 복수 역할을 맡아, 그 홍수 이래로 물오리 섬을 모래로 뒤덮어 버려 열매 하나 맺지 않게 되었다.

'낭'은 순이의 슬픈 최후랑 미륵 일신의 불쌍한 처지에 대해서 가엾게 생각했다. 미륵은 그야말로 지금 "정진정명의 천애고독한 신상(正眞正銘の天涯孤獨な身の上)이 되어 있는 것"이었다.[20]

이상의 내용을 미루어 볼 때 미륵에게는 최소한 다섯 차례의 시련이 주어졌음을 알 수 있다. 아버지의 가출 → 가뭄과 지주의 횡포 → 어머니의 가출 → 홍수 → 홍수로 이어지는 미륵의 삶은 박탈의 삶이다. 아버지 가출의 경우, 그 의미는 자명하다. 아버지란 가부장적 사회 체계 안에서는 지배자를 상징한다. 그리고 아들은 피지배자를 상징한다.[21] 아버지의 가출이란, 이러한 지배자의 부재를 말하는 것이고, 지배 이데올로기의 실종을 말하는 것이다. 아버지의 가출이란 그러므로 국가 이데올로기의 상실, 곧 망국(亡國)을 말하는 것이다.

아버지의 가출은 작품 내적으로 볼 때 미륵의 가정사에 해당하는 것이다. 그러나 가뭄은 미륵만이 아니라, 미륵과 같은 처지의 사람 모두에게 심각한 문제로 다가서는 것이다. 소작인이었던 미륵은 그의 생명보다도 소중한 송아지를 지주에게 빼앗겼는데, 이는 소작인 일반이 당하는 고통으로 보아야 한다. 가뭄이 원인(原因)이 되고 지주의 탈취가 근인(近因)이 되어, 그는 농토로부터 유리되었다. 가탁(假託)된

---

20) 번역한 「물오리섬」의 내용을 축약하되, 원문 표현을 존중했다. 큰따옴표는 특별한 경우에만 사용.

21) Wolfram Eberhard, A Dictionary Of Chinese Symbols, trans. G. L. Campbell, Routledge & Kegan Paul, 1986, p.102.

혹심한 가뭄의 우의(寓意)가 무엇인가 또한 자명하다.

일본제국주의는 식민지 조선으로부터의 수탈을 견고한 제도 속에 두고자 하였다. 봉건주의적인 지주제는 더욱 강화되었다. 지주제 강화를 통한, 지주와 소작인의 갈등은 종식되기는커녕 더욱 증폭되어 갔다. 이를 반영하듯 그 갈등은 계급적 관점과 함께 이기영의 「고향」에서 잘 형상화되었다. 그러나, 그것은 ’30년대의 일이었다. ’40년대 전반에는 전시하 초비상의 공포 분위기였던 관계로 그러한 것들을 그러한 관점으로 표현하기란 거의 불가능하였다. 그럼에도 「물오리섬」이 발표되었다는 것은 하나의 이채(異彩)가 아닐 수 없었다. 왜냐하면 이때에 발표된 작품 중에서 이 작품만큼 그 갈등이 경향적(傾向的) 분위기와 동반하여 잘 형상화된 작품도 찾아보기 어렵기 때문이다. 이 작품에서 지주는 소작인의 가뭄으로 인한 소작료 미납을 구실로 소를 탈취할 뿐만 아니라, 하중도의 처녀를 데려다가 둘째 첩으로 삼는가 하면, 마침내는 그 섬마저 탈취하는 악랄한 존재로 그려진다. 이러한 지주는 작가에 의해 “산양같은 턱수염을 기른 삵 얼굴(白い山羊鬚を生やした狸面の地主)” 또는 앞서처럼 “원수(仇敵)”로도 표현되어졌다. 소작인인 미륵의 태도 또한 이에 상응하여 지주에 대한 적대감을 단계적으로 상승시켜 나간다. 미륵의 적대감은 특히, 지주에 대한 작가의 최종적 심판에서도 그대로 드러난다. 즉 지주가 탈취한 물오리섬은 농작물 하나 생산할 수 없는 모래땅이 되어 버렸던 것이다.

여기서 지주에 대한 심판이 “하늘”에 의해 수행될 뿐, 소작인과 지주의 대립이 정작 그 자체로 해결되지 못한 것은 무슨 이유 때문일까? 이는 무엇보다도 이 시기의 정황 때문일 것이다. 즉 1938년 6월에 박영희, 권충일 등 전향자 1백여 명이 참가하여 시국대응전선사상보국연맹(時局對應全鮮思想報國聯盟)이 조직된 데에서도 알 수 있듯,

일제의 사상탄압과 전향공작은 '40년대 전반기 이전에 이미 수행되었고 이러한 것들이, 작가들로 하여금 작품에서의 계급주의적 갈등의 예각적 형상화를 불가능하게 하였기 때문이다. 농민들의 조직적이고 집단적인 저항도 약화되어 오기는 마찬가지였을 것이다. 따라서 김사량은 그 대립의 예각적 형상화보다는 그것을 다소 우회하는 방식을 택하지 않을 수 없었던 것이다. 그럼에도 불구하고 김사량은 지주제를 강화한 일제와의 대결을 결코 포기하지는 않았다. 이 작품에서 지주에 대한 김사량의 처리방식은, 이후 천리(天理)인 일제의 패배를 야기시킬 그의 실천적 항일무장투쟁을 예비하는 문학적 동기이기도 하였던 것이다. 포악한 일제말기에 이처럼 지주와 소작인의 강렬한 대립을 다룬 작품을 발표한 것은, 그 창작의 매체에도 불구하고 모종의 작가적 용기가 없었으면 불가능한 일이었을 것이다.

아버지의 가출에도 가뭄에도 견딜 수 있었던 것은 어머니가 존재했기 때문이다. 어머니는 태어난 자리로서의 고향이거나, 들어가 쉴 수 있는 안식처(집)이다. 어머니의 가출은 근거해야 할 고향이나 집이 영원히 박탈되었음을 뜻한다. 앞서 표현 된 대로 그는 "정진정명의 고아(正眞正銘の孤兒)"가 되고 만 것이다. 고아도 고아 나름이겠지만, 「물오리섬」은 이와 같이 고아가 아주 명백한 형태로 출현한다. 아버지의 가출은[22] 이미 그 자식이 고아 상태에 있음을 뜻하기도 하는데

---

22) 아버지의 가출은 우리 문학의 주된 모티브이다. 예컨대 「물오리섬」보다 후대에 족출한, 다음의 분단문학도 그러하다. 김원일의 「노을」을 비롯, 윤홍길의 「霧堤」, 「무지개는 언제 뜨는가」의 주인공들은, "빨치산 혹은 간첩과 같은 북의 사람들로부터 6.25 전후하여 태어난 자식들이 남한의 체제 속에서 성장하여 그 사회의 성원으로 편입되어 간다는 점"이 공통적이다. 韓民族史에서 가장 비극적인 시기에 탄생한 그들은, "분단된 남과 북의 사이에서 태어난 私生兒的 존재라는 점이다. 그들은 북의 사람이 버렸기 때문에 廢子이며 남쪽의 씨앗이 아니기 때문에 남의 庶子이다. 그들은 그러므로 어느 편에도 소속될 수 없는 비운을 출생부터 지고 있는 셈(김병익, 「분단의식의 문학적 전개」, 『상황과 상상력』, 문학과 지성사, 1979, 13-14면)"이다. 이 점에서 「물오리섬」의 시대나 분단문학의 시대나 간에 아버지는 계속 가출한 상태에 있다.

어기에다가 어머니의 가출이란 고아로서의 의미가 그만큼 배가(倍加) 되었음을 뜻하는 것이다.

처음부터 평양의 도심에서 살지 않고 소작지라 해도 좋을 베기섬에서 살았던 미륵이었다. 그러나 그는 이제 어머니의 가출을 불러 온 베기섬도 살만한 곳이 못된다고 판단한 끝에 무인고도인 물오리섬으로 이주를 하게 된 것이다. 순이와의 물오리섬에서의 생활은 행복한 것이었다. 우선 섬 전체가 그들의 것이었기 때문이다. 그러나 이 또한 두 번의 홍수 끝에 지주에게 탈취당하고 말았음은 앞서 살핀 바와 같다.

망국(亡國)과 일제침략 등이 그와 같은 가탁을 통하여 잘 우의(寓意)된, 탁물우의(托物寓意)의 알레고리적 창작방법이 이 작품에서는 훌륭하게 관철되었는데, 이는 「토성랑」이래 견지되어 온 김사량의 동정자적(同情者的)[23] 세계관으로부터 비롯된 것으로 보여진다.

8) 「물오리섬」은 김사량의 분신인 '낭'이라는 인물이 작품의 외곽에, 미륵이 그 안에 포진하면서 전개되어 나간 작품이다. 이 작품은 그와 같은 미륵의 성장과정만이 아니라 '낭'의 성장과정 또한 형상화한다. 지병(持病)이 있기 때문에 의사로부터 전지(轉地)를 권유받고 있는 그였으므로[24] 대동강 기행은 실리적 목적을 겸한 것이었다. 자연스럽게도 '낭'은 대동강 상에서 한번 자기의 성장과정을 회고해 본다. 어릴적 베기섬에서의 추억, 섬처녀들 사이에서의 높은 인기 등을 회고해 보는 것이다.

> 그것은 그렇더라도, 그녀들도 또 그가 마음에 들어, 사슴을 작고 예쁘게 자수해 오거나, 그의 세라복의 옷깃 끝에 들국화의 모양을 수놓아 오기도 하고, 또는 조는 것을 일으키기보다 실 끝으로 간질이거나해서 재미있어 했다. 생각하면, 어

---

23) 이와 관련, "재일평론가 안우식도 김사량이 공산주의자는 결코 아니고 단순한 심파(Sympathizer/동정자)에 불과하다는 견해이다. 그리고 이것은 해방 전후를 통해 그의 일관된 관점이었으며 그는 체질적으로 부르조아 기질을 떨쳐보이지 못했다고 단정한다.(丁英鎭, 『통한의 실종문인』, 문이당, 1989, 198면)."라는 언급을 참고할 것.

24) 지병(持病)에의 언급은 「노마만리」에서도 산견된다.

떤 의미에서, 그는 도시의 사나이라는 점에서, 그녀들 사이에서 인기가 있었다고
도 말한다. 예닐곱 무렵은 서양풍으로 머리를 가르고 세라복이라든가 양복에 반
즈봉을 입고, 소학교에 올라간 후에도 양복을 입고 있었다. 그래서 그녀들은 그
를 진귀하게 여겨, 순진하고 귀여운 애무의 정을 서로 다투고 있었던 것같이도
생각되었다.[25]

도시의 사나이였던 그를, 순이가 특히나 귀여워 했다. 이것을 섬처
녀들은, 미륵과의 관계를 들어 순이를 놀려대었다. 그러나 이때 '낭'
또한 순이가 좋았던 것이다. '낭'과 순이와 미륵의 관계는 그러나 20
년이나 흘러 버린 '낭'에겐 덧없는 것이었다. 이처럼 이 작품은 미륵
만이 아니라, '낭'이라는 성장소설적(成長小設的) 인물도 보여주고 있
는 바, 이는 김사량의 전기(傳記) 재구(再構)에도 매우 긴요한 자료가
되는 것이다.

9) 마지막으로 남는 문제가 있는데 그것은 이 작품의 일본어 표기
에 관해서다. 「물오리섬」은 표기법에 있어 현대 일본어와는 조금 다
르다. 그것은 이 작품이 1942년에 발표되었기 때문이고, 일본어 표기
는 1946년 현대카나철자법(現代仮名遣い) 이후로 달라졌기 때문일 것
이다. 여기서 지적하려는 것은 일본어 표기가 그렇게 변천했다는 것
보다도, 한자 위에 후리가나(ふりがな)(루비ルビ)의 표기를 통해서
그리고 카타카나(かたかな)의 표기를 통해서, 또는 카타카나와 후리
가나의 복합어를 통해서 우리말 발음을 그대로 고수하려 한 것에 대
해서이다. 먼저 후리가나의 경우만 모아보면 표1)과 같다.

---

25) それはさうと, 彼女たちもまた彼が氣に入つてゐるとみえ, 鹿を小さなきれた刺繍して
くれたり, 彼のセ-ラ服の襟端に野菊の模様を縫ひ込んでくれたり, またはまどろむと
ころを起してより絲の端を摑ませたりして面白がつた. 思へば或る意味で, 彼は都の
坊やといふところから, 彼女たちの間に人氣があつたとも云とる. 六七の頃は西洋風
に髮を分けセ-ラ腹や背廣に半ズボンをつけ, 小學校へ上つてからも洋服をはいてゐた.
それでか彼女たちは彼を珍しがり, あどけない愛撫の情をせり合つてゐたやうにも思は
れる(김사량, 「물오리섬」, 『국민문학』, 인문사, 1942.1, 232면).

표1)

한자 표기	후리가나 표기	우리말 발음
猩岩島	ごえぃそむ	고양이섬
蓬萊島	すくそむ	쑥섬
玉硯山	おくべる山	옥벼루산
碧只島	べぎ島(-そむ)	베기섬
舍廊	さらん	사랑
色巾着	色じごもに	색주머니
七星女	ちるそんね	칠성녀
鷗游島	こんゆそむ	곤유섬
斗團島	とだに島	도단도
文發島	むんばり島	문발도
川獵船	めせぃ	메세이
水鴨	むるおり	물오리
沙網	すくひ	수기
おつ母	おまに	오마니
お父	あばち	아바지
石首魚	グチ	구치

표1)에서 후리가나 표기가 되지 않은 한자들도 그 앞 뒤의 후리가나 표기와 연관 지어 볼 때, 발음의 정도를 유추해 볼 수 있다. 다음 카타카나의 경우만 모아보면 표2)와 같다.

표2)

카타카나 표기	우리말 발음
バカチ	바가지
ボングネ	봉구네
花クルゲ(帽子)	꽃구루개
スウニ	순이
ソブンネ	서분네
李ソバン	李서방
バグミ (籠) (バグニ의 오기인 듯 - 인용자 주)	바구니
テンギ	댕기

마지막으로 카타카나와 후리가나의 복합어는 ベルチヤン島 →
ベルチヤンそむ(-ソム), ムルオリ島 등이다. 표1)의 후리가나 표
기를 살펴보면, 대동강의 하중도에 대한 표기가 많다. 그 섬의 고유
이름들이 표기되어 있다. 특히 평안도 방언을 그대로 살려 쓰려하였
음도 알 수 있다. 표2)의 카타카나 표기를 살펴보면, 고유의 인명과
문화가 매우 아름답게 살려져 있다. 특히 우리말에서 바가지, 꽃구루
개, 바구니, 댕기 등은 그 자체만으로도 매우 아름다운데 이를 카타카
나 표기로 살려 놓았다.[26] 이를 통하여서도 알 수 있듯 「물오리섬」은
창작의 매체가 일본어이기는 하나 조선적 정조(情調)로 가득 찬 작품
임을 알 수 있다.

조선적 정조가 충만한 이 작품은 대동강의 경치만이 아니라 자수
(刺繡), 소몰이, 낚시질과 같은 풍물(風物)을 잘 그려 놓고 있어 김사
량의 기록정신을 엿보게 한다. 그 중에서도 오리찌(オーリちう) 라
고 일컫는 낚시질은 다음과 같이 소개되고 있다.

『바로 이 근처다. 나는 구름도 없고 바람도 없는 것 같은 새벽녘에는, 순이와
함께 곧잘 오리찌(オーリちう) 낚시질을 하러 나왔다.』 그리고 다시 독백 같은
설명이 이어진 것이지만, 그의 체구(體軀)나 기질로 보면, 이 하류지방에만 독특
한 것인지도 모르는 오리(オーリ)라는 낚시질이 가장 좋았던 것처럼 생각된다.
그것은 수월하게 만든 두 개의 큰 갈고리를 낮은 곳에 던져두고, 거기에다가 굵
은 끈을 비끄러맨 긴 장대를 손에 쥐고 물가에 서서, 수면에 운영(雲影)도 없고
잔 물결도 일지 않을 무렵, 두 척 세 척의 크고 긴 숭어의 무리가 끈 위를 통과
하기 시작하는 것을 어림잡아 보면서 장대를 양손에 힘차게 낚아 올려 어깨에
메고, 모래땅으로 힘차게 전속력으로 달려 올라와 큰창자 근처에 갈고리가 찔린
숭어를 원시적으로 잡는 쾌적한 낚시질이다. 순이는 멀리서부터 숭어의 행렬을
찾아내서는 조용히 뒤를 좇아서 오리 낚시 하는 쪽에 데려다 준다. 숭어 무리는

---

26) 표1)에서 수기, 구치는 국어사전에서 발견되지 않는다. 표 2)의 "구루개(굴개)"도 그러하
    다. "구루개(굴개)"와 비슷한 형태의 "굴갓(벼슬을 가진 중이 쓰던, 대로 만든 갓. 모자
    위가 둥글게 되었음 - 인용자 주)"이란 단어는 있다.

반드시 선두에 큰 것이 있고, 양좌우와 그리고 중앙에도 큰 것이 붙어, 새끼 숭어의 부리를 보호하면서 진군하는 것이었다(하략).27)

물오리 섬에서의 행복하던 한때에 대한 미륵의 회상 속에 언급된 오리 낚시질은 장쾌하다. 대동강에는 숭어·잉어·붕어·농어·뱀장어·메기·쏘가리·누치·산처어·열목어 등 68종의 담수어들이 서식하고 있는데28) 인용문은 그 중에서도 숭어 낚시 및 숭어 생태에 대한 기록을 잘 담아 나갔다. 실제로 「물오리섬」만큼 대동강 유역의 자연, 생태, 역사, 교통, 자원 등 모든 면을 잘 담아낸 작품은 없다고 해도 과언이 아니다. 이로 볼 때 이 작품은 특히 대동강지(大同江誌)라 불러도 좋을 것이다.

이처럼 창작의 매체가 되어버린 일본어를 사용하되 일본의 것이 아니라 우리의 것만을 그 내용으로 담아나감으로써, 우리의 풍토와 일본의 풍토, 그 속에 살아가는 우리 민족과 일본 민족이 결코 같을 수 없음을 보여 주었다. 「물오리섬」이 우리 것을 저들에게 알리는 역할도 했겠지만, 그러나 이는 피상적인 견해일 뿐이다. 이 작품에서 소를 가운데 놓고 벌어졌던 미륵(彌勒)과 순이의 정(情) 쌓아나가기만 하더라도 그러하다. 소는 오랜 세월 우리 민족과 함께 해왔으며 또한 우

---

27) 『丁度このあたりだ. わつしあ雲もなく風もねえやうな明方には, よくスウニと一緒にオーリちう釣りをしに出て來ただ』それから再び獨白のやうな說明が續くのだが, 彼の體軀や氣質からすれば, この下流地方にのみ或は獨特かも知れないオーリといふ釣りが最も好きであつたとみえる. それは無造作にこしらへた二本立の大きな鉤を淺いところに投げをいて, その先につないだ太紐つきの長竿を手に持つて水際に立ち, 水面に雲影も落ちずさざ波も立たね程の時, 二尺三尺の長い大きなボラ群が紐の上を通り出すのを見計らつて竿を兩手でぐつと吊り上げ肩に擔いて, 砂地へまつしぐら駈け上り胴腹あたりに鉤のささつたボラを原始的に捉へる快適な釣りである. スウニは遠くからボラの行列を見付けては靜かに後を追ふてオリ釣の方へ送り込む. ボラの群には必ず先頭に大きなのがゐる, 兩左右とそれから殿りにも大きなのがついて, 子ボラの群を護りながら進軍するのであつた(김사량, 위의 책, 251면).

28) 『한국민족문화대백과사전』, 328면.

리 민족과 동질적인 동물이었다. 이와 같은 소를 매개로 한 그 인물들의 행동을 길게 형상화함으로써, 감동의 폭과 깊이를 더해주고 있기 때문이다. 「물오리섬」에서 일본어라는 피부를 절개하고 그 피하조직을 면밀히 살펴 볼 때, 전적으로 우리의 것임을 알 수 있다. 정서의 일체감(一體感)이라는 측면에서 일본인보다는 한국인에게 다가오는 부분이 압도적일 수밖에 없는 이 작품은 그러므로, 일본문학사가 아니라 필연적으로 한국문학사(韓國文學史)에서 논의될 수밖에 없는 작품인 것이다.

3

김사량의 「물오리섬」에 대해서는 깊이 있는 연구가 이루어져 있지 않다. 위에서 논의된 결과를 종합해 보면 다음과 같다. 첫째, 이 작품의 아름다운 풍경은 본질적으로 비극적인 의미를 내포하고 있다. 이는 동일한 지역으로서의, 「물오리섬」의 배경과 「노마만리」의 배경을 서로 대조(對照)해 봄으로써 더욱 확연히 드러난다. 「물오리섬」에서 묘사된 대동강 유역의 아름다운 풍경 또는 아름다운 자연이란, 당대의 정치적 상황과 관련지어 볼 때 단순한 아름다움일 수만은 없다. 그것은, 평양만이 아니라 대동강의 하중도에서조차 삶을 부지할 수 없는, 평양사람들(한민족)의 벼랑 끝에 내몰린 고통스러운 삶이 역설적(逆說的)으로 미화된 것으로 해석된다. 둘째, 이 작품은 우리 문학의 전통선상에 있는 작품이다. 우리 문학에서 대동강은 내우외환의 역사적 의미가 담긴 강으로도 비쳐지는데, 「물오리섬」 또한 이 같은 대동강을 문학적 동기로 삼았다. 게다가 이 작품은 대동강 주위에서 구전되어 온 이러저러한 설화의 흔적이나 민요를 살려내어 기록하였다. 이 작품에서 미륵의 삶 또한 설화적이다. 셋째 이 작품은 탁물우의(托物寓意)의 알레고리적 창작방법이 훌륭하게 관철되었는 바, 그 우의(寓意)의 일면은 망국(亡國)과 일제 침략이었다. 이는 「토성랑」이래 견지되는 김사량의 동정자적(同情者的) 세계관으로부터 비롯된 것으로 보여진다. 넷째, 이 작품 전체도 김사량의 체험과 밀접하지만 특히 '낭'이라는 주인공의 성장과정은 이 작가의 전기 재구성에 유익하다. 다섯째, 「물오리섬」은 일본어를 이용하되 일본의 것이 아니라 우리 고유의 인명과 문화 등을 고스란히 살려놓은 대동강지(大同江誌)이기도 하다. 이 점에서도 「물오리섬」은 한국문학사(韓國文學史)의 것이다. 이상의 사실에서도 알 수 있듯 일제말 암흑기의 시대에 감추어진 빛과 같은 「물오리섬」은, 창작의 매체가 일본어임에도 불구하고 매우 중요한 작품으로 여전히 우리 앞에 다가서는 것이다.(1998)

일제말기 액자소설의 양면성

— 이북명의 「빙원」을 중심으로

1. 서 론

한국현대문학사에서 일제말기는 통칭 암흑기로 일컬어진다. 그것은 이 시기의 문학이 친일문학적인 특징을 보이고 있기 때문이다. 문제는 이러한 특징과는 달리 이 시기 문학에 대한 연구가 활성화되지 못하고 있다는 점이다. 본고는 이와 관련, 친일소설을 포함한 일제말기 소설에의 담론공간을 더욱 확장시켜 나갈 목적으로 작성되었다.

일제말기에는 친일소설과 친일적이지 않은 소설이 함께 발표되었다. 그리고 이 소설들의 중간적 성격에 해당하는 소설도 발표되었다. 중간적 성격 중에서도 친일소설로의 섣부른 단정을 주저하게 하는 소설도 발표되었다. 문제는 이 시기 하나의 소설 안에서, 일제말기적 상황을 잘 반영하면서도 이러한 상황을 어떻게든 극복해 보려는 정신이 엿보인다는 것이다. 중간적 성격의 소설 중에서도 특히 이러한 소설은, 친일적인 단정을 유보해야 함에도 불구하고 그저 친일문학으로만 인식되어져 오고 있다는 것이다. 본고는 이에 선별된 소설의 검토를 통해 친일적 판별이 곤란한 소설은 또한 그것대로 중요한 의의가 있음을 밝히려 하였다. 이는 일제말기 소설연구에 대한 하나의 방법론적 모색도 될 것이다.

주지하듯 일제말기는[1] 태평양전쟁이 한창이었던 때로 문학작품 또한 일제의 전쟁정책을 위해 개방되지 않을 수 없었다. 이에 동반하여 검열 또한 더욱 고강도로 이루어졌다. 이는 「유방」(박계주, 『조광』, 1943.2)의 말미에 나와 있는 "조선헌병대점검제(朝鮮憲兵隊點檢濟)"를 통해서도 알 수 있는 것이지만 한국의 작가들은 조선헌병대에서 작품 검열을 받아야만 했다.[2] 본고에서 검토하려는 이북명의 「빙원(氷原)」(『춘추』, 1942.7)도 예외는 아니었을 것으로 보인다. 「빙원」은 일제말기의 이러한 상황을 잘 반영하고 있을 뿐더러[3] 이러한 상황을 극복하기 위한 소설적 형상화가 이 시기 어느 작품보다 극적이라는 점에서 특히 문제적이다. 말하자면 「빙원」은 일제말기를 대표하는 작품이라 할 수 있다. 「빙원」의 검토를 통하여 확인되는 것이지만 이 작품은 액자소설이다.[4] 외화와 내화로 이루어진 액자소설에서,[5] 외화는

---

1) 문학사와 관련, 일제말기를 『문장』과 『인문평론』이 폐간된 1941년 4월이후부터 해방까지의 시기로 보고자 한다.

2) 박계주, 「유방」, 『조광』, 1943.2, 206면.

3) 이와 관련, 「빙원」에 대해 "화전민이 노동자로 변화하는 과정을 그림으로써 종국적으로 일본의 국책문학에 야합"하고 말았다는 소개는 하나의 참고가 된다. 권영민, 『한국근대문인대사전』, 아세아문화사, 1990, 861면. 필자 또한 「빙원」을 "일제의 악랄한 '대륙전진병참기지화' 정책에 순응한 작품"으로만 평가한 바가 있다. 졸저, 『일제말기소설연구』, 국학자료원, 1996, 82면. 이후 「빙원」은 더 이상 연구자들의 관심을 끌지 못했다.

4) 이재선은 액자소설을, "단일소설과 함께 소설의 현저한 두 구성유형의 하나로서, 외부이야기 틀 속에 하나 또는 여러 개의 내부이야기를 내포하는 소설형식을 일컫는다. 마치 사진을 넣는 액자와도 같이, 안에 들어가는 이야기, 즉 핵심적인 내부이야기의 전후에 틀을 짜서 끼워넣기가 이뤄진 소설이다. 서술자·서술내용·청중이란 삼위일체적 서술의 근원상황이 그대로 재현된 것으로……일인칭 형태Ichform와 삼인칭 형태Erform의 교차적 이중서술시점의 연행방법"이라고 설명한다. 이재선, 「액자소설론」, 『한국문학의 원근법』, 민음사, 1996, 78-81면.

5) 액자소설의 구조와 관련, 다음과 같은 용어들이 사용될 수 있다고 본다. 액자/내부소설, 액자/내부이야기, 외부액자/내부소설, 외부액자/내부이야기, 외부이야기/내부이야기, 외화/내화. 본고는 「빙원」의 특성과 관련, 이중 외화/내화를 기본용어로 삼았음을 밝혀 둔다.

내화의 사실성 또는 신뢰성을 드높이는 역할을 한다. 이는 내화의 스토리와 독자와의 심리적 거리가, 외화보다는 내화에서 더 밀착된 결과로 나타난다. 액자소설의 관건은 이 점에서 내화를 독자에게 어떻게 효과적으로 전달하느냐에 달려있다고 해도 과언이 아니다. 외화와 내화에서 각각 서술자의 서술양상이 시점 등의 측면에서 어떻게 구현되고 있는가를 살펴보는 것은 이 점에서 중요하다. 그러나 외내화에서의 서술자의 서술 양상을 검토하기에 앞서, 서술자의 서술 대상인 작중인물에 대한 검토가 선행되어야 한다고 본다. 이는 소설 담론의 한 주체이자 언술행위의 한 주체이기도 한[6] 독자의, 관심사가 서술자보다는 아무래도 작중인물에 집중될 수밖에 없기 때문이다. 이 점에서 본고는 「빙원」의 액자소설적 성격을 우선적으로 밝힌 후 외내화에서의 작중인물의 의식과 행동을, 일제말기의 상황을 고려하면서 살펴 보고자 한다.[7] 이를 통해 해당 액자소설의 외내화에서의 특징을 분명히 제시해 보이고자 한다. 이는 외내화 모두 친일적인, 당시의 액자소설과도[8] 뚜렷이 대비되는 점이라 할 것이다.

---

6) 본고에서 사용된 '담론'의 개념은 벵브니스트의 견해임(A. 이스톱, 박인기 역, 『시와 담론』, 지식산업사, 1994, 71-82면 참고).

7) 이는 액자소설에 "실제작가-내포작가-서술자-인물-피서술자-내포독자-실제독자…란 소통 그물망의 서사적 인칭의 관계가 포용(이재선, 앞의 책, 81면)"되는 것과 관련, 소통 그물망의 중심에 있는 '인물'을 '실제작가-실제독자'와의 관계에서 다루어 보는 것으로, 거칠기는 하나 액자소설연구의 한 방법이 됨은 부인할 수 없는 것이라 할 것이다. 그러나 본고는 논의 중, 꼭 필요하다고 생각되는 대목에서는 '서술자-인물'에 관한 언급도 시도해 보았음을 밝혀 둔다.

8) 이와 관련, 졸고, 「친일소설의 해방전후 개작 양상 연구 -박계주의 「乳房」을 중심으로-」, 『한국말글학』 제17집, 한국말글학회, 2000.8에서 해당 작품을 상세하게 다루고자 했다.

2. 본 론

1) 액자소설인 이유

「빙원」은 담론의 방식이 외화(도입액자) → 내화 → 외화(종결액자)로 이어지는 작품이다. 그리고 도입액자와 내화 및 종결액자가 자체적으로 발단·전개·절정·결말 식(式) 또는 기승전결 식(式)의 구조를 보이는 작품이다. 이 작품을 액자소설적 성격에 입각, 도입액자와 내화 및 종결액자의 차례대로 약술해 보면 다음과 같다. 첫째, 도입액자는 대체로 다음과 같이 전개된다. '엄동의 이월, 주인공이 역에 내리다. → 조력자가 될 한 노인을 만나 그의 집으로 가다. → 저녁 식사 전, 집 뒤 언덕에 올라 저수지를 내려다 보다. → 기술자로서 건설에의 결의를 다지다. → 사무소장의 당부를 회상하다.' 이 부분은 외화 중에서도 도입액자의 발단에 해당한다. '주인공의 이력과 결의, 저수지 수문공사의 개요 제시 → 이튿날 점심부터 인부들과 함께 재료 검수를 시작하다.' 이 부분은 도입액자의 전개에 해당한다. '사흘째, 주인공이 감기를 앓다. 노인은 그물을 뜨고 노인의 딸이 간호를 하다. → 나흘째, 열이 내린 주인공이 노인에게 술을 대접하다. 노인이 또 그물을 뜨다.' 여기서 '그물'은 내화를 위한 동기적 부가물[9] 또는 내화를 위한 씨뿌리기에 해당한다. 각각 도입액자의 절정과 결말에 해당한다. '노인이 이야기를 시작하다.' 이는 도입액자와 내부이야

---

9) 動機的 附加物은, 내화의 "認證을 위한 일종의 變裝方法"이다(이재선, 『한국단편소설연구』, 일조각, 1997, 150면). 동기적 부가물은 또한 김동리의 「무녀도」의 외화 그림에서도 알 수 있듯, "독자로 하여금 내부이야기에 대한 호기심을 가지게 하고 또 내부의 이야기를 훨씬 현실적으로 인증하게 하는 기능을" 갖는다. "이런 수법은 이중의 허구화인 것"이다. 이재선, 앞의 책, 100면.

기의 전이적 연결점에 해당한다. 둘째, 내화는 '십년 전, 화전민인 노인의 가정은 평화로웠다. → 몇 해 후, 이전비를 받고 그들은 이주를 하였다. → 인부가 된 노인의 아들은 주색에 빠지다가 가출을 하였다. → 이후 며느리는 개가하고 노인의 마누라는 뱀독으로 앓다가 죽었다.'와 같이 정리된다. 이 모두는 대체로 내화의 발단·전개·절정·결말에 해당한다. '노인이 이야기를 마치다.' 이는 내부 이야기와 종결액자의 전이적 연결점에 해당한다. 셋째, 외화에서 종결액자는 다음과 같이 전개된다. '주인공이 노인의 처지에 공감하다. → 주인공이 건설에 대한 정열로 고무되다.' 이는 종결액자의 발단에 해당한다. '열 이틀째, 재료를 실은 소 발구와 함께 빙원을 행진하다. → 기술자로서 멸사봉공에의 결의를 다지다.' 이는 전개에 해당한다. '얼음장 함몰에의 두려움에 휩싸이다. → 노인의 신세타령을 머리에 떠올리다.' 이는 절정에 해당한다. 그리고 종결액자의 결말은 '주인공이 눈보라를 뚫고 힘차게 행진하다.'와 같이 정리된다. 이처럼 「빙원」은 외화에서 내화를 위한 동기적 부가물이 제시될 뿐만 아니라, 도입액자와 내화 그리고 종결액자가 시간상 현재와 과거를 오가면서도 각각 발단·전개·절정·결말의 구조를 매우 뚜렷하게 보여주고 있는 것으로 판단된다. 이를 통해서도 알 수 있는 것이지만 「빙원」은 또 단일액자이면서 폐쇄적 액자의 형태를 보여주고 있다.[10]

---

10) 단일액자는 "내부이야기가 하나이며 주로 서술의 신뢰성을 확보·유지하기 위한 것, 즉 서술자에게 신뢰가치를 부여하여 이를 합리화시키기 위한 형태"이고 폐쇄적 액자는 "핵심적인 내부이야기가 그 전후의 액자에 완전히 포용돼 닫힌 것"을 일컫는다. 이와 같은 액자 유형 이론은 프리츠 로케만의 견해에 따른 것이다. 이재선, 위의 책, 80면.

2) 외화의 작중인물

「빙원」은 태평양전쟁과 무관하지 않은 전선의 후방에 위치한 전력 생산의 현장을 다룬다. 그곳은 "S저수지"의 남단에 있는 "사수"라는 곳이다.[11] 이곳에서 주인공으로 활약할 "최 호"는 일정 정도 탁월한 능력을 소유한 인물로 제시된다. 그는 "작년 봄에 우수한 성적으로 K 고공 기계과를 졸업"하고 "특히 선발되어 C수력발전사무소 기계계에 사원으로서 입사"했던 것이다. "하지천 수전회사" 소속으로도 표현되는 그는 장진호의 일부로 여겨지는 "S저수지 제2언제(堰堤) 일수문(溢水門)의 개조공사"를 위해 사수로 왔다고 하였다. 즉 그는 "목조의 불완전한" 수문을 철재의 완전한 것으로 개조할 사명을 띠고 온 것이다. 이를 위해 그는 우선 일본의 오오사카에서 출하되고 경평철도를 통하여 사수역에 도착해 있는 "총 중량이 이백 톤이나" 되는 수문 재료를 일주일 내에 검수하기로 되어 있다. 그런 다음 이 재료를 "사수에서부터 메물리 제이언제까지 운반해야" 했다. 수문 개조라는 이차 목표를 달성하기 이전, "제일 난사 중의 난사"인 이 "팔십 리" 길에서의 재료운반이라는 일차 목표에의 달성이 그에게 우선적으로 주어진 과제였는 바 「빙원」은 특히 이를 형상화한다.

---

11) 지도상, 泗水는 함경남도 장진호의 남단에 위치한 곳으로 흥남으로부터 이곳까지 신흥선이라는 철도가 부설되어 있다. 한편 부전호의 남단에 위치한 부전 또한 흥남으로부터 그곳까지 송흥선이라는 철도가 부설되어 있다. 장진호에는 남단에 장진과 사수가, 북 단에 장진댐과 갈전(「빙원」에서 "간전리"로 표기된 것은 이 갈전을 지칭하는 것이 아닌가 한다.—필자 주)이 자리잡고 있다. 그리고 장진호의 북쪽에 다시 제2장진호와 제3장진호가 있고 제3장진호를 수원지로 하여 장진강이 압록강 방면으로 흐르고 있다. 한편 북단에 부전댐이 있는 부전호로부터 부전강이 흘러나오는데 이 강은 장진강과 다시 합류한다. 장진호와 부전호 주변으로 2천미터급 고산들이 둘러싸고 있는데 「빙원」은 이러한 곳을 공간으로 설정하고 있다.

사수에서 육로로 메물리까지 가는 길은 있기는 있으나 저수지 된 후에 새로 산 중허리를 끊고 만든 길이기 때문에 몹시 험하고 고카로운 데가 많아서 우차로 서는 도저히 운반할 수가 없다. 트럭은 있지만 대용연료를 사용하기 때문에 이렇 게 추운 곳에서는 엔진이 얼어서 운전할 수가 없다. 그래서 최 호는 적은 비용으 로써 가장 능률적인 빙상수송법을 취했다. 빙상수송을 하자면 이월 한달 동안에 해야지 삼월에 들어가면 경찰당국에서 위험하다고 허가해 주지 않는다.[12]

주인공은 그의 의지대로 수문 개조에 소용될 "길고 넓고 두터운 철 판, 앙글, 찬넬, 리벳트"와 같은 기계제품들을 실은 오십 대의 소 발 구를 동원하여 광막한 빙원을 행진해 나가게 된다.[13] 최 호가 성취해 야 할 일차적 목표는 이 점에서 결코 가볍지 않은 것임을 알 수 있 다. 그러나 학업성적이 우수한 위에 "사람됨이 착실 온후하고 사상이 온건하고 일에 충실하기 때문에" 입사하자마자 C수력발전소 소장의

---

12) 이북명, 「빙원」, 『춘추』, 1942. 7, 174면. 이하 본문 가운데의 인용문은, 말미에 면수 표 시.

13) 「빙원」에서 읽혀지듯 첫째, 일본으로부터 일체의 기계제품들이 공급되고 둘째, 최 호와 같은 우수한 노동력이 공급된 위에 셋째, 발구꾼 정도의 단순 노동력의 결합은 식민지 에서의 군수공업 수준이 어느 정도인가 하는 것을 짐작하게 해준다. 부족하나마 빙원에 서 형상화되고 있는 1940년대 식민지 군수공업은 그 이전으로 거슬러 올라가서 생각하 지 않으면 안된다. 이는 고바야시의 「총력전 체제와 식민지」를 통하여서도 알 수 있다. (1930년대 식민지 한국의 군수 공업에 관한 내용은 소림영부, 「총력전체제와 식민 지」, 최원규 편, 『일제말기 파시즘과 한국사회』, 청아출판사, 1988, 7-48면 참고) 그는 만주 만큼 계획적이지는 않았지만 한국에서의 군수 기초소재 부문 육성은 1930년대 전반에 이루어졌다고 하였다. 그 시초는 우가키 총독이 추진한 조선 공업화 정책의 일환인 조 선북부 전원 개발사업에서 보인다고 하였다. 그리고 일본질소의 노구치가 이끄는 조선 질소비료주식회사가 이 사업에 관계한 것으로 보았다. 특히 이 회사는 부전강, 장진강, 허천강 발전사업을 추진하면서 이 사업에서 얻어진 대량의 값싼 전력을 기반으로 흥남 지역에 전기화학 공업을 일으켜 일대 콤비나트 형성에 전력을 기울였다고 하였다. 한편 창립 당시 황산 암모니아 생산에 전력을 기울인 조선질소도 전력사업의 확장에 따라 그 사업을 확대하여 '34년에 일본 마그네슘금속, '35년에 조선질소화약, 조선석유, 조선인 조석유 등 연료와 화약 그리고 경금속 부문의 회사를 설립, 점차 한국의 중요한 군수공 장으로 성장하여 갔다고 하였다. 이것은 만주와 마찬가지로 조선총독부 수뇌와 신흥재 벌인 조선질소를 비롯한 주요 자본가의 화합, 즉 군과 자본가의 결합 위에서 실현된 것 이었음을 밝혔다. 「빙원」의 무대가 되고 있는 전력생산 현장은 이처럼 철강, 석탄, 인조 석유와 같은 군수 기초 소재 부문의 육성 또는 확충과 직접 관련이 있음은 말할 것도 없다.

신임까지 받게 된 그는 이 난관 돌파를 불가능한 것으로 여기지는 않는다. 즉 그는 과업의 비중에 어울리는 자질을 가지고 있는 것이다. 그러나 비정상적인 출생으로 인해 일차 과제에의 해결이 지체되는 것으로 나와 있는 바 그것은 신체내적 장애물로서 그의 건강이 좋지 못하다는 것이다.

"후리후리한 키에 길숙한 얼굴"의 외양과 달리 그는 항상 "혈색이 좋지 못하고 여름에도 까딱하면 감기에" 걸리는 일이 많았던 것이다. 그런 그의 손에는 늘 "흰 수건에 싼 약병이" 붙어 다닌다. "선조 대대로의 약질"인 그의 건강법은 "몸을 그 이상 튼튼하게 만들어 보겠다는 욕망보다도 병에 걸리지 않기에 힘쓰겠다는 것"이었다. 그러나 그는 자기의 의지로 이를 극복해 보려 한다. 그는 자기의 건강문제로 출장명령을 주저하고 있는 사무소장을 찾아가 "결연히" 의지를 밝히고, 단신(單身)으로 사수로 입사(入社)하였던 것이다. 때는 엄동설한인 이월이었다. 일을 시작한 지 삼사일 만에 감기로 심하게 고생을 하고 이후 광막한 빙원을 행진해 갈 때에도 입에 약을 달고 있었지만 그는 이 결함을 "정열"로 극복해 보려 하였던 것이다.[14]

약체임에도 굳이 오지에 단신으로 투신하여, 신체내적 결함과 함께 거듭 주어지는, 신체외적 장애물인 혹한(酷寒)과 싸우는 그의 모습은 곧 대소의 모험을 감당해 나가는 탐색영웅으로서의 모습이기도 한 것이다.

문제는 이 인물에게서 희극적인 기미가 엿보인다는 것인데, 우선 주인공의 의식을 검토한 후 예기치 않게 벌어지는 그의 행동을 통해 이를 검토해 보기로 한다. 외화의 여러 곳에서 발견되는 최 호의 의

---

14) 최 호에게는 奧地로 갈 수 없는 조건도 분명히 있었다. 그러나 그곳에 간 최 호의 행위는 직접적으로 표현되고 있지는 않지만 이 시기의 징용제도도 일정하게 영향을 미쳤다고 해야 할 것이다.

식을 검토해 보자. 첫째, 사수에 도착한 첫쨋날 저녁 비감에 젖어있던 주인공이 각오를 새롭게 하는 장면을 보면 다음과 같다.[15]

(1) 아니다─ 내가 지금 무슨 망상을 하고 있나 우리나라 기술의 결정인 S저수지를 하필 두만강의 풍경에다 비길 것이 무엇이냐. 이 S저수지야말로 건설의 저수지다. 나는 내일부터 이 저수지의 빙원(氷原)을 정복하고 위대한 건설공사를 시작할 사명을 짊어지고 온 기술자다. 어디든지 좋다. 내게는 오직 「일」이 있을 뿐이다.(170면)

(1)에서 주인공이 생각하는 "우리나라"는 일본이다. 그는 이 점에 대해 아무런 의심을 하지 않는다. 스스로를 일본국민으로 인식하고 있으므로 사감(私感)을 부정하고 목표성취에의 결의를 다질 수 있다. 이와 같은 그의 태도는 사수에 도착한 지 나흘째에 다시 나타난다. 그는 저수지가 처음 건설될 무렵 있었던 한 노인 가족의 신세타령을 듣고 잠시 혼란에 빠진다. 그러나 다시 다음과 같이 생각해 본다.

(2) 그렇다─ 위대한 건설 뒤에는 희생도 많을 것이며 비극도 있을 것이다.그렇다면 나는 최 호는?─ 머리를 흔든다. 물론 나는 희생이나 비극을 원하는 자는 아니다. 그러나 나도 이번 공사에 대하여 어느 정도의 희생과 비극을 각오하지 않으면 안될 것이다. 큰 희생을 내겠느냐 적은 희생 으로써 끝막겠느냐는 것은 나의 기술문제보다도 마음과 마음의 단결이 절대로 필요한 조건이다 일심정력으로 국가를 위한 건설에 참가해야만 될 것이다. 그러자면 나의 전기보국 이 참된 뜻을 노동자들에게 이해시켜주도록 힘써야 한다.(182면)

(2)에서 주인공은 일본에 대한 자기의 충성을 노동자들이 본받도록 해야겠다고 생각한다. 그래서 기술자가 되었든 노동자가 되었든 "국가를 위한 건설"에 혼신의 힘을 다할 것을[16] 다짐한다. 그런데 수문

---

15) 이하 주인공의 의식과 관련된 인용문 앞에 번호 병기.
16) 최 호의 의식은 '목숨을 걸고 일을 함'이라는 뜻을 가진 일본어 いっしょうけんめい(一

개조를 눈앞에 두고 있는 그는 희생의 최소화에만 관심이 있다. 성취목표에 대한 반성이 동반되지 않고 있다. 그의 눈은 이 점에서 멀리 있는 것을 보지 못하고 있다. 열 이틀째 날 일차적 성취목표인 재료운반을 앞 둔 그는 발구꾼들 앞에서 훈시를 한다.

> (3) 오십 대의 소 발구가 철재를 싣고 장사진을 쳐서 광막한 빙원을 행진하기 시작한 것은 최 호가 사수에 와서 열이틀 째되는 날 늦은 아침때다. 최 호는 발구대가 떠나기 전에 오십 명의 발구꾼을 한 자리에 모아 세우고 간단한 훈시를 주었다. 『여러분 삯전도 삯전이겠지만 우리에게는 돈보다도 더 값있고 성스러운 단결의 정신이 있어야 할 것입니다. 우리나라는 지금 남에서 북에서 강적을 물리치면서 싸우지 않습니까! 총후의 국민인 여러분은 제일선에서 싸우고 있는 용감한 장졸들의 마음을 본받아서 「나」라는 것을 버리고 이번 이 공사에 일심합력해 주시기를 바랍니다.』(182면)

일차 성취목표에의 행진이 시작되고 있다. (3)에서 "오십 대의 소 발구"는 사수를 중심으로 하여 그 주변 지역까지의 화전민과 농민들이 강제적으로 동원되었다는 것을 말한다. 이와 같은 강제동원은 그 자체로 저임금 노동력의 강제적 동원을 뜻하는 것이다. 전원(電源)개발은 이 기반 위에서 이루어진다. 여기서 나오는 값싼 전력(電力)은 군수원료의 생산을 위한 것이다. 이 점에서 수력전기회사에 소속된 주인공은 조선질소회사와 같은 신흥재벌의 기저조직으로서 "조선 총독부의 총력전 계획의 실현자"[17]이기도 하다. 이어 발구대와 함께 빙원을 걸어가면서 주인공은 생각한다.

> (4) 최 호는 걸으면서 생각해 본다. 자연을 정복하는 기술자의 위대한 정신 속에도 명예나 지위같은 안가(安價)한 생각은 꼬물도 없어야 할 것이다. 이 심산에

生懸命)를 연상케 한다.

17) 소림영부, 앞의 논문, 41면.

서 몇 해를 침식을 잃고 「나」를 버리고 악전고투하여 세기의 대저수지를 건설한 기술자 선배들의 위대한 뜻을 나는 계승해야만 할 것이다. 그것이 총후국민으로서의 내가 나라에 바치는 유일한 충성일 것이다.(184면)

(4)처럼, 커다란 목표를 위해 자기 개인의 이익은 돌아보지 않겠다는 그의 생각은 고귀하다. "나라에 바치는 유일한 충성"이라는 생각에서 주인공의 세계관은 위대한 것임을 알게 된다. 그러나 그의 세계관은 원대하지는 않다. 그의 안목은 여전히 근시안적이다. 무엇을 위한, 누구를 위한 대저수지인가와 같은 질문은 여전히 제기되지 않고 있다. 저수지 건설을 위한 수몰 당시의 정황과 관련된 한 노인 가족의 신세타령을 회상하면서 그는 자기의 생각을 더욱 확고히 한다.

(5) 희생과 비극! 이 두 가지 조건이 없이는 건설은 불가능한 것인가? 불가능한 것일 것이다. 그렇다면 희생과 비극은 오로지 기술자의 책임으로만 돌릴 것인가? 그렇지 않을 것이다. 만약 책임이 있다고 가정해도 사회는 그 책임을 관대하게 처분해 줄 것이다. 나는 가장 적은 희생과 비극으 로 가장 큰 건설을 완성하는데 힘써야겠다. 최 호는 하늘을 쳐다 본다. 차디찬 공간에 일수문의 설계도가 뚜렷이 나타난다. 그것은 최 호의 건설에 대한 정열의 반영이다. 질펀한 빙원을 극한과 싸우면서 행진하는 자기의 정열이 자기로서도 대단히 믿음성 있게 생각되었다.(185면)

건설에 따르는 희생과 비극은 문명의 진보를 위해서는 불가피한 것이다. 그러나 기술자의 과실이 사회를 통해 경감될 수 있다고 믿을 때 건설을 위한 희생과 비극은 더욱 증대될 수밖에 없는 것 또한 분명하다. 그리고 피해의 대상은 존재하지만 가해의 주체는 불분명하게 되는 것이다. 이 경우 가해자는 오직 '불가피한 상황'이라고나 해야 할 것이다. "가장 적은 희생과 비극으로 가장 큰 건설을 완성"하겠다는 주인공의 생각은 단순하다. 특히 기술자의 책임을 관대하게 처분해 줄 "사회"가 전체주의 사회라는 데 생각이 이르고 보면 최 호류의 인물들은 면책될 수 없다.

이후 건설에 대한 정열의 반영으로 주인공이 하늘에서 "일수문의 설계도" 환영을 보는 것이라든지 "휘몰아치는 눈보라 속을 뚫고" 빙원을 행진할 때 자아도취에 빠지는 것과 같은 장면에 이르러서는 주인공의 행동이 허풍스러운 것일 수밖에 없음을 알게 된다. 외화 내에서 주인공의 생각이 맹목적인 것이었기 때문이다.

이는 특히 외화에서 잘 드러나는 바, 도입액자 중 발단 부분과 종결액자 중 결말 부분에 나타나는 다음과 같은 장면들을 통해서도 알 수 있지 않을까 한다.

> 최 호(崔浩)가, 사수(泗水)역에 내렸을 때에는, 저물기 쉬운 겨울 해가, S저수지 건너 산봉우리 위에 두어 발 남아있었다. 겨울의 발간 태양이 차디찬 광선을 S저수지 얼음 위에, 잠북 퍼붓고 있다. 최 호는, 차에서 내리자 수화물로 부친 침구를 찾아들고, 역 기둥에 걸린 한란계를 들여다보았다. 수은주가 바로 영하 이십일도를 가리키고 있다. 마중 나온다던 만수 노인을 뒤살펴보았지만 아무 데도 보이지 않았다. 최 호는, 노인의 집을 찾아갈 양으로 정거장을 나섰다. **그때 산등으로 부터 눈을 실은 고춧가루 같은 바람이 전선을 울리면서 내려치더니 바로 정거장 앞길에서, 회오리바람을 일으켰다. 구풍권내 든 최 호는, 아무 저항도 없이 무맥하게 트렁크와 수화물을 내던지고 얼음판에 뒹굴었다. 재빠르게 일어서려고 버둥거리다가 또 한번 보기좋게 모로 늘어졌다.** 길바닥이 온통 얼음판이다. 최 호는 고무장화를 신었으나 몹시 미끄러워서 발을 옮겨 놓는 대신 질질 내밀면서 올라간다.(167면)

강조한 문장들에 나와 있는 대로 주인공은 역을 나서자마자 회오리바람의 한가운데 들게 된다. 그리고 얼음판 위에서 두 번 미끄러지게 된다. 엉겹결에, 그리고 체면유지를 하려다가 낭패를 당하게 되는 바 이는 사수에의 첫 번째 입사시련이다. 그러나 얼음판 장면은 주인공의 성격을 암시해 주는 것이기도 하다. 즉 주인공은 어리숙하면서도 남에게 잘 속아넘어가는 인물임을 암시해 주는 것으로 보인다. 이 경우, 회오리바람과 얼음판 같은 일기는 에이론의 역할을 맡고 있다고 할 수 있다. 모두의 얼음판 장면에서 이와 같은 반어적 효과는 분명하지 않다. 그러나 외화의 종결액자 중 결말 부분에서 반어적 효과는 분명하게 구현된다.

> 그때 최 호는 뿌지직뿌지직하는 상서롭지 못한 소리를 듣고 눈을 얼음판으로 돌렸다. 앗? 저쪽으로부터 얼음이 깨어져 들어오지 않는가. 최 호는 당금 얼음장이 내려앉을듯한 공포심을 일으켰다. 질겁해서 얼음 위에 뛰어내리다가 되싸게 얼음 위에 뒹굴었다. 발구꾼이 뛰어와서 부축해 일으켰다. 『저 저 얼음이 깨어지오.』 최 호는 눈을 휘번덕거리면서 그쪽을 손질한다. 『일없우다. 너무 꽝꽝하게 언 찰얼음이 되어서 이리저리루 깨어지는거유.』 『아 대자 예 자루 되려 언 얼음인데 저쯤해서 물 앉겠오. 저거는 얼음의 장난이오. 허……』 발구꾼들이 너털웃음을 웃는 것을 보고야 최 호는 마음을 놓고 다시 발구 안에 들어가 앉았다.(184-185면)

주인공은 좁은 발구 안에서 담요를 감고 앉은 채 무릎 위의 설계도를 들여다보고 있던 중이었다. 오지에 대한 것이 모두 새롭기도 한 그는 강조의 문장들에 나와 있는 대로 다시 얼음판 위에서 뒹굴고 있다. 수문 개조 공사를 위한 준비된 영웅이지만 발구꾼들도 다 아는 얼음의 생리를 알지 못해 허둥지둥하는 데에서, 지금까지의 그의 의식은 모두 찬란한 광채를 잃고 있다. 주인공은 기회 있을 때마다 전체를 위한 희생을 피력했다. 특히 발구꾼들 앞에서의 "훈시"대로라면, 그들의 생명을 구하기 위해 "「나」라는 것을 버"릴 각오, 즉 자기의 생명부터 솔선 희생할 각오가 있어야 했다. 그러나 막상 위기의 순간이 닥치자 그는 실체를 드러내고 만다. 빙원 위에서 주인공이 뒹구는 이 장면은 일종 탐색영웅으로서 지금까지의 그의 의식이 모두 위선적인 것으로 판명되는 장면이기도 하다.

한편 「빙원」에서 서술자는 이야기에 대하여 객관적인 태도를 유지
하려고 하였던 것으로 보인다. 즉 서술자는 작중인물에 대하여 일정
한 거리를 두려 하였던 것으로 보인다. 「빙원」의 모두이자, 외화의
도입액자 중 발단 부분 장면에서도 발견되지만 그것은 문장의 시제
(時制)를 통해서 드러난다. 즉 과거시제가 섞여 있지만 현재시제가 이
질적 특성을 보인다는 점이다. 대체로 과거시제로 서술되나 태양 광
선, 영하의 기온, 얼음판은 모두 현재시제로 서술되고 있다. 위의 모
두 장면에서는 산견되지만 이 장면에 이어지는 다음과 같은 장면을
보면 모두 현재시제만이 사용되었음을 알 수 있다. 외화의 도입액자
중 발단 부분에 해당하는 또 다른 장면은 다음과 같다.

> 최 호는 딱딱 드러붙는 속눈썹의 얼음알을 오-버 소매로 가로닦으면서 언덕길을
> 조심스럽게 **올라간다.** 언덕길 막바지를 굉장히 큰 널집이 가로막고 있다. 그 널
> 집 앞에는 널판할 때 각재가 산처럼 **쌓여 있다.** K회사 사수 제재소다. 안에서 기
> 계톱이 나무를 켜는 소리가 쌔룽쌔룽 **들려온다.** 제재소 동쪽 켠 넓은 빈터에는
> 톱밥이 산더미처럼 **쌓여 있다.** 최 호는 갈길을 잃고 엉거주춤하고서 S저수지 건
> 너를 **바라다 본다.** 지기 쉬운 겨울해가 산등에 걸려서 **나울나울한다.** 저물어갈
> 수록, 바람은 점점 세차게 휘몰아치고 추위는 그럴 때마다 점점더 **강해진다.** ―
> 나올텐데 최 호는 중얼거리면서 제재소 뒷 언덕에 층층 올려지은 널집들을 **바라
> 본다.**(167-168면)

강조의 부분들에서 발견되는 바 모두 현재시제가 사용되고 있음을
알 수 있다. 외화에서 발견되는 이 같은 현재시제의 사용은 서술자가
주인공에 대하여 가치판단을 유보하겠다는 일종의 의사표시가 된다.
이는 외화 서술자의 주인공에 대한 '방관'을 말하는 것으로 외화 전
체에 해당되는 것으로 이해된다.

외화를 검토할 때 주인공은 탐색영웅으로서 내외적인 난관을 극복
하고 성취목표들에 대하여 한 걸음씩 다가가고 있다. 그는 신화적 영

웅으로서의 특징에[18] 천황의 충실한 신민(臣民)이라는 역사적 구체성까지 구현해 내고 있는 인물이기도 하다. 외화를 기표 그대로 받아들이는 이의 눈에는 이와 같은 형상화가 내선일체 또는 전시정책에 부합하는 것으로 인식되었을 것으로 보인다.[19] 그러나 외화의 곳곳에서 드러나는 주인공의 의식은 대저수지 건설이라는 성취목표에 대하여 반성적 성찰을 깊이있게 동반시켜 내지 못하고 있는 바, 이는 암암리에 그가 평면적인 사고의 인물 내지 단세포적 사고 밖에 할 줄 모르는 희극적인 인물임을 보여 주는 것이다. 이러한 판단은 도입액자의 발단에서 드러나고 종결액자의 결말에서 강화되는 그의 행동상의 위선적인 실체를 통하여 더욱 분명해진다. 특히 주인공에 대한 외화 서술자의, 협화음(consonance)도 아니고 불협화음(dissonance)도 아닌[20] 방관적인 태도를 통해서도 더욱 확실하게 입증된다고 하겠다.

3) 내화의 작중인물

외화에 비해 서술 분량이 적은 내화는, 주인공의 사수역 도착시 조력자역(助力者役)으로서 마중 나왔던 "만수 노인"의 집안사에 관한 이야기가 중심을 이루고 있다. 내화는 만수노인의 수몰이후의 생활을 보여주는 외화에 반해 그의 수몰이전의 급변해간 생활상을 전해준다.

외화에서 만수 노인은, 저수지에서 쪽배를 타고 물고기를 잡으며 생활하고 있는 인물로 나와 있다. 즉 어부로서 생활하고 있음이 드러

---

18) J. 켐벨의 단원신화(monomyth)를 정리한 W. 마틴의 글 참조(W. 마틴, 김문현 역, 『소설이론의 역사』, 현대소설사, 1992, 126면).

19) 예컨대 엄흥섭이 이 작품에 대해 "그 건실한 생산면을 그리려 한 노력과 정열이 작품 전체에 넘쳐 흐르고 있다."(엄흥섭, 「시련과 비약」, -금년창작계소관-(하), 『매일신보』, 1942. 12. 31 조간, 2면)고 한 것도 하나의 참고가 될 수 있을 것이다.

20) 송지연, 「소설에서의 인칭의 문제」, 석경징 외 2인 편, 『서술이론과 문학비평』, 서울대학교 출판부, 1999, 52면 참조.

난다. 한편 그가 살고 있는 집은 보잘 것 없는 것으로 비쳐진다. 이는 주인공의 눈을 통해 소개된 집에 관한 정보로 알 수 있는데, "널 대문"을 지나 들어간 방에는 윗목에 "백로지로 도배한 궤짝 하나가" 있을 뿐이라는 것, 방 뒷벽으로는 유리창이 있어서 저수지를 조망할 수 있다는 것, 그리고 부엌살림이 있는 "정주"가 있다는 것 정도이다.21) 내부이야기를 외화와의 관련 부분과 함께 발단·전개·절정·결말의 순서대로 다시 정리해 보면 다음과 같다.

① 사흘째, 주인공이 감기를 앓다. 노인은 그물을 뜨고 노인의 딸이 간호를 하다. → ② 나흘째, 열이 내린 주인공이 노인에게 술을 대접하다. 노인이 또 그물을 뜨다. → ③ 노인이 이야기를 시작하다. → ④ 십년 전, 화전민인 노인의 가정은 평화로웠다. → ⑤ 몇 해 후, 이전비를 받고 그들은 사수로 이주를 하였다. → ⑥ 언제 공사장 인부가 된 노인의 아들은 주색에 빠지다가 가출을 하였다. → ⑦ 이후, 며느리는 개가하고 노인의 마누라는 뱀독으로 앓다가 죽었다. → ⑧ 노인이 이야기를 마치다. → ⑨ 주인공이 노인의 처지에 공감하다. → ⑩ 주인공이 노인의 신세타령을 머리에 떠올리다.

「빙원」의 내화는 ④부터 ⑦까지이다. 이는 대체로 발단·전개·절정·결말에 해당한다. 이 내화는, 외화에서 도입액자의 절정과 결

---

21) 鼎廚는 정주간이라고도 하는데, 부엌과 안방 사이에 벽이 없고 부뚜막과 방바닥이 한데 잇닿은 곳을 말하는 것으로 함경도 사람들의 생활상을 전해주는 것이다. 외화에서 딸과 함께 살고 있는 것으로 나오는 만수 노인은, 주인공의 숙식과 건강을 돌보는 인물이기도 하다. 특히 첫쨋날 저녁 만수 노인이 주인공에게 대접한 음식 가운데 장진감자와 갓김치는 그곳의 특징있는 음식임이 이야기되고 있는데, 이와 같은 것을 통해 만수 노인과 같은 사수지역 사람들의 생활도 엿보게 된다. 외지인들에게 그 맛으로 유명한 장진감자는 그곳 사람들이 상식하는 것으로 그들은 감자를 가지고 다른 음식도 만들어 먹는다고 했다. 즉 감자를 가지고, 녹마를 내어 국수를 눌러 먹거나 엿을 다려 먹거나 떡도 해먹는다고 했다. 또한 주인공이 유달리 맛있게 느낀 갓김치는 물에다가 실오리 같은 무와 갓나물의 잎사귀를 띄워 먹는 것이었다. 이처럼 어부로 생활하면서 딸과 함께 가난한 집에서 산간의 식물이나 먹게 된 만수 노인의 생활은 처음부터 그렇지는 않았다. 이는 내화를 통해 드러난다.

말인 ①, ②에서의 '그물'이라는 동기적 부가물의 매개에 의해 외화와 긴밀한 관련을 가진다. 또한 내화에 대한 주인공의 반응은 종결액자의 발단과 절정인 ⑨, ⑩에서 드러난다.

서술 분량상 내화는 외화에 비해 상대적으로 짧다. 이는 내화와 외화의 비율적인 균형이 일제말기적 정황 등으로 인해 조화를 이루고 있지 못하다는 것을 말한다. 그러나 보여주기가 아니라 말하기로, 지문형식으로, 회상적 형식으로 이루어진 내화는 그 서술분량에도 불구하고 외화와는 질적으로 다른 특징을 보인다.

> 이야기의 실마리는 지금으로부터 십년전으로 올라간다. 즉 사수일대가 화전민 그대로의 생활을 지속하고 있을때다. 그때만수노인네집은 통지수리라는 깊은 골작에 있었다.(그골짝은 지금저수지 속깊이 잠겨버렸지만). 그때 노인네가정에는 노인부처 아들윤식의 부처 금순이—다섯식구가 집뒤 에는 밀림이막아있고 앞에는 갠이흐르고 갠건너에 화전이옌일곱뙈기있었다. 봄이오면부자간은 밭을 갈아 씨를 뿌리고 시어머니 며누리는 산에올라도라지를캐고 고사리 산나물을뜯었다. 산중에다 닻을놓아 토끼묏되지 노루를잡아 기름지게먹고 아름드리나 무를찍어번저서 함지등속을 맨들어 한달 에 두어 번식 부자간이번더지게 지게에지고 하가루장에 가서 아팔가지고는 옷감물감 바느질실 반찬감 소금……을사다가 평화롭게생활했다.(180면)

당시 표기를 그대로 써 본 위 인용문은, 내화의 모두이다. 이를 일제하 화전민의 생활에 대하여 언급한 다른 글과 비교하면서 잠깐 살펴보기로 하자.

"십 년 전", 장진과 사수 일대의 화전민들이 어떻게 생활했는지는 알 수 없다. 농민과 화전민의 생활 정도가 달랐을 것이고, 화전민들 안에서도 생활 정도가 각각 달랐을 것이기 때문이다. 그러나 일제하 화전민의 생활은 다음의 글을 통해 짐작할 수 있을 듯하다.

화전민의 대부분이 평지농촌에서 자작지는 물론 소작지마저 가질 수 없어서 유리하다가 목숨을 부지하기 위한 마지막 방법으로 화전지대로 찾아든 사람들이었지만 이조시대나 식민지시대의 초기까지도 평지농촌에서 그다지 멀지 않은 곳에서 화전을 가질 수 있었으므로 그들의 생활이 평지 농민의 생활과 그다지 큰 차이가 없었다고 생각된다. 그러나 식민지 경제정책의 결과로 이농민이 계속 분출되고 식민지 지배당국의 화전금지책이 점점 강화됨에 따라 화전지대는 깊은 산 속으로 확대되어 갔고 따라서 그들의 생활과 평지농민 생활과의 차이도 점점 커져 간 것이라 생각된다. 깊은 산 속으로 쫓겨들어간 화전민 생활은 문명생활과는 거의 단절된 그야말로 '원시적'인 생활이 될 수밖에 없었고 거의 완전한 자급자족적인 생활이 될 수밖에 없었으며 잉여생산을 가질만한 조건이 되지 못한 반면 그들의 농경생활은 자연의 재해에 대단히 약한 것이었으므로 일단 재해를 만나면 그대로 아사하거나 또 유랑할 수밖에 없는 절박한 생활이었다.22)

이 글을 통해 일제하 화전민의 생활은 식민 통치의 기간이 길어짐에 따라 하강 일변도의 것이었음을 알 수 있다. 특히 화전금지 정책의 강화가 화전민들의 삶을 더욱 절박한 지경으로 몰아 갔음을 알 수 있다. 그런데 「빙원」의 내화에서 화전민으로서의 만수 노인의 삶은 일단 절박한 것으로 표현되어 있지는 않다. "예닐곱 뙈기"의 화전, 산나물과 산짐승, "함지 등"의 수제품을 통한 의식(衣食) 구입 등으로 그와 그의 가족은 오히려 "평화롭게 생활"한 것으로 표현되어 있다. 그러나 일제하 화전민의 생활이 전락적인 것이었음에 비추어 만수 노인의 평화로운 생활은 내포작가에 의해 의도적으로 그려진 것으로 보인다. 즉 그의 평화로운 생활은, 이 생활의 뒤에 점차적으로 가중되어 간 비극적 국면을 더욱 강조하기 위함이었던 것으로 보인다. 이는 ⑤, ⑥, ⑦을 통해서도 알 수 있는 것이다.

만수 노인의 평화로운 생활은 또한, 일제의 대저수지 건설이 얼마나 무모한 것이었나 하는 것을 역설적으로 암시한다. 그가 어떻게 해서 통지수리 골짜기에 들어 왔는지는 알 수 없다. 그러나 그 또한

---

22) 강만길, 『일제시대 빈민생활사 연구』, 창작사, 1987, 169-170면.

"평지농촌에서 자작지는 물론 소작지마저 가질 수 없어서 유리하다가 목숨을 부지하기 위한 마지막 방법으로 화전지대로 찾아든 사람들" 중 하나였을 것이다. 그에게 있어 화전지대는 말하자면 최후의 생존터나 다름없었을 것이다. 그러나 대저수지의 건설은 그의 가족의 삶을 송두리째 파괴시키고 말았던 것이다. 만수 노인의 삶에서 고스란히 표현되듯, 농민에서 화전민으로, 화전민에서 어부로, 어부에서 노동자로의 계층이동은 일제가 식민지 민중의 생활 근거를 철저히 유린해나간 한 증거도 되는 것이다.

화전민으로서 최후의 생활 근거마저 박탈당할 수밖에 없었던 만수 노인의 이야기는 위에서 각각 ③과 ⑧로 표현된 바 있지만 외화에서 내화로 다시 내화에서 외화로의 변이를 위한 선이라 할 도입액자와 내화의 전이적 연결점(③)과 내화와 종결액자의 전이적 연결점(⑧) 사이에 있다.

③『선상님 이 늙은 눔의 기맥힌 이얘기를 한번 들어 보겠우?』 노인은 곰방대에다 장수연을 꼭 눌러담아 붙여물고 다음 같은 서글픈 이야기를 최 호에게 들려주었다.(180면)

⑧『선상님 이만하면 이 늙은 눔의 신세두 기박하지우?』 노인은 천근같이 무거운 한숨을 내뿜고 나서 『윤식이놈은 어데 가서 죽었는지 꿈에는 드믄드믄 뵈우두구만……』 노인은 저고리 고름에 다 눈물을 찍는다.(181면)

도입액자와 내화의 전이적 연결점인 ③은 주인공이 사수에 온 지 넷쨋날 저녁에 있었던 일이다. 그는 감기가 우선해지자 저녁상에서 만수 노인에게 술을 대접하였다. '술'은 내화를 열기 위한 주술적인 약물인 셈이다. 만수 노인은 술과 함께 저녁을 먹은 후 또 "그물을 뜨기 시작"했다. 노인이 그물 뜨는 것을 본 주인공은 사수가 어촌 같은 곳임을 말했다. 이에 만수 노인은 "그게 모두 반갑지 않"다고 하면서 이야기를 시작했던 것이다. 그렇게 해서 시작된 이야기는 시점상 삼인칭 형태로 전개된다. 내화와 종결액자의 전이적 연결점인 ⑧의 뒤에는 주인공의 만수 노인에 대한 위로와 함께 건설에 대한 각오가 펼쳐진다.

위와 같은 내화는 외화의 무게에 눌려 담론의 한 주체인 검열자의 눈에 깊이있게 인식되지 않았을 것으로 보인다. 사회적 금기 타파로서의 문학적 역할을 전략적으로 수행하기 위해 실제작가는[23] 계엄하 일제말기적 상황에서 창작에 대한 방법적 고민을 깊이 하였던 것으로 보인다. 그는 기표가 아니라 기의로 검열을 통과하는 데에는 액자소설 이상의 것은 없다고 생각했던 것 같다.

그는 특히 내화 서술자의 작중인물에 대한 '밀착'을 통해 외화 이상의 주제적 비중을 담고자 했던 것 같다. 이와 같은 것은 내화의 문장, 즉 "아들의 보고도 역시 늦어도 후년 봄부터는 어디어디없이 물이 찬다는 것이다.", "노인은 두 주먹을 바로 쥐고 아들을 쫓았다. 그러나 며칠을 두고 찾아도 아들의 자취는 없었다."[24] 등에서 보듯, 내화 서술자가 노인의 아들을 '그'라고 하지 않고 "아들"이라고 호칭함으로써 작중인물인 만수 노인과 입장을 같이 하려는 데서도 알 수 있다. 한편 노인의 자식에 대해 내화는 "아들윤식", "아들", "윤식"이라는 명칭을 뒤섞어 사용하기도 한다. 명칭의 비일관성은 외화에서 '그' 대신 "최 호"라는 인명만이 일관성있게 사용된 것에 비하면 하나의 혼란으로 여겨질지 모른다. 그러나 이는 오히려 내화 서술자와 작중

---

23) 실제작가 또는 내포작가의 개념과 관련, S. 리몬 케넌, 최상규 역, 「제6장 서술 : 수준과 목소리」, 『소설의 시학』, 문학과 지성사, 1985, 129-156면 참고.
24) 강조는 인용자. 해당 문장은 각각 이북명, 「빙원」, 180-181, 181면.

인물의 관점이 동일화되는 데에서 온 결과라 할 수 있을 것이다.

거대한 저수지에 묻혀 버린 고향 "통지수리"는 만수 노인에게는 이제 영원히 찾을 수 없는 곳이 되었다. 만수 노인이 갈 수는 없지만 그토록 가고 싶어했을 통지수리의 세계는, 일제말기 빙원과 같은 상황에서 한국인이라면 누구나 가고 싶어했을 세계이기도 하였을 것이다. 「빙원」의 내화는 이처럼 '고향상실'과 '고향찾기'라는 두 개의 이야기 씨를 함축하고 있다.

4) 외화와 내화의 관계

외화에서 작중인물의 의식과 행동은 진지한 듯하나 진지하지 않다. 이는 탐색영웅의 과장된 모습 즉 주인공의 건설에의 뜨거운 "정열"에서 비롯되는 것이다. 자기 실체에의 깨달음을 방해하는 주인공의 정열은 일종 '발광(發狂)'에 가까운 것으로 보인다. 이는 그가 빙원 위에서 한바탕 소란을 불러 일으켰음에도 오히려 "일수문의 설계도"의 환영을 본 후 계속 전진하는 종결액자의 결말 말미를 통해 입증된다. 「빙원」에서 종결액자의 결말 말미는, "하늬바람이 점점 눈보라를 일으켜 가지고 발구대를 세차게 내려부시기 시작한다. 그러나 그렇게 세찬 하늬바람도 최 호의 정열만은 단연코 빼앗을 수가 없었다. 최 호는 태연자약하게 휘몰아치는 눈보라 속을 앞으로 앞으로 힘차게 걸어나아간다. (끝)"[25]으로 서술된다. 이를 통해 그의 행진은 매우 우스꽝스러운 것임을 짐작할 수 있다.[26] 작중인물들의 의식과 행동에 비추어 볼 때 외화와 내화의 특징은 각각 '희극적', '비극적'인 것으로

---

25) 이북명, 앞의 책, 185면.
26) 주인공을 통해, 풍차의 날개에 달려들었다가 풍차가 일으킨 한바탕의 바람에 쓰러지고 마는 돈 키호테를 연상하게 된다.

드러난다. 노인의 집안사에 대한 주인공의 일시적인 공감에도 불구하고 이와 같은 양면성은 부인할 수 없다. 이는 특히 외화에서는 주인공에 대한 외화 서술자의 '방관'을 통해서 그리고 내화에서는 작중인물에 대한 내화 서술자의 '밀착'을 통해서도 알 수 있다.

「빙원」에서 보듯 내화는 비율적인 균형에 있어 외화와 심한 부조화를 이루고 있지만, 당대의 들떠있는 현상만을 전하는 외화에 비해 지난 시대에 드리워진 암흑상의 구체적인 현실을 담아낸다. 이 점에서 「빙원」은 일제말기의 그 어떤 소설에서도 쉽게 찾아 볼 수 없는 특징을 확보해 두고 있다. 계엄하의 시대지평에 대한 실제작가의 서사전략으로서, 외화를 통해서는 적극적으로 내화를 통해서는 소극적으로 대처함으로써 형성된 반어적이면서도 다성적(多聲的)인 구조는[27] 이처럼 간단하지 않다고 하겠다.

3. 결 론

이 글은 친일소설을 포함한 일제말기 소설에의 담론공간을 더욱 확장시켜 나갈 목적으로 작성되었다. 이와 관련 일제말기의 상황을 잘 반영하면서도 이러한 상황을 어떻게든 극복해 보려는 액자소설을 대상으로 택해 보았다. 선택된 작품은 이북명의 「빙원」으로 이 작품은 일제말기를 대표하는 작품으로 보여졌다. 이 작품은 당시 비평가의 언급대로 일종의 "생산소설"인 바 "건실(健實)한 생산면(生産面)"도 엿볼 수 있는 작품이다.

---

27) 진실이란 영화 「라쇼몽」이 비유적으로 시사하는 바, 보는 이의 관점에 따라 다른 것이기도 하다(D. 하워드·E. 마블리, 심 산역, 『시나리오 가이드』, 한겨레신문사, 1999, 190면). 「빙원」의 목소리 또한 다성적인 것임은 분명하다.

그러나 정독 결과 이 작품은 미약하나마 생산을 조롱하고 야유하려는 의도도 은밀하게 감추고 있음을 알 수 있었다. 건설을 위한 탐색영웅의 활약에 대한, 희극적 성격으로서의 반대담론도 잠복되어 있음을 알 수 있었다. 이는 외화의 분석을 통하여 알 수 있었다.

외화에서 전쟁지향의 친일적인 세계관은 기표적인 것으로 판단되었다. 내화에서는 외화에 분식(粉飾)되어 있는 친일적인 세계관과는 정반대의 기의를 보여 주었다. 그것은 외화에 잠복되어 있는 반대담론의 의미를 강화하는 것이기도 하였다. 내포작가는 정작 하고 싶어하는 말은 내화를 빌리되 특히 지문형식을 통해 하고자 했다. 그것은 특히 내화 서술자에 의해 중개된 한 노인의 회상 속에 담겨 있었다. 결론적으로 말해 「빙원」의 작가는 액자소설적 담론으로 일제말기의 시대지평에 소극적으로 대처함으로써 자기의 문명비판적 세계관을 전개해 나가려 하였던 것으로 보인다. (이같은 세계관은 이북명과 같은 시기에 활동하면서 「지기미」를 썼던 김사량에게서도 찾아진다. 김사량은 「지기미」를 통해 "일본이 가져 온 식민지 조선의 근대는 바로 '비극의 근대'임을" 고발하려 하였다. 노상래, 「김사량 소설 연구」, 『어문학』 73호, 한국어문학회, 2001. 6, 392면) 「빙원」의 이와 같은 특징은, 탐색담으로서의 특징과 함께 액자소설적 특징을 체계적으로 더욱 명료하게 밝힌 후, 외내화에서 서술자의 서술 양상으로서의 교차적 이중서술시점의 연행방법이라든지 스토리 외적 초점화자(화자-초점화자)의 이질적인 초점화 국면 등이 각각 어떻게 나타나고 있는가를 검토하면 더욱 뚜렷해지리라 본다. 그렇게 함으로써 액자소설적 서사전략이 더욱 분명해지지 않을까 한다. 나아가 이를 통해 친일소설을 포함한 일제말기 소설 전체의 본질도 파악해 볼 수 있지 않을까 한다.(2001)

이기영의 「광산촌」 연구

1. 서 론

  한국현대문학사에서 1940년대 전반기는 암흑기로 일컬어진다. 지칭되는 용어만큼이나 이때의 문학사에 대해서는 깊이 있게 다루어지지 않고 있다. 그러나 이 시기에도 문학작품은 여전히 발표되고 있었다. 한국어 또는 일본어 표기의 문학작품은 해방 전까지 꾸준히 발표되고 있었다.[1] 그리고 그 작품들 중에는 친일적이지 않은 문학 작품도 많이 있었다. 사실 이때의 작품을 놓고 친일성을 따지지 않을 수는 없는 것이지만, 한 편의 작품에 대한 평가가 친일성 여부만으로 이루어진다는 것은 문제가 아닐 수 없다. 극단적으로 말해 아무리 친일적인 작품이라 할지라도 그 안에는 친일적이지 않은 부분들도 많이 존재하고 있는 것이다. 표기 형태, 문체, 인물, 배경, 정서 등 여러 가지 측면에서 도저히 친일적인 것으로 판단할 수 없는 부분들이 존재하고 있는 것이다. 친일성의 기준 또한 단일하고 절대적인 기준만 있는 것은 아니다. 이렇게 볼 때, 암흑기의 작품들은 앞으로 작품론 수준의

---

1) 일제말기 소설의 경우, 졸저, 『일제말기소설연구』, 국학자료원, 1996과 호테이 토시히로, 『일제말기 일본어소설 연구』, 서울대 석사논문, 1996 참조.

연구가 많이 나와야 할 것으로 생각된다. 이와 관련하여 이기영의 「광산촌(鑛産村)」(매일신보, 43.9.23-11.5)에 주목해 보고자 한다. 일제말기 한복판에서 발표된 이 작품은 먼저 백철에 의해 언급되었다. 백철은 암흑기의 현대문학 중에서 다시 현실 추구의 문학이 있었는 바 경향파에 속했던 이기영이 그런 의도에서 「신개지」같은 만주 개척민 소설과 「광산촌」 등의 생산소설을 썼다[2]고 하였다. 그리고 천이두는 암흑기의 한국문학에서 카프 해산 이후 그 후일담을 그려오던 카프 계열의 작가들 중 이기영은 장편인 「광산촌」과 「동천홍」에서처럼 새로운 소재를 찾아 생산의 현장에 눈을 돌렸다고 하였다.[3] 「광산촌」은 이 당시 이기영의 다른 글들과 함께 임종국에 의해 지적되기도 하였다.[4] 이처럼 「광산촌」은 한국현대문학사에서 이 시기의 중요 작품으로 거듭 거명되었지만 정작 그 전모가 드러난 바는 없었다. 「광산촌」은 전시 하의 생산 독려와 같은 시국적인 제재를 다루었다는 점에서 친일적이라 할 수 있다. 이전에 이기영은 「대지의 아들」(조선일보, 39.10.12-40.6.1)과 「동천홍」(춘추, 42.2-43.3)을 창작하였지만 이 소설들 또한 그 성격상 「광산촌」으로 수렴되는 것으로 판단된다.[5]

한국현대문학사 뿐만 아니라 작가론의 측면에서도 「광산촌」은 충분히 논할 만한 가치가 있다. 그러나 그 전에 「광산촌」은 작품론의 측면에서 먼저 연구되어야 한다. 이는 이 작품에 대한 단일하고도 절대적인 관점을 지양해야 하기 때문이다. 즉 이 작품을 친일적인 것

---

2) 백 철, 『조선신문학사조사현대편』, 백양당, 1950, 394면.

3) 천이두, 「암흑기의 한국문학」, 『한국문학대사전』, 문원각, 1973, 1042면.

4) 임종국, 『친일문학론』(평화출판사, 1963)에서 부록의 1 관계작품연표 참조.

5) 이 작품들은 모두 생산소설이다. 생산소설은 노동대상과 관계하고 있는 순간의, 인간의 내적 상태를 주요한 측면으로 삼는다. 생산소설에서 기대할 것은, 임화의 견해에 기댄다면 현실비판정신과 현실을 전체적으로 보게 하는 것이다(임화, 「생산소설론―극히 조잡한 각서―」, 『인문평론』, 1940.4).

또는 현실비판정신이 부재한 비리얼리즘적인 것으로만 해석하는 태도
와는 다른 태도를 취할 필요가 있다. 이 점에서 필자는 「광산촌」을
통하여 이 당시의 시대정신이라 할 전체주의적인 특성을 읽어 내려
한다.[6] 그리고 「광산촌」을, 전체주의로부터의 일탈과 전체주의로의
집중이라는 상반된 관점으로 대조해 보려 한다. 나아가 이 작품에 나
타난 그와 같은 세계관이 오늘날 한국사회에도 상존하고 있다는 점에
서 「광산촌」의 문학사적 의의가 결코 가볍지 않음을 밝히려 한다.

2. 본 론

　　1940년대 전반기 식민지 조선에는 일제의 전쟁 수행을 위해 인적
물적 자원의 총동원이 요구되었다. 그런데 이와 같은 총동원이 오로
지 개개인의 자유롭고도 자발적인 의사에 따라 이루어진 것으로 보기
는 어렵다. 예컨대 인적 자원이라 할 수 있는 노무공출, 징병, 학도
병, 징용 등은 모두 강제적으로 시행되었다고 할 것이다. 그러므로 강
제적으로 행해지는 노무공출, 징병, 학도병, 징용 등에는 늘 그와 같
은 제도로부터 벗어나고자 하는 집단 또는 개인이 있기 마련이었다.
「광산촌」의 경우에도 두드러지지는 않으나 그와 같은 제도로부터 벗
어나고자 하는 인물들을 찾아낼 수 있다. 문제는 사회경제적 유형이
어떠하든 하나의 사회조직에는 항상 일탈자들이 있게 마련인데, 이

---

6) 일제말기가 전체주의의 시기였음은 예컨대 다음과 같은 언급을 통하여서도 알 수 있지
　않을까 한다. "1940년 이후, 단일 노동조합, 단일 정당이 결성되었고, 경제는 군수(軍需)
　를 충당하도록 재편되는 한편, 모든 자유가 억압당하여 이 나라(일본-인용자 주)에는 전
　체주의가 점차 정착되기 시작했다. 이러한 파시즘 혁명의 담당자가 된 것은 새로 창설된
　정당이 아니고 기존의 전통적 엘리뜨 층이었다(앙리 미셸 저, 유기성 역, 『세계의 파시즘』,
　청사, 1979, 164면)."

일탈자들을 해당 사회조직의 구성원들이 어떠한 시각으로 바라보고 어떻게 취급하는가 하는 것이다. 사회조직의 전체주의적 지수 또한 여기서 결정될 것이다.

1) 전체주의로부터의 일탈

「광산촌」은 일제 말기의 많은 소설, 그 중에서도 생산을 장려한 소설들 가운데 하나이다. 그러나 이 소설은 전체주의로부터 일탈하려는 인물들이 등장할 뿐 아니라, 전체주의와는 무관하게 한 여성의 한 남성에 대한 사랑도 그려 놓았다.

① 불량한 광부들

「광산촌」은 강원도의 옥동 광산을 배경으로 두 유형의 광부들이 형상화되어 있다. 광산의 일을 모범적으로 수행해 내는 광부들이 한 유형이고, 광산의 일로부터 일탈하려는 광부들이 또 한 유형이다. 그러나 이 두 유형은 같은 비중으로 다루어지지는 않는다. 후자는 전자보다 미약하거나 전자에 흡수되기 때문이다. 그러나 후자는 그 자체로 중요하다. 총 8장으로 이루어진 이 작품의 제3장인 「희유원소광(稀有元素鑛)」에는 광산을 벗어나려는 광부들의 면모가 엿보인다.

> 그러나 형규와 같이 농촌에서 보국대로 뽑혀 온 사람들 중에는 여기에 겁을 먹고 며칠 못 가서 몰래 달아나는 겁쟁이가 간간 있다. 우선 형규와 한 구미로 들어온 축에서도 그와 같이 달아난 사람이 생겨서 동무들을 웃긴 적이 있었다. 하긴 산중에서 자라난 소박한 그들이 난생 처음으로 광 산을 들어와 볼 때는 미상불 어마어마한 생각이 없지도 않을 것이다……물론 개중에는 광부 생활을 한갓 품팔이꾼으로 밖에 생각지 않는 사람이 있다. 그런 사람은 단지 노자관계로 이해

만 따져서 자기는 하찮은 인부에 불과하다는 자격지심을 갖게 된다. 그때 그들은 자포자기의 정신적 타락으로부터 시작하여 필경 주색잡기에까지 물심을 허비하고 일생을 허송하는 가련한 말로를 밟는 것이었다. 그러나 이것은 우매한 낡은 사상의 찌꺼기다.[7]

노무징용자라고 해서 모두 광산 일에 열심을 내는 것은 아니다. 징용자 중에서도 광업에 종사해 본 경험이 없는 농민들은 광산을 탈출한다. 그리고 자신을 노동자로 인식하고 노동력을 구조적으로 착취당한다고 생각하는 광부들은 광산 일에 소극적이다. 자기대로의 생활방식대로 살아온 농민들이나 자기만의 정신구조를 견지해내고 있는 사람들에게 있어 자발적이지 않은 이질적인 성격의 집단노동은 한마디로 말해 폭력일 수밖에 없는 것이다. 이러한 사람들은, 사회조직에 순응하여 살아가는 사람들의 입장에서 보자면 불량(不良)한 사람들이다. 그들은 결코 충량(忠良)한 황국신민(皇國臣民)이 아닌 것이다.

「광산촌」에서 충량하지 못한 황국신민은 이들 외에 또 있었다. 봉출이와 건성이가 그들이다. 사실 이 두 인물은 광산을 탈출한 축에도 또는 계급사상을 가진 축에도 들지 못한다. 광산촌 안에서 그저 불량 일변도로만 나가려고 했던 이들은 결국 모범청년인 형규에게 흡수된다. 이 점에서 이들은 결국 충량한 황국신민인 셈이다. 이들은 형규를 부각시키기 위해 대비된 인물 또는 보조적 인물이다. 그리고 형규와는 다른 경로를 밟았지만 또 하나의 선전용 인물들이다. 그럼에도 이들이 애초에 노정했던 불량한 행동은 그 자체로 의미가 있다. 이들은 원래 충량한 인물들이 아니었다. 이 작품에서 봉출이와 건성이는 제1장인 「교대시간(交代時間)」에 의하면 '악질의 불량성을 가진 그들'로 표현되어 있다. 항상 긴장을 잃지 말아야 할 생산 현장인 광산촌에서 그들은 낮의 쉬

---

7) 이기영, 『광산촌』, 성문당, 1944.8, 40-43면.

는 시간에는 생산 현장의 바깥으로 이탈하고 밤으로는 술집을 돌아 다녔다. 어떻게 해서든지 형규를 자기들의 동류로 만들려 하였다. 게다가 광산촌 여자들에 대한 희롱을 일삼았다. 형규가 권하는 독서나 건실한 생활에 대해서마저 그들은 일단 수용할 의사가 없었던 것이다. 이들의 변모는, 처녀 희롱죄로 주재소에 들어가게 되고 광산을 대표한 이감독의 노력으로 풀려난 후, 전과를 뉘우치고 열심히 작업에 종사하는 것, 형규의 명령에도 잘 복종하는 것으로 나타난다.

「광산촌」에는 이와 같이 정도의 차이는 있지만 불량한 광부들이 등장한다. 그들의 행동이 불량한 것은 그들의 정신이 불량하기 때문이다. 특히 생산관계를 노자관계(勞資關係)로 이해하는 광부들의 정신은 매우 불량한 것이다. 그것은 일종 불량의 윤리학이라 할 만하다. 그러나 작품 내의 배경이 되고 있는 강원도 옥동 광산은 불량의 정신이 들어설 여지가 거의 없는 곳으로 나타나 있다. 다시 말해 불량의 정신을 지닌 광부가 이에 근거하여 광산사회를 자유롭게 비판할 수 없는 것으로 나타나 있다. 불량정신을 지닌 광부들은 그러므로 정신적으로 타락한 인물, 주색잡기에 빠진 인물로 매도되고 있다.

봉출이와 건성이가 '악질의 불량성을 가진' 것은 전쟁물자의 대량 생산을 위해 고강도의 긴장이 강제되는 광산노동의 현장에서는 있을 수밖에 없는 것이다. 그들의 일탈행위는 더욱 지속되어야 만했다. 「광산촌」의 성공 여부는 이 인물들의 일탈행위를 어떻게 구체적으로 그리고 지속적으로 형상화하는가에 달려 있었다. 그러나 이들의 불량성은 지속되지 못했다. 그들은 전비를 뉘우쳤고 반장의 명령에 복종하는 인물로 변모되었던 것이다. 불량의 정신을 가진 사람들을 항시 허용하는 관용이 부재하는 사회는 더 이상 희망이 없는 사회이다. 봉출이와 건성이와 같은 존재들은 불쾌한 존재들이다. 그러나 이러한 존재들을 일소하겠다는 것은 매우 위험한 전체주의적인 사고인 것이다. 실제로 이 작품은 이와 같은 사고를 노정하였던 것이다.

② 완고한 농민

「광산촌」의 재미는 상당히 개성적으로 그려지고 있는 농민들로부터 나온다. 그런데 그러한 개성들은 환경의 변화에 좌우되지 않는 한 노농(老農)을 중심으로 할 때 확보될 수 있는 것이었다. 배경이 된 강원도 옥동은 오 년 전 채광이 시작되면서부터 달라졌다. 첩첩산중의 화전민에 지나지 않았던 동네 사람들은 광산의 개발을 위해 외지로부터 들어 온 사람들에 의해 급속한 생활의 변모를 맞이하였다. 집과 옷 및 말씨가 다른 광부들이 유입되었고 신작로를 내어 광석 운반용 트럭이 드나들었으며, 장사꾼과 술집이 나타났다. 수백 명의 광부가 들끓으면서 광산촌은 나날이 달라져 갔다. 원주민들의 생활 또한 달라졌다. 남자들은 나무 장사나 숯 장사보다는 광부로 뽑히어 날품을 파는 길을 택했다. 여자들도 선광공으로 뽑히어 돈을 벌었다. 여자들은 번 돈으로 나들이 옷감과 화장품을 사들였다. 낮으로 품을 팔게 된 그들은 바느질을 할 겨를이 없었다. 재봉틀을 가지고 삯바느질을 전문으로 하는 사람이 생겨나는 것도 당연한 것이었다. 과거의 순후하던 풍속이 희박해짐에 따라 도시적인 경박한 폐풍이 늘어만 갔다. 그러나 동시에 생활이나 문화 수준도 향상되었다. 촌사람들도 문견이 넓어졌다. 그들 중에는 학문에 뜻을 두고 상경을 하는 학도가 있는가 하면 마을의 장래를 위하여 농림사업에 착목하는 사람도 있었다. 여자들의 인식도 자연 변화되었다. 화전민 마을이었던 옥동의 광산촌으로의 변모는 대체로 이와 같다. 원주민들의 생활이 변모함에 따라 그들의 의식이 어떻게 변모했는지 알 수 있다. 그러나 이와 같은 변모의 와중에서도 의식이 잘 변하지 않는 인물이 있다. 옥동의 노농(老農)인 을남의 아버지가 바로 그와 같은 인물이다. 그는 딸의 외출을 제한하였다. 광부들을 '금점꾼'이라고 타매하였으며 '금점꾼'을 사람으로 생각하지 않았다. 그는 마을의 청년들에게 불량한 그들을 닮아서는 안 된다고 훈계하였다. 그러나 딸이 재봉틀을 배우기 위해 출입하는 것은 허용하고 있었다. 그리고 선광공으로의 출입도 집 안에 일이 없을 때만으로 한정하였다. 완고한 을남 아버지의 성격적 발현은, 제4장인 「언약(言約)」에서 특히 잘 드러난다. 을남이 형규를 찾아가 야학을 권유받는 동안, 그녀의 아버지는 딸이 없어진 것을 알고 마누라에게 야단을 친다.

> 그런데 오늘서야말로 밤이 들자 별안간 을남이가 없어졌으니 그의 심통(心痛)이 얼마나 컸을 것이냐. 영감은 애매히 마누라만 쥐 잡듯 족쳤다. 그는 불호령을 하며 을남이를 당장 찾아오라고 야단독장을 친다. "그러기에 내가 뭐랬드냐말야! 계집애를 잘 건사하라고 떡 먹듯이 일렀지. 아니 여기가 그전 같은 줄 알구!…… 팔도 모산지배가 다 모여든 살얼음판인데 어쩌자구그래 대가리 큰 계집애를 한 눈을 팔게 하느냐 말야! 이 쇠새끼 같은 미련한 늙은 것아" 영감의 당치 않은 책망에 마누라도 역정이 나서 호도독 튀었다……"일은 무슨 일이 생겼다구 이러시우 좀 기다려 보지 않구. 애구 조급히 굴 때는 그 저 홍두깨루 소를 몰다가두 느신할 때는 오뉴월 황소처럼" "잔소리말구 어서가 찾어 봐…… 늙은 년이 수다하기란!" 영감이 또다시 호통을 치는 바람에 "찾어 오게 걱정 말어요……아이구 지겨워 네 사람을 그렇게 달달 볶는 건-" 마누라도 쫑쫑거리며 집 밖으로 내 달었다. 영감은 열이 나서 애꿎은 담배만 피고 앉았다.[8]

'영감'과 '마누라'의 대화는 제5장인 「어머니의 마음」에서도 비중 있게 다루어진다. 영감의 마누라에 대한 공세는 5장에 이르면 수세로

---

8) 이기영, 『광산촌』, 68-70면.

반전된다. 젊은 시절, 영감은 다른 젊은이들과는 달리 '계집이라면 허발을 해서 쫓아 다니는 그런 작자' 축에 속했다. 지금의 마누라는 말하자면 그의 분별력 없는 행동 때문에 그와 혼인할 수밖에 없었던 것이다. 이와 같은 영감인지라 그는 딸 문제로 인한 마누라와의 언쟁은 그만 두게 되었던 것이다. 을남의 아버지에게 있어 광산촌은 '팔도 모산지배가 다 모여든 살얼음판'으로, 그리고 광부들, 즉 '금점꾼'은 모두 '모산지배', '인종지말'에 지나지 않는다. 을남이 외출을 하는 것은 그러므로 늘 위험한 일인 것이다. 을남의 아버지와 같이 농사일에 경험이 많은 늙은 농부들에게 있어 마을의 변화는 불가피한 대세(大勢)라 하더라도, 가뭄이나 홍수처럼 그저 일과적인 것쯤으로 인식된다. 그들은 일시적으로 꾀를 부려 이해타산을 일삼지 않는다. 천지자연의 때와 조화하고 천지자연의 때를 기다릴 줄 아는 것이다. 을남의 아버지와 같은 노농(老農)들에게 있는 완고성은 그러므로 농민 본위의 경험에서 우러나온 일종의 세계관이라 할 만하다. 이러한 세계관 앞에 전체주의가 설 자리는 어디에 있는가? 「광산촌」의 제7장인 「위안회(慰安會)」에는 또 다른 노농인 학돌(鶴乭)어머니가 등장한다. 이동극단의 표를 구하기 위해 벌어지는 학돌 어머니와 며느리의 갈등 또한 짧지만 잘 표현되어 있다. 「광산촌」은 이처럼 상당히 개성적인 농민상들을 형상화함으로써 그 자체로 독자에게 재미있게 읽히는 소설이기도 한 것이다.

③ 남녀간의 사랑

　「광산촌」은 청춘 남녀의 사랑도 그리고자 하였다. 이 작품이 생산을 장려하기 위해 선적적으로만 쓰여진 것이 아니라는 것은 이로써

알 수 있다. 이 작품에서 형규는 광부이고 을남이는 선광공이다. 작품
이 전적으로 선전적이라면 이들은 각각 광부와 선광공으로서 어떤 생
산적인 관계를 맺어야 했을 것이다. 그러나 이들의 관계는 굳이 광산
과 같은 생산현장이 아니더라도 무관한 그러한 관계로 맺어져 있는
것이다. 이들의 사랑 이야기는 대체로 네 개의 단계를 밟아 나간다.
첫 번째는 형규의 하숙집을 을남이 자주 출입함으로써 이루어진 관계
이다. 을남이 형규의 하숙집을 찾은 것은, 의형(義兄)인 은주로부터 바
느질 따위를 배우기 위함이었으나, 출입이 잦아짐에 따라 형규에 대
한 관심이 커져만 갔다. 그것은 형규의 인물이 준수할 뿐만 아니라,
의형으로부터 듣게 되는 형규의 내력 등이 그녀의 마음을 변화시켜
나갔기 때문이다. 을남이는 형규를 장래 남편으로도 생각해 보는 것
이다. 두 번째는 형규와 을남의 재회 언약이 성사된 것이다. 광산으로
가던 형규가 소나기를 만났으나 마침 우산을 들고 동생을 기다리던
을남과 만나게 되고 우산 속에서 그 둘은 재회를 기약한 것이다. 기
한이 되어 찾아 온 을남에게 형규는 소설책을 빌려 주려 하지만, 그
녀는 문맹이었다. 이에 형규는 그녀에게 광산야학을 권유하였던 것이
다. 그런데 야학을 권유하는 이들 청춘 남녀의 태도는 자못 진지한
것으로 나타나 있다. 이는 제5장인 「어머니의 마음」에서, 을남의 어
머니가 이들을 엿보는 장면에서 잘 드러난다.

> 그 길로 그(을남의 어머니-인용자 주)는 뒤창 옆에 붙어 서서 문틈 새로 들여
> 다보았다. 과연 저 편 문 밖으로는 을남이가 날아갈 듯이 앉아 있고 이편 책상
> 옆으로 형규가 마주 앉았다. 그들은 조금도 수상한 눈치가 안 보인다. 만일 이때
> 조금이라도 눈치가 달랐다면 그는 문을 박차고 들어 가서 딸의 신상에 미치는 위
> 급을 구했을 것이다. 그런데 그들은 마치 시스러운9) 손님처럼 서로 멀찍이 떨어
> 져 앉아서 점잖은 체모를 잃지 않은 모양이 우선 모친의 뛰는 가슴을 안정시켰

---

9) '시스러운'이 새삼스러운의 뜻인지는 알 수 없다.

다. 그래 그는 숨을 돌리고 잠시 동정을 살피었다.[10]

　'글방도령'이란 별명을 듣고 있는 형규는, 일터는 학교와 같은 것이라 생각한다. 그리고 귀가 후에는 다른 광부들과는 달리 공부에 힘쓰는 인물이다. 형규의 을남에 대한 태도에서도 이와 같은 태도가 나타난다. 즉 형규의 을남에 대한 태도는 수직적으로 서열화된 교사의 학생에 대한 관계로 나타난다. 광산야학 문제에 대하여 교사 역인 형규는 지시하고 학생 역인 을남은 순종할 것이 요구되고 있다. 그러나 이러한 관계 안에도 이성간에 있을 수 있는 행동들이 돌출되고 있다. 정작 이별의 순간이 다가오자 이들의 서운함은 피차 일반이었다. 게다가 형규는 을남의 손목을 붙잡았다. 그리고 형규는 어떤 충동을 억제하면서 대문을 열어 주었던 것이다. 을남의 입장은 그녀의 어머니의 입장과 다를 바 없다. 을남의 어머니에게 있어 야학은, 을남이 형규의 배필로 되는 하나의 관건이 된 것이다. 세 번째는 두 번째의 구체화이다. 을남은 부인 야학에서 공부하게 되었고 형규는 이러한 그녀를 만나러 왔다. 그리고 형규는 그녀에게 공부를 잘해서 훌륭한 사람이 되어달라는 말을 남겼던 것이다. 네 번째는 을남의 형규에 대한 애타는 면모가 그 어떤 결실도 맺지 못한 것이다. 제8장인 「길」은 을남이 주인공으로 부각됨으로써, 이 작품 전체의 독법이 반드시 형규 중심으로만 치중될 필요가 없음을 알려준다. 제8장에는 을남의 연극 관람 소감과 함께, 형규에 대한 못 다 이룬 사랑이 나타나 있다. 징용 연한이 차서 형규가 광산촌을 떠나게 되었다는 소식을 듣고, 그녀는 형규가 '정말 자기를 사랑하는 것인지 아닌지 둘 중의 하나를' 확실히 알고 싶어 했다. 그녀는 형규가 태도를 분명히 해주기를 바랐다.

---

10) 이기영, 『광산촌』, 75-76면.

그러나 형규는 그녀의 집에 잠깐 들른 후, 예정대로 길을 떠나고 말았으며 이에 그녀는 속으로 울 수밖에 없었던 것이다. 제8장의 제목인 '길'은 형규가 떠나는 길이다. 그런데 작품을 정독하면, 형규는 자신이 가고자 하는 길을 알지 못하고 있는 것으로 나타난다. 징용의 임무는 끝났지만, 이후에 어떤 임무가 또다시 주어질지 그 자신 알지 못한 채 길을 떠나는 것이다.

> "언제 또 오세요?" 을남이의 간신히 묻는 한마디다. "건 알 수 없지요" "지금 가시면 고향에 계시겠지요?" "그것도 모릅니다. ……또 어디로 멀리 떠나게 될는지는" "아……" 을남이는 울음을 삼키는지 다만 흘쩍이는 소리가 가냘프게 들릴 뿐 그녀는 기둥에 기대고 우두커니 서있다. 그들은 서로 말이 막혔다. 그 이튿날 형규는 예정대로 길을 떠났다.[11]

「광산촌」에서 형규의 을남에 대한 태도는 수직적으로 서열화된 교사와 학생의 관계로 이해된다. 그리고 을남의 형규에 대한 태도는 이러한 관계보다는 이성에 대한 순수한 사랑으로 이해된다. 그러나 형규의 을남에 대한 태도에서 이성에 대한 순수한 사랑을, 을남의 형규에 대한 태도에서 학생과 교사의 관계를 발견할 수도 있다. 그럼에도 이 작품에서 형규가 을남을 대하는 방식은, 타자(他者)에의 이해가 부족한 의사불통(意思不通) 상태 위에서 이루어지는 듯하다. 그러나 을남이 형규를 대하는 방식은, 타자에의 이해를 수반하는 의사소통(意思疏通) 상태를 지향하는 듯하다. 한편 형규의 무지향적인 출발은 그 자체로 역사적 전망의 부재를 말하는 것이지만, 달리 읽힐 수도 있는 것이다. 즉 그는 분명히 한 여성을 사랑하고자 했지만 정작 그 사랑을 그렇게 심각하게 여기지 않은 것으로 읽힐 수도 있는 것이다. 이

---

11) 이기영, 『광산촌』, 142-143면.

점에서 형규는 모든 사물을 너무 심각하게 생각하지 않았거나, 모든 사물과 그 자신 사이에 적당한 거리를 두고자 했는지도 모른다. 남녀 간의 사랑은 그 자체로 심각할 수도 있고 심각하지 않을 수도 있다. 그러나 남녀 간의 사랑 앞에서 전체주의라는 것은 그다지 대수로운 문제가 아닌 것이다.

2) 전체주의로의 집중

「광산촌」은 시대와 접촉하고 있는 부분과 시대와 접촉하고 있지 않는 부분으로 이루어진 소설이다. 불량한 광부들, 완고한 농민, 남녀 간의 사랑을 통하여 시대와 접촉하고 있지 않은 부분들을 읽어 보려 하였다. 그러나 「광산촌」은 시대와 접촉하고 있는 부분이 아주 노골적으로 드러난 작품이므로 이 부분을 중점적으로 검토하지 않으면 안 된다. 이 소설은 일제 말기의 생산을 장려한 소설들 가운데 하나이다. 그리고 이 소설은 전체주의로부터의 일탈과 함께 전체주의에로 집중되는 생활방식을 보여주고 있다.

① 충량한 광부

광산촌의 노무징용자 중에 불량한 광부들이 있었음은 앞에서 살펴 본 바와 같다. 그러나 이 작품은 불량한 광부보다는 충량한 광부를 주인공으로 설정해 놓고 있다. 또한 그 주인공의 개인적 성장사도 다루어 놓고 있다. 일 년 전 광산 징용에 자원하여 오게 되었다는 주인공의 개인적 성장사란 어떠한 것인가?

주인공인 형규는 충청도 어느 산읍의 가난한 농가에서 출생하였다.

그리고 집안 형편 때문에 초등학교를 겨우 졸업하였다. 천성이 영민한 그는 산중을 벗어나, 더 공부를 하고 싶었다. 그러나 그는 농사가 제격이라 생각하고 몇 년 동안 귀농을 해보기도 하였다. 그럼에도 전장이 귀한 산간벽지에서 남의 박답을 소작해본들 아무 소득이 없었다. 한 해 두 해 시간은 지나가고 장래에 대한 번민은 계속되었다. 그의 향학열은 여전하여 독학이나마 중학강의록으로 졸업하였다. 의지의 주경야독이었다. 이상을 안은 채 고학을 하기 위해 상경(上京)도 하곤 했다. 그러나 노부모가 늘 마음에 걸렸다. 고향에서 그냥저냥 세월을 보냈다. 그러다가 광산 징용에 나섰다. 광산 징용 전의 주인공은 이처럼 배움에의 의지가 굳센 인물로 나타나 있다. 그런데 그의 이 의지를 가로막는 것은 부모님에 대한 생각 때문이었다.

> 하나, 그는 마음을 돌이키고 다시 집으로 내려왔다. 물론 그도 집안을 돌보지 않는다면 고학을 할 수 있었다. ○이라고 하는데[12], 이미 노동의 체험까지 있는 몸이 못 할 일이 무엇이랴만은 늙은 부모를 떼어 놓고 저 혼자만 창창한 공부 길로 나선다 할 수가 없었다. 마침내 형규는 이러지도 못하고 저러지도 못하는 중에 울분한 세월을 보내고 있었는데 마침 작년 봄에 면에서 광산 징용(鑛山徵用)으로 인부를 모집한다는 공문이 나오고 구장이 권고하는 바람에 자원하여 나섰던 것이다....그때 형규는 빙그레 웃으며 모친을 간곡한 말로 위로하였다. "어머니 우리들은 나라를 위하여 병정이 될 몸입니다. 한두 해 쯤 광산 일을 가는 것이 뭐 그리 대단할 것 있겠어요. 그리고 사람이란 문견이 있어야 하는 건데 우물 안 개구리처럼 집안에서만 뱅뱅 돌면 무엇에 쓰겠어요……제가 비록 불초하오나 타관에 나간다고 부랑배류가 되어오지는 않을 터이오니 그 점은 안심 해 주십시오" 형규는 이렇게 모친을 안심시키고 떠나왔다.[13]

향학열에 불타는 주인공의 의지도 노부모를 모셔야 한다는 생각에 앞설 수는 없다. 그의 배움도 노부모 앞에서는 접어둘 수밖에 없었던

---

12) ○는 해독 불능.

13) 이기영, 『광산촌』, 24-26면.

것이다. 주인공의 행동을 통해, 인간 윤리의 그 어떤 덕목보다도 효(孝)가 가장 중시되고 있음을 알 수 있다. 그러나 부모에 대한 효를 압도하는 또 하나의 윤리가 등장하고 있다. 그것은 충(忠)의 윤리이다. 개인의 이상이 아무리 중하다 하나 효 앞에서는 무위한 것일 수밖에 없음을 고민하던 그였다. 그러나 효냐 충이냐, 또는 충이냐 효냐 하는, 윤리적 선택을 위한 고민은 잘 보이지 않는다. 개인의 이상과 효의 문제에 대해서는 '울분'을 감출 수 없었던 그는, 이 부분에서는 울분을 드러내지 않는 것이다. 그는 별 다른 고민 없이 자원하여 징용의 길에 나서는 것이다. 왜냐하면 그는 일본을 자기의 '나라'로 인식하고 있기 때문이다. 충보다 효를 중시하지 않고, 효보다 충을 중시하는 이와 같은 사고방식은 전체주의적인 사고방식이다. 주인공은 몸은 한국인임에도 불구하고 정신구조에 있어서는 일본제국주의적, 전체주의적이다. 그러므로 그는 일제의 증산정책에 즐겁게 협력하고 또한 광산 안에서 '반장'을 맡아 자기의 역할을 충실히 감당하는 것이다. 그러나 2년 기한의 징용이 끝나고 광산촌을 떠나게 되었을 때, 그는 과업완수에서 오는 그 어떤 보람의 흔적도 드러내지 않고 있다. 이것이 뜻하는 바는 무엇일까? 아무튼 전쟁이나, 전쟁을 위한 증산과 같은 몇 가지의 특정한 목표만을 달성하고자 하는 형규와 같은 인간들에게 있어서 최대의 적(敵)은 미영 제국이 아니라 바로 상상력의 결핍이라 할 것이다. 그들은 모두 상상력이 결핍된 불행한 존재가 아닐 수 없는 것이다.

② 전투적 생산의 본질

「광산촌」은 광산이라는 생산 현장을 확대해서 보여준다. 생산 현장의 확대만을 추구하기 때문에 상품의 생산과 소비는 전혀 나타나 있지 않다. 아연이 전쟁 상품으로 생산되는 과정과 그것의 전투 현장에서의 소비 과정 등도 균형 있게 그려져야 하는데 생산 현장만 확대되어 있는 것이다. 사회의 넓은 범위보다는 좁은 범위만 그려지고 있는 것이다. 이는 제3장에서, 반도에서 생산되는 알루미늄을 비롯한 여러 특수 광물들에 대한 간략한 소개와 함께, 이 작품의 생산소설적 성격을 말해주는 것이다. 그러나 「광산촌」은 좁은 범위의 사회일망정 광산이라는 생산 현장이 결코 만만치 않은 사회학적 의미를 내포하고 있음을 알려준다. 「광산촌」에서 원료의 생산은 특정한 조직을 통해 특정한 방식으로 이루어진다. 배경이 된 강원도 옥동 광산은 그 조직이 잡역(雜役)과 광부, 그리고 반장, 감독, 총감독 등으로 이루어져 있다. 이 조직의 특징은 먼저 수직적으로 서열화되어 있다는 것이다. 그러나 좀더 본질적인 특징은 이 조직이 통제와 지시가 일률적으로 강제되는 계급 중심의 군대 조직과 비슷하다는 것이다. 이는 일제말기의 사회체제가 전쟁을 위한 군대식 체제로 재편되었기 때문이다. 옥동광산은 이와 같은 군대식 조직을 이용하여 하층 광부들의 노동력을 경쟁적으로 증대시킴으로써 전쟁물자의 원료인 아연을 대량 생산하고자 하였다. 이는 작품에서도 잘 그려져 있지만, 특히 한국인 광부들과 관리자들 사이에 위치한, ‘국어’에 능하고 두뇌가 명석한 한국인 ‘반장’을 이용함으로써 가능한 것이기도 하였다.

그러면 군대 조직을 닮은 광산의 조직이 원료 생산을 위해 어떻게 움직였는지 특히 광부들의 노동을 중심으로 살펴보기로 한다. 「광산촌」의 광부들은 노무징용자와 현지 주민으로 구성되어 있다. 그들의 갱내 작업은 주야 삼교대(三交代)를 통해 계속된다. 밤에는 2개조가 교대를 하고, 낮에는 1개조가 1시간의 휴식을 가진 후 다시 갱 속에 투입된다. 그들의 생산 활동은 한 달에 한 번씩 있는 증산주간을 통하여 잘 나타난다. 이 주간 중에 그들은 생산목표를 달성하기 위해 서로 경쟁을 벌인다. 그것은 일종의 경기행사와 같은 것으로 광산 전체의 총동원(總動員)을 통해 이루어진다. 감독은 광부들을 독려하고 총감독 등은 일계(日計)를 내어 매일의 생산량을 점검한다. 증산주간이 거듭되면서 할증금을 받는 우수 조가 나타나고, '상급'을 받는 우수한 개인이 나타난다. 그러므로 한 두 사람의 태업(怠業)으로 상을 받지 못하는 조는 다른 조의 비상한 관심을 끌게 된다. 이 주간 중에는 선광공들 또한 반을 나누어 증산경쟁을 벌인다. 여하튼 이 주간 중에는 감독이든 광부든 모두 합심하여 증산의 목표를 달성하고자 한다. 이 주간의 마지막 날, 작업에 총력을 기울이는 광부들은 '노동의 영웅'으로 찬양되기도 한다. 감독의 수상 운운의 말은 해당조에 속한 광부들의 작업 의욕을 더욱 돋우어 준다. 정오의 사이렌이 울리기도 하는데 그럴 때면 그들은 일제히 작업을 쉬고 반장의 지휘로 전몰 황군에 대한 묵도를 엄숙하게 올리게 된다. 새벽밥을 먹은 후 여섯 시간의 굴 속 작업을 마친 그들은, 이제 '벤또'를 먹으며 한 시간의 휴식에 들어가게 된다. 한편 이 기간 동안에는 광부들의 사생활에 대한 자숙운동도 일어나 소비절약, 정신수양, 체력연성 등의 활동도 벌어지게 된다. 2년 동안의 노무징용도 이 범위 안에서 이루어지는 것이다.

「광산촌」에서 이와 같은 활동은 주인공의 조(組)를 통하여 잘 나타나고 있다. 생산을 위한 총력전이 펼쳐지고 있음을 알 수 있다. 정작 작품에서는 형상화되지 않았지만, 서두에 나타나 있는 것처럼 주인공의 곤한 낮잠을 깨운 것은 악몽으로서의 낙반 사고였다. 그만큼 낙반 사고는 광산 내에서 빈발할 수밖에 없었던 것이다. 그런데 소설에는 안전사고에 대한 언급은커녕 오히려 전투적인 증산 경쟁만 나타나 있다. 증산 경쟁의 상황 안에서 태업을 일삼는 자는 조원들에 의해 배

반자로 낙인이 찍히게 된다. 조와 조끼리의 경쟁만이 아니라, 조 안에서도 조원과 조원끼리의 경쟁이 유발됨으로써 인간관계는 파괴되고 단절된다. 광부들의 마음속에는 극기와 절제를 통한 노동 그리고 노동 후의 기쁨보다는, 포상의 수혜자로서의 우수한 광부가 되지 못한 데서 오는 불만이 자리 잡게 된다. 그리고 우수한 조가 되기 위한 치열한 경쟁은 모든 조의 모든 조원들로 하여금 탈락에의 불안을 야기시킨다. 그럴수록 그들은 더욱 더 광산회사에 의존적이게 된다. 그들은 겉으로는 평화로운 체하지만, 상호간의 경쟁으로 인한 불안은 끝끝내 지울 수 없는 것이다. 그들은 서로가 서로를 위하는 존재라기보다는 서로가 서로에게 상처를 입히는 존재가 된다. 사실 경쟁은 목표를 달성한 자에게는 기쁨이 되겠지만 목표에 미달한 자에게는 오히려 마음의 상처만 안겨준다는 점에서 악마적(惡魔的)이다. 노무징용장인 옥동광산은 광부들에게 부자유한 노동과 희생, 그리고 자기 주체의 포기를 강요하면서도, 화자 등에 의해서도 언급되듯, 광업은 모두 ‘국가를 위하는 일’이고 광부는 ‘훌륭한 산업전사(産業戰士)’와 ‘국가 사회를 위한 훌륭한 생산자’라고 미화된다. 통계수자라는 물신(物神)이 숭배되는 곳, 그곳이 바로 옥동광산이었던 것이다.

「광산촌」은 감독과 반장의 모순보다는 그들의 일체감을 그리고 있다. 그들 사이에는 아무런 갈등이 없다. 그것보다는 그들의 전투적인 자연 정복을 그리고 있다. 이 작품에서, 광업은 자연순응의 농업과는 달리 자연과의 투쟁으로 인식된다. 그리고 지속적인 전쟁을 방불케 하는 것으로 인식된다. 광부 또한 참호전의 용사 또는 전차병으로 인식된다. 이처럼 「광산촌」은 증산을 목표로 조직 내의 첨예한 모순보다는 조직의 일체감을 그려나갔다. 그런데 이 일체화된 조직은 그 자체로 한 사회의 전체주의적 성격을 잘 형상화하였다. 동시에 이 작품은 그와 같은 전체주의적 성격이 오늘날 한국사회의 특징일 수 있다는 점에서 문학사적(文學史的)이다. 왜냐하면 오늘날 한국사회 또한 이윤추구의 극대화라는 자본주의적 경제원리가 사회구성의 주도적 원리가 되고 있으며 개인들은 교환가치의 대상으로 관리되고 있기 때문이다.

③ 이동극단의 모습

일제말기의 문화는 모두 일제의 통제를 벗어날 수 없었다. 이는 「광산촌」을 통해서도 알 수 있다. 이 작품에 나타난 관련 내용을 토대로 다시 정리하면 다음과 같다. 첫째 이 시기에는 시골 등에서 남사당패나 협률사, 그리고 난장과 걸립 같은 구식의 흥행 단체는 모두 사라졌다. 둘째 신식 흥행 단체가 존재하였는데 도회지를 중심으로 순회하였다. 셋째 광산 등의 생산 현장을 중심으로 연 2회 환등과 활동사진의 순회가 있었다. 이는 도(道)와 같은 행정기관이 장려하는 바였다. 넷째 무엇보다 이 시기에는 어용 이동극단이 출현하였다. 생산현장의 이른바 산업 전사들을 위로할 목적으로 경성에서 조직된 이동극단은 여러 대(隊)로 나누어 전국의 농산어촌 등을 순회 흥행하였다. 이동극단은 흥행이 목적이 아니었던 만큼 입장료가 저렴하였다. 이상이 일제말기 연극계의 모습이라 할 수 있다. 「광산촌」에는 이외에도 연극배우가 '산배우'로 불려졌다는 것, 가설무대의 객석이 남자석과 부인석으로 구분되었다는 것, 흥행이 사흘간 지속되었다는 것 등이 나타나 있다. 한편 이 작품은 이동극단의 연극이 어떠한 절차를 거쳐 공연되었으며 또 연극의 내용은 어떠했는지를 전해주고 있어 매우 흥미롭다. 이동극단은 먼저 개막 전에 '슈푸레꼴'을 한다. 그리고 이동극단의 대장이 등장하여 극단을 소개하고 연극의 경개를 설명한다. 이어 호각소리를 신호로 막이 열리면서 연극이 공연되었던 것이다. 먼저 '슈푸레꼴'이 어떻게 진행되었는지를 보자.

무대 위에서는 우렁찬 목소리가 흘러나온다. 남녀 배우들이 제각기 변장을 하였는데 농민은 호미를 들고 광부는 곡괭이를 매고 학생은 책을 들고 어부는 대야를 들고 일렬로 늘어서서 돌아가며 한마디씩 힘차게 부르짖으면 일동이 따라서 외치는 것이었다. 처음 보는 이 광경은 어쩐지 가슴이 떨린다. 그리고 부지 중 엄숙한 기분을 느끼게 한다. 을남이는 이때 황홀난측한 정서를 자아냈다. "우리들은 광산 노동자다!" "그렇다! 우리들은 직장에서 싸우는 산업전사다!" "결전이다!" "다같이 싸우자" "그렇다 다같이 나가자!" 그에게는 토막토막 이런 말이 두 귀를 먹먹하게 울리었다. 그럴 때마다 그는 가슴이 울렁이며 이상한 흥분을 느끼게 한다. 슈푸레꼴이 장내를 긴장케하고 막이 닫힌 뒤에 잠시 후 대장은 포장을 떠들고 나와서 연설을 하였다.[14]

공연 전의 '슈푸레꼴'을 통하여 생산의 전투적 장려가 이루어지고 있음을 알 수 있다. 그리고 이러저러한 절차를 거친 후 '사랑의 힘'이란 연극이 상연되었다. '사랑의 힘'은 이동극단 대장에 의하면 모성애(母性愛)를 강조한 인정극으로, 을남에 의하면 정조의 중요성을 강조한 연극으로 이해되지만, 공연 시기와 공연 장소 및 공연 전의 '슈푸레꼴'을 미루어 볼 때, 광부들과 주민들 모두에게 건전한 도덕성을 고취시키는 한편 그들이 생산 현장으로부터 이탈하는 것을 방지하기 위해 공연되었던 것으로 볼 수 있다. 이 연극 어디에서도 풍자나 건강한 웃음을 발견할 수 없다. 이상 일제말기의 이동극단을 통해서도 짐작되는 바이지만 이 시기의 문화는 일제에 의해 철저히 통제되었음을 알 수 있다. 자기에 대해서나 타자에 대해서나 비판적 정신을 본질로 하는 문화가 이 시기 일제의 범죄적 전쟁 행위와 같은 것을 비판하지 못하고 오히려 일제에 의한 철저한 통제가 관철되고 말았다는

---

14) 이기영, 『광산촌』, 132-133면.

것은, 이 시기 문화의 경직된 성격을 말해주는 것이다. 이렇게 볼 때 단편적인 것이기는 하나 「광산촌」은 어용 이동극단을 통해 일제말기 문화의 성격을 잘 형상화해 놓고 있는 작품이라 할 것이다.

3) 일탈의 의미

일제의 침략전을 위하여 엄청난 물적 자원과 수많은 인명의 피해가 뒤따랐던 1940년대 전반기는 이전에 있었던 30년간의 식민지적 고통보다 더한 고통이 주어진 시기였다. 이 당시 한국민들은 전시하 "초비상의 공포 분위기에서 언제 벗어날 것인가를 생각할 뿐 당면한 고통을 운명처럼 체념"[15]하면서 살아갈 수밖에 없었다. 이는 예컨대 이 시기에 발표되었던 「사냥」(이태준 作)을 보아서도 알 수 있다. 즉 이 작품의 주인공은 전체주의(全體主義)라는 감옥에 갇혀 자유(自由)를 박탈당할 수밖에 없는 일종의 정신적(精神的)인 수인(囚人)으로 그려지기도 하였던 것이다. 일제의 전체주의적 통치로부터의 자유란 꿈조차 꿀 수 없었던 것이다.

「광산촌」은 광부들의 삶을 통해 일체의 개인주의가 용납되지 않고 있음을 보여 준다. 일제의 전쟁 이데올로기만이 배경으로서 자리하고 있다. 그리고 광부들 사이에 존재할 수밖에 없는 무수한 삶의 다양성이 훼손되고 일제가 인가한 신념과 행동에 대한 집단적인 순응이 대치되어 나타나고 있다. 한편 집단적인 순응을 위한 구조적인 폭력도 이루어진다. 예컨대 낙반사고는 항다반사로 빈발함에도 불구하고 전쟁 완수를 위해서 또는 전투적인 증산을 위해서 불가피한 것으로 받아들여진다. 자유로운 의식을 지닌 광부들에 대한 물리적 또는 정신적인

---

15) 宋敏鎬, 『일제말 암흑기문학 연구』, 새문사, 1991, 9면.

폭력이 가해지는 것 못지않게 낙반사고는 증산을 위한 구조적인 폭력
으로서 광부들의 목숨을 수시로 위협한다. 낙반사고에 대한 이와 같은
의미의 형상화는 작품 안에서 이루어져 있지 않다. 그러나 낙반사고가
결코 유쾌한 것일 수 없음은 작품의 서두를 통하여서도 알 수 있는
것이다. 「광산촌」의 제1장인 「교대시간」의 서두에는 주인공이 갱내작
업(坑內作業)을 하다가 낙반(落盤) 소리에 꿈을 깨는 것으로 서술되어
있다. 이는 일제에 의한 구조적 폭력의 현현인 낙반사고가 옥동광산의
광부들의 의식 안에 항존적인 불안으로 자리 잡았음을 말하는 것이다.
제국의 목표를 추구하기 위해, 제국의 이념을 위해, 광부들의 희생을
몰고 오는 낙반사고쯤은 얼마든지 있을 수 있고 정당화되는 것이다.

　이 작품의 주인공은 이와 같은 불안감이 있음에도 불구하고 매우 모
범적인 행동을 보여주는 광부로 형상화되어 있다. 사실 그의 행동이 모
범적이면 모범적일수록 그는 더욱더 위선자일 수밖에 없는 것이다. 이
점에서 광산 탈출 농민이나 생산관계를 노자관계(勞資關係)로 이해하는
광부의 존재는 매우 소중한 것이다. 이들은 광산으로부터 벗어나거나
벗어남을 꿈꾸는 존재들이다. 그런데 옥동광산은 일탈의 자유는 허용하
지 않고 단합만을 강요한다. 일탈의 자유는 옥동광산 측으로 보면 위기
감을 자아내는 것이지만 사실 이 위기감으로 인해 광산 내 조직은 더
욱 건강할 수 있는 것이다. 그러나 더 나은 결합을 위한 일탈 내지 일
탈 정신을 옥동광산 측이 허용하지 않음으로써 옥동광산은 매우 불건
강한 곳임이 밝혀졌다. "이상적으로 말하면 전 구성원의 탈출과 망명의
가능성이 항상 고려되고 있을 때 국가를 포함하는 모든 조직 단체는
건강할 수 있는 것"16)이지만 옥동광산은 그러하지 못했던 것이다.

---

16) 후지따 쇼오조오 지음, 이순애 엮음, 이홍락 옮김, 『전체주의의 시대경험』, 창작과 비평
　　사, 1998, 208면.

3. 결 론

　일제말기의 문학에 대한 평가는 지금까지도 친일문학인가 아닌가 하
는 것만을 해석의 기준으로 삼아왔다. 이 경우 '친일' 및 '친일문학'이
라는 용어 사용의 적절성 및 이 용어들의 개념 규정이 우선 검토되어
야 하겠으나 이러한 문제에 대한 검토도 결국 이 시기 문학을 친일성
의 여부로만 판단케 할 뿐이다. 개별 작품의 평가에 있어 친일적인 그
무엇을 찾거나 친일적이지 않은 그 무엇을 찾거나 간에 결국은 친일문
학이라는 화두로부터 자유로울 수 없다. 친일문학이라는 화두는 이 시
기의 문학에 대한 해석을 고정시킬 뿐이다. 일제말기의 문학은 과거의
문학이 아니다. 개별 작품들이 구현해 내고 있는 형상들은 당대에 대
한 인식만 담고 있지는 않다. 당대만이 아니라 오늘날에 대한 인식도
그 안에 담고 있는 것이다. 일제 말기의 문학은 동적이고도 적극적인
자세로 오늘날의 독자들과 이야기를 하고 싶어 한다.

　「광산촌」은 1940년대 전반기에 관한 이야기이다. 그러나 이 작품이
형상화한 전체주의적 특징들은 이 작품이 단순히 1940년대 전반기의
것만이 아니라는 것을 이야기해주고 있다. 이 작품이 그리고 있는 전
쟁을 위한 물자의 대량생산이나 이를 위한 인력의 조직적인 동원 등은
오늘날에도 별로 달라진 것이 없다. 오늘날은 그 양상이 시장의 쟁탈
과 결부된 상품의 대량생산(소비)과 이를 위한 인력의 구조 조정 등으
로 나타나고 있는 것이다. 사회의 유지를 위해 개인이 수단으로서 관
리되어지는 양상도 심화되어 가고 있는 것이다. 이 점에서, 자기의 방
식대로 살아가려고 하는―인간적인 숨결을 느끼게 하는 일탈적 인간상
과 함께, 기계적 인간상을 형상화해 놓고 있는 「광산촌」은 문학사적(文
學史的)인 비중을 지닌 작품임에 분명하다고 하겠다.(1999)

친일소설의 해방전후 개작 양상

－ 박계주의 「유방(乳房)」을 중심으로

1. 서 론

작가의 창작정신은 그의 역사의식과 이음동의라 할 수 있다. 작가는 현실비판적 정신의 연장으로서 역사철학적인 인식을 항상 견지해야 한다. 일제말기의 친일소설을 접하면서 작가의 창작행위에 따른 책임감을 다시 생각하게 된다. 즉 작가는 역사에 대한 무거운 책무감을 잊어서는 안되는 것이다. 그러나 이광수를 비롯한 수많은 작가들이 이 책무감을 망각하고 친일의 대열에 합류하였음은 주지의 사실이다. 본고에서 살펴보고자 하는 박계주 － 좀더 정확하게 표현하자면, 박계주의 작품 또한 예외는 아니다. 본고가 유독 그의 작품을 연구 대상으로 삼은 이유는, 해방을 전후로 하여 동일하다고 여겨지는 작품의 세계관이 너무나 판이한 변모를 보였기 때문이다. 이와 관련 그 작품의 개작양상을 세계관의 검토와 함께 이본 대조를 통하여 살펴두기로 한다. 한편 연구대상이 된 작품의 소설사적 의미망과 관련, 친일소설의 개념과 실상을 선행과제로 살펴보았다.[1]

---

[1] 본 논문은 「어용소설의 양상」(졸저, 『일제말기소설연구』, 국학자료원, 1996의 3장1절)을 대상으로, 방법론을 달리하고 내용을 새롭게 보완한 것임을 밝혀 둔다.

2. 본 론

1) 전쟁문학으로서의 친일소설

친일소설은 일제의 정책에 공명하고 그것을 찬양한 소설이다.[2] 친일소설은 일제말기의 실상을 비쳐주는 거울이기도 하다. 친일작가들에 의해 창작된 그 소설들은 우리의 부끄러운 유산이다. 그러나 그것은 역설적으로 바람직한 민족문학의 수립을 위한 반성의 자료가 되기도 한다.

일제말기의 일제의 정책은 한마디로 말해 전쟁수행과 전쟁완수를 위한 것이라 할 수 있다. 친일소설의 개념 또한 이와 무관하지 않다. 이 시기 문학의 성격은 "전쟁문학"[3]으로 규정되는 바, 이미 박영희는 『인문평론』 창간호의 「전쟁과 조선문학」이란 글에서 다음과 같은 말을 함으로써 전쟁문학에 대한 정의를 내린 바 있다.

> 지금 우리가 말하는 전쟁문학은, 그 실은 일본정신의 한 영역에 불과한 것이다. 금반 지나사변은 전투를 위한 전투가 아니다. 동양의 영구한 평화를 위한, 일본정신의 발로다. 즉 동양정신의 선구 라고도 할만한, 이 일본정신은 내가 이곳에서 정의를 내릴 수는 없으나, 한가지 역설하려는 것은, 이 일본정신 속에는, 옛부터 조선사람들이 귀중하게 생각하던 도덕과 정의감이나, 또는 지나인들이 생각하든 그것이, 다 포함되어 있는, 광범하고, 또 광범한 그 정신이다. 그러한 까닭에 이 정신을 기초로 한 전쟁은 말할 것도 없이 성전임에 틀림없다. 이 성전에 있어서, 피를 흘리며 쓰러지는 황군은 또한 일본정신의 정화이다.[4]

이것저것 끌어다 붙인 일본정신이란 것이, 결국은 침략전을 성전으

---

2) 졸저, 51-53면에서는 친일적이지 않은 소설과의 구별을 위해 '어용소설'이란 용어가 사용되었다.

3) 송민호, 『일제말 암흑기문학 연구』, 새문사, 1991, 176면.

4) 박영희, 『인문평론』 창간호, 40면.

로 미화시키기 위한 조작된 개념이라는 것을 알 수 있다. 전쟁문학이 일본정신의 발로인 침략전에 이바지하는 문학임도 알 수 있다. 전쟁문학은 이후 '애국문학', '국민문학', '결전문학' 등의 용어5)로 바뀌었으나 모두 전쟁문학의 다른 표현에 지나지 않는다. 한편 '국민문학'의 개념 안에도 전쟁의 의미가 내포되어 있음은 최재서의 『국민문학』창간호 글인, 「국민문학의 요건」에서 확인된다.

> 국민문학은 다만 문단의 막다른 길을 타개하기 위해서 이것 저것 생각난 것 중에서 막연하게 가려 뽑은 제목이 아니다. 그것은 국민생활의 다른 여러 부문과 같이 오늘날 고도 국방국가 체제의 필요에 응해서 끌어낸 혁신적인 문학상의 목표인 것이다. 그것은 아직 명료한 형태의 성격을 갖추지는 못했다. 하지만 이미 명확한 사명을 띠고 있는 문학인 것이다. 단적으로 말하면 유럽의 전통에 뿌리 박은 소위 근대문학의 한 연장으로서가 아니라 일본정신에 의하여 통일된 동서문학의 종합을 지반으로 하고 새롭게 비약하려는 일본국민의 이상을 추구한 대표적 문학으로서 앞으로 동양을 지도해야 할 사명을 띠고 있는 것이다.6)

국민문학이 일본정신에 기초한 일본국민의 이상을 추구하는 문학이라 하였다. 그러나 이 경우 국민문학도 전쟁의 완수를 위해 요청된 문학임은 자명하다. 여기서 친일소설이란 이와 같은 전쟁문학 또는 국민문학의 소설적 표현이기도 한 것이다.

2) 일제말기 전쟁문학의 실상

전쟁이란 병력에 의한 국가 상호간 또는 국가와 교전 단체간의 투쟁이다. 그리고 전쟁문학이란 이러한 전쟁을 소재로 한 문학이다. 일제말기의 전쟁으로서 대표적인 전쟁은 1941년에 일어난 태평양전쟁이

---

5) 임종국, 『친일문학론』, 평화출판사, 1966, 16면.
6) 송민호, 앞의 책 부록의 번역, 277면.

다. 그러나 그 이전에 이미 일제에 의한 만주사변과 중일전쟁이 있었
다. 한국 또한 일제가 벌이는 전쟁에 휘말려 들어갔는데 특히 중일전
쟁 이후에는 그 양상이 더욱 심각했던 것으로 보인다.

  그러나 이 시기 전쟁문학은 작가의 체험에 입각한 리얼한 전투 장
면이나 그러한 장면에서 수반되는 인간애적인 의미 등을 형상화해 보
여주기보다는, 전쟁의 효과적인 수행을 위한 선전문학으로서의 성격
이 강한 것으로 보인다. 이는 직접적으로는 일제의 전쟁 정책과 관련
되어 있다. 그 전쟁 정책 중 하나는, 중일전쟁이 발발된 이듬해인
1938년 2월에 공포된 지원병제이고 다른 하나는 1943년 3월에 공포
된 징병제이다. 지원병제는 징병제를 위한 준비 단계였지만, 이 시기
친일소설을 통하여 자주 선전되어지는 것으로 보아 그 이름에 걸맞지
않게 강제성을 띤 채 강력히 추진되었던 것으로 보인다.[7] 한편 징병
제는 일제의 패색이 짙어가던 1944년과 1945년에 강력히 시행되었다.
징병제가 공포된 그 해에 발표된 정인택의 「뒤돌아보지 않으리」(국민
문학, '43. 10 일문)[8]는 징병에의 독려를 여러 관점에서 생각하게 하
는, 일제말기 전쟁문학의 한 실상을 보여준다.

  이 작품의 표제는, 일단 출전하면 뒤돌아보지 않겠다는 시구의 일
부이다. 즉 표제에는 일본의 방패가 되어 죽을지언정 되돌아오지 않
겠다는 각오가 담겨있다. 일본을 위해 결사적인 충성을 다짐하는 '현'
이라는 출정 지원병이 전지에서 후방에 있는 홀어머니와 남동생에게
부친 서간문으로 된 이 소설은 주인공의 그러한 충성심을 징병을 독
려하는 방향으로 몰아가고 있다. 그는 후방에 있는 남동생이 장차 징

---

7) 이하 본문에서 사용된 징병이란 용어는 지원병제를 포함하는 의미이다. 그러나 징병제란
   용어는 따로 구분하여 사용했다.
8) 텍스트는 송민호, 앞의 책 부록의 번역.

병에 응함으로써 자기와 같은 결사보국의 충성심을 보여줄 것을 당부
한다. 이 소설의 주인공은 대학 진학을 포기하고 농촌의 발전을 위해
고등농림학교에 진학했다가 지원병으로 입대한 인물이다. 무학력자가
아니라 고학력자가 이처럼 지원병으로 입대한 것은, 이 시기 소설에
서는 쉽게 찾아볼 수 없는 것으로 이는 지원병제와 같은 일제의 전시
정책을 적극 선전하기 위한 의도를 내포하고 있는 것이다. 이와 같은
고학력자의 지원은 한마디로 이 작품의 성격이 어디에 있는가 하는
것을 잘 말해준다.

그가 전지에서 보낸 편지에는 생명 보호를 위한 마스코트인 센진바
리 및 위문품을 보내주어 고맙다는 내용과 함께 일년 삼 개월 동안
어머니에게 소식을 전하지 못한 연유가 나타나 있다. 그 연유인즉슨
전지에 와서 공을 세우기는커녕 일본을 위해 아무런 보답을 하지 못
해 부끄러웠기 때문이라 하였다. 이 소설은 뚜렷한 이야기의 줄거리
는 없고 이처럼 진중보고 형식의 글로 일본에의 충성을 천명해나가고
있다. 여기서 그는 무엇보다 어머니가 그에게 "나라를 위해서 죽어
라"라고 말해줄 만큼 떳떳한 군인의 어머니이자 지원병의 어머니가
되어주길 당부하고 있다. 그리고 자신이 죽으면 분에 넘치게도 야스
쿠니 신사의 신으로 떠받들어지기 때문에, 어머니는 유족의 한 사람
으로 벚꽃이 만발한 동경에 갈 수 있다고 하였다. "어머니는 하루바
삐 동경이 보고 싶지 않으십니까"라고 하여 자진 전사에의 무서운 집
념을 나타내고 있는 그는 특히 천황의 방패가 되어 전지에서 낙화처
럼 전사하는 아들을 두고 슬퍼할 일본의 어머니는 한 사람도 없을 것
이라고 하였다. 이처럼 주인공은, 전투에 임하여 혼신의 힘을 다해 싸
우고 무훈을 세우며 종국에는 명예의 전사를 맞이하고자 한다. 그러
나 이는 병사 혼자만의 뜻은 아니고, 후방에 있는 어머니의 뜻이 뒷

반침되어야 함을 보여주고 있다. 즉 용감한 병사는 용감한 어머니가 만든다는 군국주의의 또 다른 일면을 나타낸 것이다. 지원병과 관련된 그 어머니의 자세에 대해서는 1939년 7월 4일부터 6일까지 『매일신보』에 연재된 「반도부인에게 고함」이라는 담화문에 특히 잘 나타나 있는데[9] 그 글에서 반도의 부인은, 자식 사랑의 개인주의적인 생각을 버릴 것, 자식을 지원병으로 보낼 것, 그리고 "자식으로 하여금 천황폐하의 말(馬) 앞에서 명예의 전사를 하라는 정신을" 넣어주어야 할 것이라고 하였다. 그렇게 하지 않을 경우 "언제나 반도인은 7천만 내지 동포에 오(伍)하여 갈 훌륭한 황국신민이 되지 못할 것"이라고 하였다. 이 담화문을 통해 징병을 독려하고 이른바 황군의 정신을 고취하기 위해 한국의 어머니까지 끌어들였음을 알 수 있는데 이는 「뒤돌아보지 않으리」에서도 거듭 확인되는 것이다.

한편 이 글의 주인공은 자신의 죽음 후, 유족이 된 어머니가 주위 사람들로부터 "(댁의 아드님이—인용자 주) 이번에 큰 공을 세우고 명예의 전사를 하셨다니 정말 축하합니다" 라는 일본식 인사를 받기를 갈망하기도 한다. 그러한 인사는 전사통지서를 전하는 자와 함께 정중한 예절 속에서 이뤄져야 하고 이때 어머니는 동방요배를 해야한다고도 하였다. 주인공은 당시 전시에 있어 군국주의 일본의 가장 모범이 될만한 군인의 유형으로 그려지고 있는 것이다. 전사를 각오한 그 못지않게 그의 어머니 또한 각오를 단단히 해주길 당부하기도 한 그는 일본군의 정신이 예로부터 전해져 오는 다음과 같은 노래, 즉 "오늘부터는 돌아보지 않고 대군(천황폐하)의……어버이의 방패로 떠나가는 우리들" 속에 담겨 있다고 하였다. 그러므로 그는 노래의 의미

---

9) 당시 주한일본군사령부 보도부장이었던 정 훈 소좌의 담화문(임종국 편, 『친일논설선집』, 실천문학사, 1987, 245-246면).

만큼이나 전사할 각오가 되어 있다고 하였다. 이 소설은 이처럼 지원병의 정신자세를 가르쳐주는 하나의 군사교본 역할도 하고 있다.

이 소설은 어머니에 대한 서신만이 아니라 위문대를 보내준 동생에 대한 서신도 있다. 그의 동생은 "위문대"라고 쓴 봉투 안에 신문조각만을 넣어 보냈는데, 기사의 내용인즉슨 조선에 징병제가 실시되었다는 것이다. 그는 그 소식에 접하자 곧 기쁜 마음으로 부대장의 방에 뛰어갔다고 했다. 여기서 부대장 이하 부대원 전원이 동방요배를 하고 일본 국가를 합창하며 "천황폐하만세"와 "반도 징병제 실시 만세"를 외친 것은 한국청년들에게 징병을 독려하기 위한 다분히 의도적인 장면설정이다. 그는 동생에게 다음과 같은 말을 전하고 있다.

> 현제여 축하한다. 이 말밖에는 갑자기 더할 말이 없다......네가 스무 살이 되면 영광스러운 부름을 받는 거다. 황공하옵게도 천황이 팔다리로 생각하는 반도 출신의 너에게 황송하게도 위대한 마음을 내려주신 거다. 한번 죽음으로써 이 군은(軍恩)에 보답하지 않고서는 저승이 두려워진다. 현아 힘을 내라. 악마의 방패가 되어 형의 시체를 뛰어넘어 싸워다오. 광대무변한 성은(聖恩)에 보답하는 길은 그것 하나, 다만 그것 뿐이다. 징병제 만세, 현제 만세.10)

한국인을 일본인과 동등하게 대우하는 천황의 깊은 뜻이 담긴 징병제이니, 동생은 징병에 적극 호응하되 형처럼 결사적으로 싸워 "성은"에 보답하라고 촉구하였다. 징병제라는 것이 천황의 한국인에 대한 일시동인이라고 하면서 그 은혜를 갚기 위해서라도 응소하고 용감히 싸우자고 함으로써 한국 청년들에게 징병을 광적으로 독려하려는 의도를 나타내었다. 여기서 징병독려와 관련하여 이 소설이 담고 있는 의미를 정리해 보면, 첫째 주인공의 학력을 고학력자로 설정함으로써 그와 같은 학력자들이 많이 지원하기를 바랐다. 둘째 강한 군인

---

10) 송민호, 앞의 책, 258-259면.

은 강한 어머니에 의해 만들어진다는 것을 선전하고자 하였다. 그리고 한 사람의 군인을 만드는 데에는 무엇보다 어머니의 힘이 커야한다고 하였는데 이는 이 소설에서 "현(화자의 동생 - 인용자 주)은 언젠가는 병정이 돼야 할 귀중한 몸입니다. 어머니도 오래 사서서 그런 군인을 길러내야 할 귀중한 몸입니다."라는 등의 언술에서도 알 수 있다. 셋째 징병에 응하는 병정은 결사보국의 각오가 있어야 한다는 것이다. 이는 화자가 동생에게 웅변으로 전하고 있다. 넷째 징병에 응하는 것은 결국 천황의 조선 백성에 대한 사랑에 보답하는 것이라고 했다. 결국 이 소설을 통해 당시 징병 독려의 실상도 알 수 있는 것이다.

「뒤돌아보지 않으리」에 나타난 이와 같은 작품의 성격은 다른 작품들에서도 거듭 확인된다. 먼저 군인의 어머니상을 보여준 작품으로는 최정희의 「야국초」(국민문학, '42.11 일문)가 있다. 「야국초」는 불륜의 씨를 남겨두고 떠나버렸던 한 남자에게 "나"라는 여류 작가가 십이 년 만에 쓴 편지글이다. 화자는 방문기를 쓰기 위해 사생아나 다름없이 자란 승일이와 함께 지원병 훈련소를 방문, 하라다 교관을 만나게 된다. 하라다로부터 훈련소의 안내를 받고 "반도의 청년이 훌륭한 군인이 되려면 우선 무엇보다도 어머니들의 힘"11)이 크다는 설교를 듣게 된다. 설교를 들은 화자는 아들을 훌륭한 일본군인으로 키우는 것이야말로 당신에 대한 복수가 될 것이라고 했다. 옛 남자에 대한 사사로운 원한을 아들을 통해 보상받으려는 화자이기는 하나, 그 아들을 굳이 일본군으로 키우겠다고 함으로써 징병 독려에의 의도를 드러내었다. 「뒤돌아보지 않으리」에 나타난 군인의 정신자세는 오영진의 「젊은 용의 고향」(국민문학, '44.11, 일문)에서도 확인된다. 모 해병단에 관한

---

11) 김병걸·김규동 편, 『친일문학작품선집』2, 실천문학사, 1986, 180면.

견문기라 소개된 이 소설은 시나리오 작가가 각본을 쓰기 위해 해병단의 여러 곳을 둘러본 후 특수 잠항정을 타고 적군의 항만에서 전사했다는 이른바 군신인 이와사 나오지의, 부모에게 부친 생시 편지를 소개함으로 끝맺고 있다.

이 과업을 완수한 연후에 목숨이 다하거든 칭찬해 주십시오. 또한 이 과업을 완수하지 못한 채 이 생명이 다했다면 나오지의 영혼이 향하는 곳이 어딘지 헤아려 주십시오. 사꾸라가 져야 할 때 지는 거야말로 / 야마또의 꽃이라 칭찬할 수 있는 것을 / 몸은 비록 이역만리 바다에서 진다 해도 / 절대로 양보하지 않으리 야마또 황국을[12]

견문기적 성격의 이 작품이 강조하고자 한 것은 결사보국이다. 나오지의 편지는 죽음을 불사하는 자신의 행위를 두고 일본의 정의를 인식케 하여 대동아 민족의 복지와 세계의 평화를 위한다는, 대임이라 자화자찬한 것이었다. 이는 일제가 한국인 청년에게 주입시킨 '전시하 청년들의 결의'가 남김없이 설파된 것으로 군대에 들어가는 징병 응소 군인이 가져야 할 정신이기도 하였던 것이다.

이 시기 징병을 모티프로 하여 창작 활동을 했던 작가 가운데 정인택은 위의 소설 계열에 속하는 작품을 몇 편 더 남겼다. 그는 위의 작품 외에도 「행복」(춘추, '42.1)과 「해변」(춘추, '43.12) 그리고 「붕익」(조광, '44.6)을 발표하여 일제의 양대 군사동원정책을 적극 선전하였다. 여기서 「행복」은 전력이 술집 기생인 인물을 통해 사생아마저 지원병으로 나섰다는 것을 말했고 「해변」은 주정꾼이었던 인물이 고향인 어촌의 모범청년이 되고 그 위에 금상첨화격으로 해군지원병으로 나가게 되었다는 것을 말했다. 특히 「해변」은 주인공의 아버지

---

12) 김병걸·김규동 편, 위의 책, 343면.

가 바다에서 죽었기 때문에 그 바다에 대한 복수를, 해군에 지원하는 것으로 갚는다는 식의 설정을 하였다. 「붕익」은 전투의 현장을 다루면서 전쟁영웅을 찬양하였는데 이 소설이 노리는 바 역시 징병 선전이다. 이 소설은 1941년 말에 있었던 대동아 전쟁 최초의 공중전인 쿠알라룸푸르 공중전 등에 참가하여 전과를 올리던 한국 출신의 무산(武山) 중위가 마침내 적지인 수마트라에 떨어져 부상을 입었지만 최후까지 용감하게 싸우다가 권총으로 자살한다는 내용으로 「뒤돌아보지 않으리」만큼이나 광적인 전쟁문학이다. 이 소설은 특히 주인공의 죽음이 임박한 순간을 이용하여 징병제를 선전하고자 하였다.

> 순간, 무산 중위의 귀에는—자아 이젠 죽을 때가 왔다 남 부끄러운 죽음을 말아라 황국의 신민답게 일본의 군인답게 네 최후를 찬란하게 장식해서 이 고장 원주민들의 머리 속에 깊은 인상을 남겨 놓아라, 그 뿐이냐 너는 반도 청소년의 선각자로서 가장 군인다운 주검을 하게 되었다. 네 뒤에서 징병제를 목표로 수없는 반도 청소년이 군문을 향하여 달리고 있다는 것을 최후의 일순까지도 잊지는 말아라……이런 외침이 역력히 들려 왔다.[13]

여기서 자살의 순간을 눈앞에 두고 있는 한국인 출신의 일본군 장교를 통하여 징병제가 지향하고 있는 것이 무엇인지를 알게 된다. 그것은 천황과 일본을 위해서라면 목숨까지 바친다는 절대적 충성심인 것이다. 같은 작가의 전기소설인 「무산대위」는 창작집인 『청량리계외』와 함께 일본어 문학, 특히 전쟁문학에 끼친 공적으로 1945년 3월 22일 국어문예총독상을 수상하기도 하였다. 한편 항공소설이라 이름 붙여진 이석훈의 「하늘의 영웅」(야담, '42.12)은 「붕익」과 비슷한 계열의 작품으로 공중전에 능숙한 한국 출신의 항공병 소위인 단산태영이 추락한 일본인 전우를 중국인 병사의 위협으로부터 구출한 것이

---

13) 정인택, 「鵬翼」, 『조광』, 1944.6, 36-37면.

널리 알려져 한국의 소년들이 항공병으로 많이 지원하여 활약하고 있다는 이야기이다. 이는 일제가 전쟁 중의 인력난을 해소하기 위해 소년들을 소년항공병이란 이름으로 대거 차출하여 일본 육·해군 항공대 비행과 부설학교에서 단기 비행교육을 시킨 뒤 하사관으로 임용해 전쟁터에 투입했다는 사실[14]의 반영이자 징병을 선전하기 위한 것이기도 하다.

한편 이 시기에 발표된 이주홍의 「내 산아」(야담, '43.8)와 장혁주의 「새로운 출발」(『국민총력』 연재, 일문), 그리고 김용제의 「장정」(국민문학, '44.8 일문)은 전선의 후방에서 활동하는 사람들, 즉 사립학교 교사와 선반공 양성소의 공원 그리고 총후문인을 통하여 징병제를 선전한 소설이다. 이외 전시하 지식인의 보도연습을 체험적 입장에서 그려나간 최재서의 「보도연습반」(국민문학, '43.7 일문)도 부분적이나마 지원병을 예찬하였다. 이상 전쟁 정책의 일환인 징병을 다룬 소설들에서 두드러지는 공통점은 거의 불우한 환경에 있는 인물들이 병정으로 나섰다는 점일 것이다.

일제말기의 전쟁문학은 작가의 체험에 입각한 리얼한 전투 장면이나 그러한 장면에서 수반되는 인간애적인 의미 등을 형상화해 보여주지 못하고 있다. 그러나 그 작품들 중에는, 전쟁의 현장을 통해 전쟁영웅을 다룬 작품이 있어 이채를 띤다. 정인택의 「붕익」과 이석훈의 「하늘의 영웅」이 이 경우에 해당한다. 그러나 이 소설들은 작가들이 전쟁의 현장에 뛰어 들어가서 체득한 전장 체험이 밑바탕이 되어 써진 것이라고 보기는 어렵다. 이는 한글판으로 보급된 바 있는 히노 아시헤이(火野葦平)의 「보리와 병정」[15]과도 성격이 다른 것이다. 즉

---

14) 『한겨레 신문』, 1992.1.17, 15면.
15) 화야위평 저, 서촌진태랑 역, 『보리와 병정』, 조선총독부 발행, 1939.7.

「보리와 병정」이 작가의 종군에 입각한 작품인 점에 반해, 「붕익」이 나 「하늘의 영웅」은 실제의 전선문학으로 보기에는 무리가 많다. 이 들 작품은 작가가 보고 쓴 것이 아니라 남으로부터 들은 이야기를 바 탕으로 한 것이다. 그러므로 이들 작품은 순전히 상상력이 빚어낸 것 이다. 이는 "종군작가로서 전장에서 체험한 것을 바탕으로" 써진 작 품인 일본의 전쟁문학과는 달리 "어용적 허구성이 바탕이 된 사이비 전시문학"[16]이라 할 것이다.[17] 일제말기 전쟁문학의 실상은 이로 미 루어 짐작해 볼 수 있다.

3) 「유방(乳房)」과 「어머니」

박계주의 「유방」[18] 또한 상술한 일제말기 전쟁문학의 성격에서 벗 어나지 않는다. 문제는 이 작품의 세계관이 해방을 전후로 하여 판이 하게 변모했다는 점이다. 「유방」은, 남원 공략전을 비롯, 태원성 함락 에 이르기까지 빛나는 무훈을 세운 김석원 부대장이 중국전선으로부 터 돌아왔을 때 들려준 이야기를, 작가가 옮겨 적은 것이라고 하였 다.[19] 액자소설의 형식으로 된 이 작품의 내화(일인칭 시점)는, 조선 인 병정이 낭자관 전투에 참가하여 용감하게 싸웠으나 중상을 입고 야전병원으로 옮겨져 어머니를 간절히 찾다가 만난다는 것이다.

---

16) 송민호, 앞의 책, 588면.

17) 그러나 「보리와 병정」 등 히노의 병사 삼부작이 씌어질 당시 '남경대학살'이 자행되었 던 바 그의 작품들은 이를 반영하지 못하였다(고재석 편저, 『일본문학·사상 명저사전』, 깊은샘, 1993, 707-709면 참조). 이는 일본 전쟁문학의 한 한계로 지적된다.

18) 「유방」은 통속소설의 취향을 벗고 단편소설을 통하여 순문학의 측으로 진출하려는 작가 적 의도를 보증해 주는 작품이라고 논의된 바 있다(백 철, 『조선신문학사조사』 현대편, 백양당, 1950, 335면).

19) 텍스트는 박계주, 「유방」, 『조광』, 1943.2.

낭자관 전투에서 "○○군"은 부상을 입었다. 낭자관 함락 후, 김석원 부대장은 "낭자관 전선에서 악전고투하던 부상병들이 낭자관이 함락되었다는 소식을 듣는다면 얼마나 기뻐하랴"라는 생각을 하면서, 그에게로 달려간다. 그러나 그는 눈과 귀를 심하게 다친 상태였고 어머니만을 시종 애타게 찾았다. 전보를 받은 그의 어머니가 마침내 왔다. 김석원 부대장은 "전선에서 당신의 아드님은 용감히 싸웠던 것과, 그리고 명예의 부상을 입게 된 것 등을 이야기"하였다. 그러나 ○○군은 그녀를 알아보지 못하였다. 이때 그의 어머니가 젖을 꺼내어 물려주자 그때서야 알아보았다는 것이다. 여기서 화자는 조선인 병정의 어머니가 부상당한 아들을 보고도 울지 않은 것은 "군인의 어머니다운 군은 의지의 여인"이기 때문이라 하였다.

해방 이후에 발표된 「어머니」 또한 액자소설의 형식이다.[20] 외화는 작가가 한 학도병으로부터 들은 이야기임을 밝혔고, 내화는 그 학도병의 이야기가 일인칭 시점으로 펼쳐져 있다. 학도병인 정태호군은 강제 징집된 지원병이다. 그는 연안으로 탈출하기 전 일본군의 일원으로 태항산맥 전투에 참가하였다. 무엇보다 그가 소속된 부대에는 또 다른 조선 병정인 김인철이 있었다. 김인철은 문맹의 농촌 출신자로 홀어머니를 두고 강제출정을 당한 것이었다. 정태호는 김인철에 대하여 조선인으로서의 자각을 가질 것과, 주적(主敵)은 팔로군(조선의용군)이 아니라는 것을 주지시킨다. 그리고 그는 부대장을 죽이고 탈출하는 꿈을 꾸기도 한다. 그러던 중 태항산맥 전투에서 김인철이 중상을 입게 된다. 그는 김인철을 병문안하였을 때 김인철의 창씨명을 부른 것에 대하여 자기혐오에 빠지기도 한다. 그리고 김인철의 어머

---

20) 박계주의 「어머니」는 이상, 홍난파, 이석훈, 박계주, 『현대한국단편문학전집』, 문원각, 1974.4에 수록되었으나 창작년도는 이 작품의 말미에도 나와 있듯 1950년이다.

니가 오게 되었을 때에도 그것을 일시동인과 내선일체의 일환일 것이
라고 비판적으로 사고한다. 아울러 김인철의 어머니가 흰옷을 입고
나타나자 그는 동포애로 감격에 잠긴다. 그리고 모자 상봉의 감격스
러운 장면을 보고 그가 속으로 부르짖었던 "어머니"는 바로 "조국 조
선!"이었음을 고백하고 있다.

박계주의 「유방」은 일제의 침략전쟁을 찬양하고 고무한 친일소설
이다. 이 소설은 앞서 살펴 본 정인택의 친일소설들만큼 광적이지는
않으나 일제의 대륙 침략을 긍정하고 또 그것의 세계관적 밑바탕이라
할 군국주의적 파시즘의 정서가 있다. 이에 반해 「어머니」는 항일적
상상력에 민족주의적 정서를 그 밑바탕에 깔아 놓고 있다.

두 작품에서 공통되는 정서는 모자간의 애정이다. 이는 친일이냐
항일이냐의 판단을 넘어서는 문제일지 모른다. 「유방」을 두고 말하더
라도, 모자간의 애정은 전쟁을 초월하는 문제라 할 수 있다. 비록 그
정황에 있어서 일제의 대륙 침략이 그 배경으로 자리잡고 있다 하더
라도 이 문제는 그 침략적 정황을 초월하는 것이다. 이는 「어머니」에
대해서도 동일한 논법으로 성립된다. 즉 항일은 하나의 정황이고 모
자간의 문제는 그 정황을 초월하는 것이라는 것이다.

그러나 다시 「유방」을 두고 볼 때, 모자간의 애정은 그 자체로 군
국주의적 파시즘과 동궤의 것이라는 것이다. 즉 국민의 국가에의 충
성은 그것을 정당화하기 위해 항용 자식의 어머니에 대한 효 또는 어
머니의 자식에 대한 사랑을 이용하였기 때문이다. 다시 말해 효라든
가 자식 사랑은 그것이 하나의 수단으로 충을 보완하는 기능을 했던
것이다. 이렇게 볼 때 「유방」에 나타난 모자간의 문제 때문에 이 작
품의 친일성이 감해지는 것은 아니다. 이것은 「어머니」에서 어머니가
조국인 조선의 상징으로서 항일성을 보완하는 것으로 전화되는 것으

로도 알 수 있다. 이로 미루어 볼 때 두 작품에 나타난 모자간의 애정은 파시즘적, 또는 파시즘으로의 변질 가능성을 항상 열어 놓고 있는 민족주의적 최면을 위한 것이라 하겠다. 아무튼 「유방」과 함께 「어머니」는 조선인 부상병의 어머니에 대한 애끓는 정이나 어머니가 젖을 물린 것 등에서 보듯 감상적(感傷的)임을 면키 어려운, 선전적이고도 목적주의적인 작품인 것이다. 이처럼 「유방」과 「어머니」는, 액자소설이라는 동일한 형식에, 모자간의 애정을 기본항으로 친일과 항일의 상이한 세계관을 담아냄으로써 작가정신의 가벼움을 보여주고 있다. 그러므로 이 작품들은 친일이든 항일이든 동전의 양면과 같다. 이 점에서 「어머니」는 그 자체로 여전히 또 다른 세계관으로의 변모 가능성을 내포하고 있는 것이다.

4) 「유방(乳房)」의 이본대조(異本對照)

「유방(乳房)」은 『조광』 '43년 2월에 발표된 작품이다. 『조광』 '43년 2월호에는 '박계주 단편집(3편전재)'이라는 제목 밑에 '유방(乳房)'이라는 제목이 병기되어 있다. 그리고 이 작품의 말미에는 이 작품이 동년 1월 9일 밤에 창작되었음과 함께, '조선헌병대점검제(朝鮮憲兵隊點檢濟)'라 하여 검열을 마친 작품임을 밝히고 있다. 이로 미루어 볼 때, 박계주는 이 작품의 원고를 들고 당시 서울의 조선헌병대를 출입하였던 것으로 보인다. 한편 해방 후에 발표된 「어머니」는, 이상, 홍난파, 이석훈의 작품과 함께 1974년도의 문원각 판 『현대한국단편문학전집』에 수록되어 있다. 「어머니」의 말미에는 이 작품이 1950년에 창작된 것임을 밝히고 있다. 항일적, 민족주의적 성격의 「어머니」는 이후, 동일한 성격을 유지하면서 다시 「유방」이라는 제목으로 발표되었다. 이 작품은 최인욱, 이종환 등의 작품과 함께 1983년도의 삼성 출판사 판 『한국현대문학전집 37』에 발표되었다. 이로 미루어 볼 때 조광 판은 문원각 판으로 개작이 되고, 문원각 판은 다시 동일한 내용을 담은 채로 삼성 판으로 발행되었음을 알 수 있다.[21] 이하 해방의 시점을 기점으로 하여 조광 판과 문원각 판의 작품을 대조해 보기로 한다. 각각의 텍스트를 존중하면서 중요 부분을 중심으로 대조해 보면 다음과 같다.

0. 남원공략전(南苑攻略戰)을 비롯하여 태원성함낙(太原城陷落)에 이르기까지 혁혁한 무훈을 세운 김석원(金錫源) 부대장은 북지전선에서 첫번 돌아왔었을 때, 이러한 이야기를 들려 준것을 여기에 옮겨 쓰기로 한다.<조광, 202면>

1. 제정(帝政)일본의 학정자의 채찍에 못 이겨 지원병이라는 미명 밑에서 이를 갈며 출정했던 학도병(學徒兵) 정태호군은 이번 연안(延安)에서 귀환하여 이러한 이야기를 들려준 것을 여기에 옮겨 쓰기로 한다.<문원각, 279면>

0. 내가 인솔한 부대에는 조선인 병정이 한명 있었소.<202>

1. 나는 연안으로 탈출하기 전에 태행산맥(太行山脈)전투에 참가했었는데 내가 소속된 부대에는 김인철(金仁哲)이라는 학도병 아닌 조선인 병정 한 명이 있었읍니다. 그는 공부한 일 없는 농촌 출신자로서 홀어머니를 두고 강제출정을 당해 여기까지 끌려 왔던 것입니다.<279>

---

21) 삼성 판은 문원각 판에 비해 훨씬 정제되어 있으나 작품의 세계관은 동일하다. 원본이 아닌, 개작본을 분석한 글로 오양호, 『한국문학과 간도』, 문예출판사, 1988, 84-88면이 있다.

0. 누구나 전지(戰地)에 나가면 그렇겠지만, 죽엄을 일보(一步)앞에 놓고 사는 사람—아니, 죽엄과 함께 전진하는 사람들에게는 「나」라는 것이 있을수 없는것이어서, 그 조선인 병정 역시 「나」없는 투혼(鬪魂)에서 격렬히 싸우며 전화(戰火)속을 헤엄쳤던것이오.<202>

1. 누구나 전지(戰地)에 나가면 그렇겠지만 죽음을 일보(一步)앞에 놓고 사는 사람—아니 죽음과 함께 전진하는 사람들에게는 「나」라는 것이 있을 수 없는 것이어서 우리는 일본병정이나 마찬가지로 자기 조국을 위해 「나」없는 투혼(鬪魂)에서 격렬히 싸우며 전화(戰火) 속을 헤엄칠 수 있었을 것입니다.<279>

0. (없음)

1. 그러나 우리는 조국(祖國)을 가지지 못한 슬픔에 울었읍니다. 그 보다도 우리의 조국을 빼앗은 구적(仇敵) 일본을 위해 총을 들게 되었다는 것, 그리고 우리의 총부리가 향한 곳에는 팔로군(八路軍)에 가담하여 조선의 광복을 위해 싸우는 조선 의용군이 있다는 것을 생각할 때 엉엉 소리를 내어 통곡하지 않을 수 없었읍니다. 그러나 이렇게 소리내어 울 수 있는 자유조차 우리에게는 허락되지 않았읍니다.<279>

0. (없음)

1. (전략) 어떤 날에는 김군과 나는 선봉 서서 지휘하며 돌격하는 우리편 일본 부대장을 뒤에서 쏘아 넘어뜨리고 밤 되기만 초조히 기다리다가 잠을 깨는 때도 있었읍니다. 또 한번은 탈출을 하기는 했으나 산중에서 길을 잃고 헤매며 굶주리던 꿈, 그리고 다행히 팔로군을 만나기는 했지만 스파이로 몰려 투옥당하던 꿈—이러한 여러가지 꿈

이 초조한 날을 보내는 내 가슴을 산란케 하곤 했었읍니다. 나는 꿈에서만이 아니라 김과 만나서 몰래 이야기 할 기회만 있으면 하루속히 기회를 얻어 연안으로 같이 탈출할 것을 약속하곤 했었읍니다.<280>

0. 그런데 낭자관(娘子關) 전투에서 그 조선인 병졸 ○○군은 그만 부상을 입고, 다른 부상병들과 함께 후방 ○○키로에 있는 야전병원으로 호송되게 되였었소.<202>

1. 그런데 태행산맥 전투에서 김인철군은 그만 부상을 입고 다른 일본인 부상병들과 함께 후방 ○○킬로에 있는 야전병원으로 호송되게 되었읍니다. 그 날부터 나는 견딜 수 없는 고독과 애수에 잠겨버리고 말았었읍니다. 그 비애와 고독은 육친과 동무와 학교와 고향을 버리고 출정하던 때의 그것과 조금도 다름이 없었읍니다. 아니 그것보다 더 컸을지도 모릅니다. 만리타국에서 최후의 혈족(血族)을 잃어버리는 그 슬픔, 그 고독-내 눈에서는 눈물이 그칠줄을 몰랐었지요.<280-281>

0. 그로부터 여러날 뒤이었소. 낭자관이 함낙된 뒤에, 나는 병상(病床)에서 신음하는 부상병들을 위문하기 위해서 야전병원을 찾게 되였었소. (낭자관 전선에서 악전고투하던 부상병들이 낭자관이 함낙되였다는 소식을 듣는다면 얼마나 기뻐하랴.) 나는 이러한 생각을 하면서 한시가 급하게 야전병원으로 몇명의 부하와 함께 말을 달리었던것이오.<202-203>

1. 그로부터 이주일 뒤였읍니다. 우리 전투 지구의 격전이 일단락을 지었을 때 나는 부대장에게 간청하여 병상(病床)에서 신음하는 김

인철군을 찾아갈 기회를 얻게 되었읍니다. 「찾아 가는 나도 나지만 나를 다시 대면하게 되는 김군인들 얼마나 기뻐하랴.」 나는 이러한 생각을 하면서 한시가 급하게 야전병원으로 말을 달리었던 것입니다.<281>

　0. 『○○군!』 이윽고, 나는 그이곁에 가까이 가서 무거운 입을 열어 그의 이름을 낮윽히 불렀었소. 그러나 그는 나에게 아무 대답도 던져주지 않았소. 『○○군!』 좀 더 목소리를 높여 그를 부르는 때,<203>

　1. 『가네야마꾼!』 이윽고 나는 그이 옆에 가서 무거운 입을 열어 그의 성명 아닌 성명을 불렀읍니다. 진정한 조선사람이라면 누구나 미간을 찌푸리도록 불쾌해 하고 진절머리가 나는 그 소위 창씨(創氏)! 그러한 왜식의 성명을 부르지 않으면 안되는 나 자신이 가엽기도 했지만 밉살스럽기도 했던 것입니다……그러기에 나는 재차 『가네야마꾼!』 하고 목소리를 좀 더 높여서 불렀던 것입니다.<281>

　0. 그는 놀라듯, 몸을 움칠하더니, 『누구시오? 누구야요?』하고, 흥분된 어조를 계속시켜서, 『어머니가 아니우? 응?』……『날쎄. 김부대장일쎄.』<203>

　1. 그는 놀라듯 몸을 움칠하더니 『누구시요? 누구애요?』하고, 응당해야 할 일본말을 하지 않고 조선말을 하는데는 나는 다시 놀라지 않을 수 없었읍니다. 그는 흥분된 어조로 속지켜서 『어머니가 아니우? 응?』……『날쎄, 마쓰무라 아니 정태홀세.』<281-282>

　0. 『접때 ○○사령관께서 오셨을 때에도 어머니냐고 물으며, 어머

니를 자꾸 찾는 가긍한 정경에 사령관으로 하여금 눈물을 먹음게 했죠(하략).』<203>

1.『접대 위문단이 왔을 때두 어머니냐고 물으며 어머니를 자꾸 찾는 가긍한 정경이 위문단원으로 하여금 눈물을 먹음게 했죠(하략).』<282>

0.『그래 ○○군의 모친께 전보는 쳤는가?』 나는 나와 나란히 서서 걷는 군의에게 머리를 돌리며 물었었소. 『네, 쳤습니다.』<204>

1.『그래 가네야마꾼의 모친께 전보는 쳤는가요?』 나는 나와 나란히 서서 걷는 간호부에게 머리를 돌리어 물었읍니다. 물론 일개 무명의 조선청년을 위해 더욱이 진지에서 그러한 호의를 베풀어 줄 아량이 넓은 족속이 못되는 것을 아는 나는 기대 없이 물었을 뿐입니다. 『네 쳤습니다.』 나는 간호부의 이 대답에 놀랐읍니다. 아니 의심했었지요. 『정말?』『네.』<282-283>

0. (없음)

1. 다음 순간 내 머리속 에서는 「정책」이라는 두 글자가 번개같이 지나갔읍니다. 정말 전보를 쳤다면-혹 이것이 내 과도한 상상이요, 일본인에 대한 증오와 불신임에서 오는 왜곡(歪曲)된 감정의 소산일지는 몰라도-그것을 김인철군이나 김인철군의 어머니를 위해서가 아니고 단지 전지(戰地)에 있는 조선군인들이 잘 싸워주기를 바라는 욕심에서 사탕 바른 그 소위 일시동인(一視同仁)으로 부하를 차별 없이 사랑한다는 것을 보여 주기 위한 정책일 것이라고 나는 생각했었읍니다. 그것은 현지에 있는 우리 조선병정만이 아니라 내지(朝鮮)에 있는 장차 그 자식을 출정시키게 될 뭇 부모들에게도 진지에 나간 자식을 만나

보게 한다는 은혜(?)와 생색(?)으로 그 지긋지긋한 내선일체(內鮮一體)를 강화하려는 일석이조(一石二鳥)격의 정책이기도 했으리라 생각하면 전투지구에서 훨씬 떨어져 있는 이 야전병원으로 일개 김군의 어머니쯤을 부르지 못할 것은 없지 않겠읍니까.<283>

0. 내나 마찬가지로 그 여인을 보는 사람은 다 그가 병석에서 신음하는 ○○군의 어머니리라 직감했었을것이오. 우리의 예측은 적중되였었소.<204>

1. 내나 마찬가지로 그 여인을 보는 사람은 다 그가 병석에서 신음하는 김인철군의 어머니리라 직감했을 것입니다. 그러나 그를 대하는 감정에 있어서는 물론 주위의 일본 사람들과 나와 똑같을 수는 없었읍니다……우리의 예측은 적중되었읍니다.<283>

0. 나는 ○○군의 어머니에게, 먼 길에 고생이 많았을것을 인사 드린 뒤에, 전선에서 당신의 아드님은 용감히 싸왔던것과, 그리고 명예의 부상을 입게 된것등을 이야기 하여 그의 마음을 위무(慰撫)해 주며, 군의와 간호부들과 함께 그를 인도해 가지고 ○○군의 병실로 들어갔었소.<204>

1. 나는 김군의 어머니에게 먼 길에 고생이 많았을 것을 인사드리는 것 외에는 무슨 말을 해 드려야 옳을지 그리고 무슨 죄나 저질은 듯 불안하고 민망하기 짝이 없었읍니다. 그리하여 나는 벙어리가 된 채 군의와 간호부들과 함께 그를 인도해 가지고 김군의 병실로 들어섰던 것입니다.<284>

0. 만일 이 경우를 내가 당했다면 통곡했을지도 모르겠다고 생각하

니, ○○군의 어머니는 군인의 어머니다운 굳은 의지의 여인이었었소. 군의는 더 참을 수 없다는 듯이, 차마 열려지지 않는 입을 열어 두 귀까지 상한 것을 ○○군의 어머니에게 들려주고야 말았소. 이때의 어머니의 놀람은 여러분의 상상에 맡기오.<205>

　1. 만일 이 경우를 내가 당했다면 통곡했을지도 모르겠다고 생각하니 김군의 어머니를 다시 쳐다보지 않을 수 없었습니다. 나는 더 참을 수 없어서 차마 열려지지 않는 입을 열어 두 귀까지 상한 것을 김군 어머니에게 들려 주고야 말았습니다. 이때의 어머니의 놀람과 비통과 절망! 그것은 여러분의 상상에 맡기기로 합니다.<284>

　0. 둘러선 간호부들은 두 손에 얼굴을 파묻고 돌아서서 흙흙 느껴 울었으며, 군의와 나도 눈물을 금할수 없었소. 이윽고, 군의가 아들에게서 어머니를 떼여 일으키려는것을, 나는 눈짓하여 가만 두라 하고는, (울대로 내여버려두어라. 세상에 눈물처럼 정직한것도 없으려와 눈물처럼 진실된것도 없는것이니, 하물며 어머니의 눈물에 있어서랴. 어머니의 눈물이야말로 사랑의 극치(極致)요, 정화(精華)니라. 어서 울고싶은대로 실컨 울어라.) 속으로 중얼거리며 나는 발길을 돌리었었소.<206>

　1. 둘러선 간호부들은 두 손에 얼굴을 파묻고 돌아서서 흙흙 느껴 울었으며 나도 김군을 따라 『어머니!』하고 속으로 부르짖으며 쏟아지는 눈물을 금치 못했었습니다.<285>

　0. (없음)

　1. 이것으로 이 이야기는 끝을 막았습니다. 끝으로 혹 이것을 쓸데 없는 군소릴지는 몰라도—그 때의 내 감정에 있어서 김군을 따라 불

시에 나도 부른 「어머니!」는 김군의 어머니나 또는 따라 돌아가신 내 어머니를 가르키는 것이기도 했었지만 그보다도 「조국 조선!」이었다는 것은 거짓 없는 고백이요, 아직도 내 흉우(胸宇)에서 지워버릴 수 없는 한 개의 영원한 「엑스타틱」한 환영(幻影)이었읍니다.<285>

대조해 본 결과 두 작품이 모두 액자소설의 형식인 것은 같다. 이는 두 작품 공히 사실감을 부여하려는 작가적 의도에서 비롯된 것이다. (그러나 두 작품 공히 동공이 파열된 중상병이 흐느껴 운다고 함으로써 오히려 허구성을 노출시키고 있다.) 앞서 고찰한 대로 조광 판은 일제가 벌인 침략전을 긍정하고 고무한 친일적 세계관이, 문원각 판은 항일적, 민족주의적 세계관이 각각의 특징인 것으로 나타난다. 두 작품에서 발견되는 지명의 상이성, 호칭의 상이성, 종결어미의 상이성 등은 이러한 세계관의 변화에 따른 형식적 변화이다. 해방을 기점으로 하여 동일한 글감이 판이한 세계관으로 나타난 것은 비단 이 작가의 작품에만 해당하는 사항은 아닐 것이다. 그러나 이 작가의 경우 세계관의 변모 양상은 특히 심한 것으로 보인다.

3. 결 론

태평양전쟁의 발발과 함께 일제말기의 상황은 극도의 공포 분위기로 충만한 시기였다. 한국의 작가들은 예외 없이 친일소설을 창작하였다. 친일소설은 전쟁문학 또는 국민문학의 소설적 표현이다. 전쟁문학 중에서도 정인택의 「뒤돌아보지 않으리」는 표나는 것이지만 박계주 또한 이와 같은 전쟁문학적 성격의 작품을 창작하였다. 박계주는 이 시기에 「죽엄보다 강한 것」, 「육표」, 「오리온 성좌」, 「애정무한」, 「향토」 등을 발표하였다. 이 작품들 중에도 친일성이 분식(粉飾)된 작품이 있지만 「유방」의 경우에도 친일성은 감추기 어려웠다. 문제는 해방을 전후로 하여 1943년작인 「유방」이 1950년작인 「어머니」로 너무나 쉽게 개작된 것이다. 두 작품의 대조를 통해 개작의 지나친 안이함을 확인하게 된다. 한편 「유방」의 친일적 형상화에는 당시의 국민문학이 보여주는 바와 같은 작가적 고민이나 번민이 없다. 「어머니」의 항일적 형상화 또한 '꿈'과 같은 비현실적 장면의 처리에서 보듯 항일적 체험을 기반한 진정성을 확보해 내고 있지 못하다. 그러므로 이 두 작품은 진정한 의미에서의 친일문학도 항일문학도 아닌 것이다. 이 두 작품을 통하여 작가의 역사의식이 얼마나 희극적인지를 알 수 있다. 이 시기 항일서사물의 모범적 사례는 「노마만리」(김사량 작) 등에서 발견할 수 있거니와 이 같은 작품이야말로 진정한 의미의 전쟁문학이며 항일문학이라 할 수 있지 않을까 한다.(2000)

일제말기 일본어 소설의 갈래

1. 서 론

일제 말기 일제는 우리 말과 우리 글을 강압적으로 봉쇄하였다. 그리고 저들의 언어만을 사용하도록 강요하였다. 이같은 상황에서 작가들은 한국어 또는 한국어와 일본어 혼용의 작품을 쓰기도 하였지만, 일본어 전용의 작품을 쓰지 않을 수 없었다. 이는 이 시기 일제가 한국민을 전쟁의 마당으로 내몰기 위한, 조작된 이데올로기인 내선일체(內鮮一體)와 관계된 것이었다. 내선일체를 위해 그들은 한국의 작가들에게 일본어로 창작할 것을 강요하였던 것이다. 이때에 창작된 한국작가의 일본어 소설은 그래서 일단은, 모두 친일문학[1]이라는 혐의로부터 자유로울 수 없었다.

그러나 일본어로 창작된 작품도 작품 나름이어서 그것이 일제의 전쟁 수행을 위한 선전물 역할을 한 것이 있는가 하면, 그렇지 않은 것도 있었다. 이 점에서 일본어로 창작된 작품이 지닌 의미의 스펙트럼이 다양한 점에 주목, 이 다양한 의미를 그것대로 깊이있게 분별해

---

1) 임종국, 『친일문학론』, 평화출판사, 1983, 15-18면 참고.

주어야 할 것이다. 일본어로 창작된 작품은 따라서 일본어라는 피부를 절개하고 그것의 피하조직 일체가 한국의 것인가 일본의 것인가를 면밀히 살펴 보아야 한다. 그런 연후에, 이 일본어 작품이 한국의 것이면 한국문학사(韓國文學史)의 소관으로, 한국과 일본의 것이 아니면 그 어느 나라 문학사의 소관이 아닌 것으로, 일본의 것이면 일본문학사의 소관으로 다루어 주어야 할 것이다.

이를 위해 이 시기 모두 일본어 작품인 김사량의 「물오리섬(ムルオリ島)」(『국민문학』, 1942.1)과 이효석의 「아자미의 장(薊の章)」(『국민문학』, 1941.11), 그리고 김사량의 「빛 속에(光の中に)」(『문예수도』, 일본, 1939.10)를 그 대상으로 하여 구체적으로 살펴보기로 한다.

2. 본 론

1)

「물오리섬」은, 일본어로 창작된 소설은 모두 내선일체에 동원된 소설이라는 판단을 근본적으로 반성케 한다. 『국민문학』에 「물오리섬」이 게재된 후, 여러 사람들이 이 작품을 주목했다. 먼저 유진오는 "김사량(金史良)씨의 「물오리 섬」(『국민문학』 1월호)은 호흡이 길고 아름다운 로맨티시즘의 작품으로, 서선(西鮮)지방 사람들의 특유하고 선이 굵은 격정적 성격이 뚜렷하게 살아 있다."[2]고 평가했다. 이외 「물오리섬」에 대해서는 '42년 제일의 로망이다.[3] 향토에의 집념이 반영되

---

2) 兪鎭午, 「創作の一年 國民文學といふもの」, 『國民文學』, 1942.11(자료난 관계로, 김규동·김병걸 편, 『친일문학작품선집 2』, 실천문학사, 1986. 10, 56-57면 참고).

어 있다.[4] 상당한 격조(格調)를 견지하고 있다[5]는 평가가 있다. 이러한 견해들은 모두 이 작품을 격찬(激讚)한 것이다. 그러나 그렇게 언급되었지만 「물오리섬」은 여전히 방치상태인 채로, 지금까지 깊이있게 연구되어 오지 않았다.

그 표제가 물오리섬(水鴨島)의 일본말 표기인 「ムルオリ島」인 이 작품은, 전체가 4절로 되어 있다. 미륵과 순이가 남녀 주인공으로 등장하는 이 작품은 "우리나라에 흔히 있음직한 설화(說話)같은 이야기"를 소재로 하였다.[6] 이 작품에서 두드러지는 점은 평양의 대동강 유역을 배경으로 하되 강 주변의 경치와 여러 하중도(河中島)가 중점적으로 묘사되어 있다는 점이다. 제1절은 작가의 분신이라 할 '낭(娘)'의 눈을 통해 그려진다.

'낭'은 대동강변의 모습을, 천천히 확대해 가는 "북화(北畵)의 산수병풍"으로 비유한다. 그리고 그는 하중도 가운데 하나인 두로도의 모습도 다음과 같이 아름답게 바라본다.

> 강이 흐르는 왼편에 가늘고 긴 두로도(豆老島)가 흐르는 것 같이 가로 놓이고, 바가지의 만초(蔓草)에, 덮힌 누런 지붕지붕이 논의 가운데에 꼿꼿이 고정되어져 보인다. 밭에는 몸을 구부린 흰옷 입은 농부들의 모습이 보이고, 강가의 푸른 초원에는 암소라든가 송아지가 한가롭게 풀을 먹으면서, 때때로 생각해 낸 것 같이 꼬리를 흔들고 있었다. 흐름의 풍부함, 연안의 밝고 아름다움, 섬들의 아름다움에 있어서, 역시 대동강에 견줄만한 것은 없을 것이다라고, 그는 지금 새삼스럽게 생각한 것이었다. 갑판의 위에서 뒤에 의지한 것 같이 서서, 그는 서늘한 강바람에 셔츠의 옷깃을 열면서 이 배의 작은 여행을 더욱더 행복한 것으로 생각했다.[7]

---

3) 則武三雄, 「側面的文藝時評」, 『朝光』, 1942.2, 169면.

4) 임종국, 앞의 책, 213면.

5) 송민호, 『일제말 암흑기 문학 연구』, 새문사, 1991, 164면.

6) 송민호, 위의 책, 163면.

7) 原文은 김사량, 「물오리섬」, 『국민문학』, 인문사, 1942.1, 231-232면을 볼 것. 「물오리섬」 관련, 위 번역문을 비롯한 작품 전체 번역은 필자.

지병(持病)이 있는 주인공이 대동강 주위에서 요양처를 물색하기 위해 평양성 연광정에서부터 강 하류의 요포(瑤浦) 고봉사까지 가는 증기선을 타고 가던 중 바라 본 두로도의 모습은 평화롭기만 하다. 두로도는 여러 하중도 중의 하나이다.

하중도 중에서도, 베기섬(碧只島)은[8] 주인공의 어릴 적 추억이 듬뿍 담긴 곳이다. 주인공의 숙모가 살았던 베기섬은 그가 어릴적 여름 한 철을 보내었던 곳이다. 도회풍의 아이였던 그는 특히, 자수 일을 하던 그 "섬의 딸들"에게 인기가 있었다. 순이, 칠성녀(七星女), 서분네, 봉구네 같은 인물들은 밤이 되면 봉구네 사랑(客間)에 모여, 등불 아래 작은 토끼처럼 머리를 맞대고 조잘대면서, 저마다의 색실로 자수 일을 하면서 철없이 옛이야기에 밤이 깊어지는 것도 알지 못했던 것이다. 주인공은 밤에는 또 그녀들의 곁에서 졸면서, 넋을 잃고 옛이야기를 듣는 것도 더없이 좋았던 것이다. "20년" 전의 베기섬은 이처럼 주인공에게는 추억처럼 아름다운 곳이었다. 그러나 20년 후, 그 섬의 딸들에 대한 근황과 관련, 「물오리섬」의 1절은 별다른 상세한 정보를 제공해 주지 않는다.

그 정보는 오히려, 항일무장독립투쟁을 그 내용으로 하고 기행문을 그 형식으로 하여 해방 이후에나 발표될 수 있었던 이 작가의 「노마만리(駑馬萬里)」를 통해서 제공된다. 이 기행문은 김사량이 어릴 적 놀았던, 고모네 집이 있는 두루섬의 광경을 언급하고 있다. 두루섬은 「물오리섬」에서는 두로도로 표기된 섬이다. 그리고 「노마만리」에서 이 섬의 풍경은, 「물오리섬」의 베기섬과도 동일하다. (이 점에서 「물오리섬」의 베기섬 정경은 실제로는 두루섬 또는 두로도의 정경이었던 것으로 보인다.)

---

8) 이 작품에서 碧只島의 후리가나 표기는 べぎそむ임.

「물오리섬」에서 매우 평화로운 곳으로 나타났던, 두루섬 사람들의 삶의 모습은 「노마만리」에 의하면 정반대로 나타난다.

（전략） 그동안 너나없이 우리들의 살림살이에는 풍상이 많았고 고초는 심하였다. 떠나기 얼마전 나는 평양 길가에서 우연히 이 섬동네（두루섬 - 인용자 주）의 사촌누이를 만났었다. 때 묻은 무명저고리를 후줄그레하니 걸친 채 등에는 어린 애를 업고 머리에는 짐을 잔뜩 이고 있었다. 그 옛날의탐스럽게 빛나던 검은 머리는 흩어지고 호수처럼 맑기 바이없던 눈은 정기를 잃었으며 언제나 그칠 줄을 모르는 웃음이 터져 나오려던 도톰한 입술이 핏기 하나 없었다. 화려하고도 슬기롭던 인상은 고생에 지치고 또 지치어 그 자취도 알아 볼 길이 없었다. 사랑하는 남편까지 일본의 어느탄광으로 잡혀갔기 때문에 더욱이나 간고해진 살림살이를 꾸려 나가노라고 날마다 밤을 새워 가며 열두 새무명을 짜가지고 나왔노라고 하였다. 눈에는 이슬이 방울방울 맺혔다. 벙어리 아빼네는 벌써 전에 만주로 떠났고 나를 놀려 주기 좋아하던 쌍겹눈의 색시는 남편을 공출놀음에 때워 놓고 고생한다고 하였다.（하략）9）

「물오리섬」에서 아름다웠던 옛 섬의 딸들은, 「노마만리」에서는 비극적인 현재적 인물들로 드러난다. 「물오리섬」이 1942년에 발표된 것이고 「노마만리」는 일제 패망 직전을 그렸기 때문에, 그처럼 묘사에서의 낙폭이 큰 것이 아니었을까 하는 의문도 가능하지만, 그 의문은 일제의 징용정책이 두 작품이 발표된 이전부터 이루어지고 있었다는 점에서10） 무의미한 것이다.

이렇게 볼 때, 「물오리섬」에서 묘사된 대동강 유역의 아름다운 풍경 또는 아름다운 자연이란, 당대의 정치적 상황과 관련지어 볼 때, 단순한 아름다움일 수만은 없다. 그것은, 평양만이 아니라 대동강의 하중도에서조차 삶을 부지할 수 없는, 평양사람들（한민족）의 벼랑 끝에 내몰린 고통스러운 삶이 역설적（逆說的）으로 미화된 것으로 해석되어야

---

9) 김사량, 『노마만리』, 동광출판사, 1989, 368-369면.
10) 강재언, 『일제하 40년사』, 풀빛, 1984, 106-107면 참고.

할 것이다.

여기서 우리는 「물오리섬」의 대동강이 1절에서의 아름다움과는 달리, 3, 4절에서는 광포(狂暴)한 것으로 그려지고 있는 것이 매우 자연스러운 것임을 안다. 즉 '낭'의 과거와 현재 속에 인식되는 아름다운 자연은, 그 과거와 현재 사이에 광포한 모습을 감추고 있었던 것으로 드러나는 것이다. 1절에서 그려진 대동강은 아무튼 그 모습이 아름다우면 아름다울수록 비극적인 의미가 더욱 짙을 수밖에 없는 것이다. 다른 작품에서도 발견되는 탁월한 풍경 묘사는 이 작가의 장기(長技)인데, 그 풍경 묘사라는 작풍(作風)의 진의가 이로써 명백하다 하겠다.

「물오리섬」이 김사량의 일본어 소설 중에서도 주목되는 것은 이 작품이 우리 문학의 맥(脈)을 잇고 있기 때문이기도 하다. 이 작품의 배경은 평양 대동강이다. 한국소설 중에 이 소설만큼 대동강의 풍물을 세밀하게 묘사한 것도 없다. 작품의 배경이 된 대동강은 우리 문학 속에서는 문학의 소재로서, 또 문학적 발상의 계기로서 자리하며 역대의 문학 작품들 가운데 두루 나타나고 있는데 이는 이 작품의 문학적 전통성을 말해주는 것이다.

「물오리섬」의 대동강은 단순한 배경 이상의 것이다. 대동강 주변의 풍경 또는 하중도의 풍경은 아름다우면서도 세밀하게 묘사된다. 그리고 그 대동강은 역사적인 의미를 띤 곳임도 알려준다. 이 작품에서 대동강이 단순한 배경 이상의 의미를 포함한 곳임은 그 대동강 유역에 살고 있는 사람들에게 많은 옛날 이야기가 구전되어 왔다는 것에서도 알 수 있다. 섬 처녀들은 자수일을 하면서 밤이 깊도록 옛이야기를 하였고, '낭' 또한 이들의 옛이야기를 들으며 자랐다. 그런가 하면 그는 섬 처녀들에게 옛 이야기를 조르기도 하였다. 한편 '낭'은 그가 상륙한 물오리섬에서 뽕나무의 열매를 따고 있던 '붉은 댕기'와 '검은 눈'이 각각 특징인 두 소녀를 만나기도 하였는데 그들도 '낭'처럼 많은 옛이야기를 들고 자란 아이들이었다. 그들이 들은 옛날 이야기는 "호랑이가 중이 되어 마을에 나왔다고 하는 이야기", "돌구두를 신은 장사의 이야기", "소금 파는 할아버지가 논길에서 가래를 주웠다고 하는 이야기" 등으로, 이 이야기들은 주인공도 들은 것이었다. 이 작품에서 대동강은 이처럼 수많은 설화(說話)를 그 안에 담고 있는 곳으로도 나타난다.

「물오리섬」은 외형상 일종의 액자소설로도 볼 수 있을 듯하다. 반드시 일치하는 것은 아니나 대체로 1, 2절은 외화에, 3, 4절은 내화에 해당한다고 할 수 있다. 내화는 특히, 대동강을 배경으로 한 물오리섬이라는 무인도에서 순이라는 사랑하는 아내와 농사를 지으며 평화롭게 살려고 했던 미륵이라는 한 소작인이 가뭄과 지주의 횡포, 그리고 홍수 등으로 말미암아 애지중지하던 소를 빼앗기거나 아내를 홍수에 떠내려 보낸 후 한(恨)에 사무쳐 살아간다는 이야기이다.

대동강의 섬들에 전해져 오는 사변적(事變的)인 사건은 말 그대로 하나의 역사이고, 옛이야기들은 하나의 전통이다. 미륵의 삶 또한, 오랜 기간 동안 우리 민족이 외적으로부터 피침(被侵)을 당해 온 과거라든가 우리네 가난한 민중들이 겪어 온 피착취의 아픔이 그 밑바탕에 자리한 역사성 또는 역사적 현재성을 띤 것이다. '낭'의 회상이 동기가 되어, 펼쳐지는 미륵의 지나온 삶은 그 자체로 하나의 옛 이야기이다. 이 점에서 미륵에 관한 이야기는 그와 같은 많은 설화들과 함께 하나의 전통인 것이다. 한편 「물오리섬」에는 미륵처럼 외로운, 늙은 대머리 뱃사공이 등장하는 바, 그는 미륵을 위로하기 위해 민요를 부르기도 하였다.

어허야차, 어어야차 / 대동강은 백오십리 / 평양성은 칠십리나 / 임 그리는 맘
은 세치 / 어갸죠챠, 어어야차 / 순풍에 돛 올리자[11]

한 행이 2음보의 반복으로 이루어지고, 모두 6행인 이 노동요 또
한, 「물오리섬」이 우리의 문학적 전통성을 견지해 나간 작품임을 알
리는 유력한 증거가 된다.

「물오리섬」이 우리 문학의 관습 위에 있음은 미륵을 중심으로 전
개되는, 주로 3, 4절의 이야기를 통해서도 알 수 있다. 성장과정(成長
過程)이 비교적 순탄한 것으로 그려진 '낭'과는 달리, 성장과정이 시
련의 연속으로 이루어진 미륵의 삶은 간단하지 않다.[12] 모두 5차례의
시련이 주어지는 그의 성장의 의미를 살펴보기로 한다.

「물오리섬」에서, 미륵에게는 최소한 다섯 차례의 시련이 주어졌음
을 알 수 있다. 즉 아버지의 가출 → 가뭄과 지주의 횡포 → 어머니
의 가출 → 홍수 → 홍수로 이어지는 시련이 그것이다. 이와 같은
미륵의 삶은 박탈의 삶이다. 아버지 가출의 경우, 그 의미는 국가 이
데올로기의 상실, 곧 망국(亡國)을 말하는 것이다. 가탁(假託)된 혹심
한 가뭄의 우의(寓意)도 무엇인가 자명하다.

이 작품에서 지주는 소작인의 가뭄으로 인한 소작료 미납을 구실로
소를 탈취할 뿐만 아니라, 하중도의 처녀를 데려다가 둘째 첩으로 삼
는가 하면, 마침내는 그 섬마저 탈취하는 악랄한 존재로 그려진다. 이
러한 지주는 작가에 의해 "산양같은 턱수염을 기른 삵 얼굴(白い山羊
鬚を生やした狸面の地主)"또는 앞서처럼 "원수(仇敵)"로도 표현되어

---

11) オホヤヂヨ, オウヤヂヨ / 大同江は百五十里 / 平壤城は七十里なれど / 君慕ふ胸は
    三寸 / オギヤヂヨチヤ, オウヤヂヨ / 順風に帆 を上ゲなん(김사량, 위의 책, 253면).
12) 「물오리섬」의 좀더 상세한 내용은 졸고, 「김사량의 물오리섬 연구」, 『국어문학』, 제33
    집, 1998을 참고할 것.

졌다. 소작인인 미륵의 태도 또한 이에 상응하여 지주에 대한 적대감을 단계적으로 상승시켜 나간다. 미륵의 적대감은 특히, 지주에 대한 작가의 최종적 심판에서도 그대로 드러난다. 즉 지주가 탈취한 물오리섬은 농작물 하나 생산할 수 없는 모래땅이 되어 버렸던 것이다. 이때에 발표된 작품 중에서 이처럼 그 갈등이 경향적(傾向的) 분위기와 동반하여 잘 형상화된 작품도 찾아보기 어렵다.

아버지의 가출에도 가뭄에도 견딜 수 있었던 것은 어머니가 존재했기 때문이다. 어머니는 태어난 자리로서의 고향이거나, 들어가 쉴 수 있는 안식처(집)이다. 어머니의 가출은 근거해야 할 고향이나 집이 영원히 박탈되었음을 뜻한다. 앞서 표현된대로 그는 "정진정명의 고아(正眞正銘の孤兒)"가 되고 만 것이다. 처음부터 평양의 도심에서 살지 않고 소작지라 해도 좋을 베기섬에서 살았던 미륵이었다. 그러나 그는 이제 어머니의 가출을 불러 온 베기섬도 살만한 곳이 못된다고 판단한 끝에 무인고도인 물오리섬으로 이주를 하게 된 것이다. 순이와의 물오리섬에서의 생활은 행복한 것이었다. 우선 섬 전체가 그들의 것이었기 때문이다. 그러나 이 또한 두 번의 홍수 끝에 지주에게 탈취당하고 말았던 것이다.

망국(亡國)과 일제침략 등이 다양한 가탁을 통하여 잘 우의(寓意)된, 탁물우의(托物寓意)의 알레고리적 창작방법이 이 작품에서는 훌륭하게 관철되었는데, 이는 「토성랑」이래 견지되어 온 김사량의 동정자적(同情者的)[13] 세계관으로부터 비롯된 것으로 보여진다.

이처럼 창작의 매체가 되어버린 일본어를 사용하되 일본의 것이 아니라 우리의 것만을 그 내용으로 담아나감으로써, 우리의 풍토와 일본

---

13) 이는 재일평론가 안우식의 견해이다. 丁英鎭, 『통한의 실종문인』, 문이당, 1989, 198면 참고.

의 풍토, 그 속에 살아가는 우리 민족과 일본 민족이 결코 같을 수 없음을 보여주었다. 「물오리섬」에서 일본어라는 피부를 절개하고 그 피하조직을 면밀히 살펴 볼 때, 전적으로 우리의 것임을 알 수 있다. 정서의 일체감(一體感)이라는 측면에서 일본인보다는 한국인에게 다가오는 부분이 압도적일 수밖에 없는 이 작품은 그러므로, 일본문학사가 아니라 필연적으로 한국문학사(韓國文學史)에서 논의될 수밖에 없는 작품인 것이다.

2)

(1) 일제는 한국인을 전쟁에 유인하기 위한 책략으로, 한국인의 반일 감정을 무마할 필요가 있었다. 반일 감정의 무마는 미나미 총독이 주창한 '내선일체' 정책을 통하여 이루어졌다. '내선일체' 정책이란 불평등한 입장에 있는 한민족을 일본민족과 같이 대우해 준다는 것을 말하는 것이었다. 그러나 민족적 차별이 엄존한 상황에서 이 정책은 오히려 한민족의 말살을 획책하기 위한 기만적 술책에 지나지 않았다. 민족말살의 강력한 수단으로 한국인과 일본인의 피를 섞어 버리는 '일선통혼(日鮮通婚)'이나 한일간의 '문화종합(文化綜合)' 등이 시행되었다.

한일간의 통혼은 창씨개명제(創氏改名制)보다 더 적극적인 민족말살책이라 할 수 있다. 이 시기 작품 중에는 한일간의 국제적인 연애가 다루어진 작품이 있다. 이는 일제의 그와 같은 정책의 영향 하에서 창작된 것이다. 이효석의 「아자미의 장(薊の章)」은 이 범주에 드는 작품으로서는 좋은 본보기가 된다. 이 작품이 주목되는 이유는 다시 말해, 내선일체를 구현해보자는 창작동기[14]가 작용했기 때문이다.

그러면 이를 내용적 측면에서 검토해 보기로 하겠다.[15] 「아자미의 장」은 사랑하는 사이인 일본 여성과 한국 남성이, 동거를 하지만 남자 집안의 반대로 결혼을 하지 못하고 이별하게 된다는 이야기이다. 말하자면 카페 여급인 아자미와 신문사 편집기자인 현(顯)이라는 인물의 사랑이 순탄하지 않았다는 것이다.

이들의 사랑은, 간접적으로는 남자의 직업, 남자 집안의 문제 등이 직접적으로는 두 사람의 성격이나 건강상태 때문에 순탄하지 않다. 특히 남자는 몸에 이상이 있는 것으로 여자는 병치레가 잦은 것으로 나타난다. 순탄한 관계를 유지하기에는 이미 결정적인 결함을 지니고 있는 것이다.

이들의 만남은, 이전부터 연모해 왔다고는 하나 여성의 남성에 대한 돌발적인 접근으로 시작되었다. 만남의 계기가 예비되어 있었지만 그것은 일시적 흥분에 따른 것이었다. 이들의 동거 또한 남성의 숙고에 따른 것은 아니었다. 이 작품에서 남녀간의 만남과 동거는 이처럼 즉흥적인 것이다. 이러한 까닭에 비상시국에 따른 신문사 폐사와 이로 인한 실직이라는 남자 측의 요인이 이들의 관계 동요에 결정적 요인이 될 수는 없다.

이들의 사랑은 결혼으로 성사되지 못한다. 이는 이 작품의 작은 삽화와 대조가 된다. 이 작품에는 아자미처럼 카페 여급인 미도리와 한국인으로 짐작되는 그의 애인이 등장한다. 그들의 사랑은 남자가 그 부모의 반대를 극복하고 결혼으로 성사된다. 그러나 아자미와 현의 경우에는 그렇지 못하다. 그 이유 가운데 하나는, 현의 부모가 그들의 관계를 인정치 않았기 때문이다. 특히 현의 아버지는 아들의 혼인을

---

14) 장덕순, 『세대』 통권 제 6호, 1963.11, 265-267면 참고.
15) 텍스트는 송민호, 앞의 책의 부록(번역본).

자기 의지대로 진척시키고 있었다. 그는 아들 세대의 방종을 용납할 수 없었고 국제결혼을 비정상적인 것으로 보았다. 일본인 여성과의 혼인이 비정상적인 것이라는 아버지의 충고에 대해 현은 아버지를 혐오하였다고 했다.

여기서 하나의 문제점이 지적된다. 그것은 현에게서 민족적 관념을 발견할 수 없다는 것이다. 이는 일차적으로 아자미에 대한 현의 행동양식에서 확인된다. 한국인 지식인의 일본인 여급에 대한 사랑은, 사랑에는 국경이 없다는 의미로 받아들여지기도 하지만, 이 시기와 관련하여 볼 때 이는 민족간의 문제이기도 한 것이다. 한국인 지식인의 일본인 여급에 대한 사랑이란 하나의 위선적 행동이나 비굴한 행동일 수도 있다. 그러나 현에게는 일본인 여급과의 사랑이 위선으로도 비굴로도 인식되지 않는다. 그는 아자미를 철저히 자기 아내로 믿고 있는 것이다. 그에게는 이처럼 민족적 정체성의 흔적이 잘 드러나지 않는다.

허구이기는 하나 민족적 위상이 격상되는 내선일체란, 이 작품에서의 현처럼 민족적인 감정이 발견되지 않는 인물을 통하여 이루어지는 것이 아니다. 오히려 어떻게 할 수 없는, 선험적일 수밖에 없는 민족적 감정 때문에 괴로워할 수밖에 없는 인물에게서 나타나는 것이다. 그렇다면 이 작품에서의 현이라는 인물은, '황국신민'이기를 지향하는 국민문학의 인물일 수는 없는 것이다.

이 작품에서의 어떤 사건들은 내선일체를 지향하는 포석들로 해석되지 않는 것은 아니다. 즉 아자미가 처음에 현의 마늘 냄새를 싫어하지만 그를 이해하고 순응하기로 마음을 먹는 것이라든가, 그녀가 한복을 선호하는 장면 등을 통해 이 작품이 내선일체의 한 방향—한일간의 문화동화를 틀어쥐고 있는 것으로도 볼 수 있다. 주인공인 현이 여기서 아자미의 문화권에 동화되지 않고, 오히려 아자미가 현의 문화권에 동화되는 것이 이상하게 비칠지 모르나, 이 또한 지배국 여성의 피지배국 문화에 대한 관용이라던가 적극적 포섭이라는 차원에서의 해석이 가능하다.[16] 그러나 아자미라는 일본여성을 통한 한국문화에의 포섭이란 해석은 엄존하는 강약부동의 국제적 질서로 미루어 볼 때, 부자연스러운 것으로 생각된다. 내선일체의 한 항목이 문화종합이라 할 때의, 그 문화종합은 한국문화의 일본문화화로 보지 않을 수 없기 때문이다.

「아자미의 장」은 현의 상대로 결정된 한국여성 여희(麗姬)의 출현으로 아자미가 일본으로 떠난 것으로 끝나게 된다. 이 소설의 결말은 이들의 연애가 앞으로 어떻게 전개될 것에 관해 구체적 전망을 내놓지 않는다. 이 작품은 이처럼 국민문학 또는 내선일체라는 관점으로 읽기에는 갈등의 크기와 깊이가 구체적이지 않다.

이 작품은 즉 허구적 이데올로기이기는 하나, 민족간 통합을 위해 제기됨직한 풍속과 관습, 나아가 민족감정 등으로 인한 갈등이 예각적으로 형상화 되어 있지 못하다. 현이 바라본 아자미는, 서양 엉겅퀴 같은 것이었는데, 그의 인식이란 이러한 시각적 수준을 벗어나지 않는 것이었다. 이와 같은 문제점들은 미려(美麗)한 작가의 문체에 의해 분식된다.

이 작품을 따라서 조선 청년과 일인 여급 사이에 벌어진 치정 설화[17] 정도로 보는 것도 지나치지 않다. 즉 나약한 성격이라는 성격적 결함을 지닌 한국 남성과 건강하지 못한 일본 여성이 등장하여 즉흥적 사랑을 나눈다는 이 작품은 내선일체의 구현에 있어서도 진정성의 결여를 면치 못하고 있기 때문이다. 이러한 작품은 일본인들에게도

---

16) 졸저, 『일제말기소설연구』, 국학자료원, 1996, 56면에서 이렇게 해석해 보았다.

17) 임종국, 앞의 책, 335면.

한국인들에게도 감동을 얻기 어렵다.

(2) 이 작품은 사회역사적인 의미를 떠나서도 읽을 수 있다. 즉 시간상 현재의 관점에 놓고 읽을 수도 있다. 그러나 이 경우 다음 사항이 고려되어야 할 듯하다. 즉 「아자미의 장」을 현재 관점에서 읽을 때 작품의 배경이 서울로 설정된 것에 관한 것이다. 이 작품에는 아자미 외에도 미도리란 일본 여성이나 아오키란 일본 남성이(그들은 창씨한 한국인이 아니라 일본인으로 보여진다.) 등장하는 바, 그들의 활동 무대는 모두 서울이기 때문이다.

따라서 이 작품을 현재의 상황 속에 놓고 읽으면서 다음의 상황도 하나 더 가정하기로 한다. 즉 일본이 한국을 지배한 것이 아니라, 한국이 일본을 지배하고 있는 상황을 가정하고자 한다. 이러한 것을 대체역사(alternative history)라 하는데18), 「아자미의 장」을 현재 한국이 일본을 지배한 상황 속의 서울을 배경으로 한 대체역사소설로 보자는 것이다. 이 서울 안에서, 「아자미의 장」이 보여주는, 일본인 술집 여급의 한국인 남성에 대한 지극한 사랑이란 오히려 1941년보다도 더 자연스러운 것이 아닌가?

이와 같은 관점에서 「아자미의 장」을 읽으면 자연스럽다. 「아자미의 장」에서 아자미의 현에 대한 사랑은 참으로 지극하다. 작품의 전체에 흐르고 있는 아자미의 현에 대한 사랑은, 두 개의 작은 이야기를 통해서도 잘 드러난다. 하나는 앞서 살펴본 마늘 이야기이고 다른 하나는 한복에 대한 선호이다. 두 개의 경우 모두, 아자미가 느낀 감정은 한국인으로의 동화이다. 특히 후자의 경우 아자미는 "이렇게 옛

---

18) 대체 역사는 과거에 있었던 어떤 중요한 사건의 결말이 현재의 역사와 다르게 일어났다는 가정을 하고 그 뒤의 역사를 재구성하여 작품의 배경으로 삼는 기법이다. 복거일, 『碑名을 찾아서 : 京城, 쇼우와 62년』, 문학과 지성사, 1991, 11-12면.

날의 고풍스런 건물 틈에 있으면 나도 이 옷차림 그대로 이 땅에서 태어나 여기서 자란 것 같은 기분이 들어요. 이런 행복감 속에서 이 대로 고스란히 스러지고 싶을 정도.”라고 말한다. 이는 1941년이 아니라 1998년에 더 적합한 언술로 받아들여진다.

그녀는 현의 집안으로 입적(入籍)되기 위해 말할 수 없는 애를 쓴다. 아자미의 현에 대한 사랑이 지극한 만큼, 현의 아버지의 반대는 실로 완강하다. 현의 아버지는 현이 국제결혼을 해서는 안된다고 말한다. 현의 여동생에, 현의 장래 아내감인 여희까지 나선다. 아자미의 현에 대한 사랑은 말하자면 이러한 장애를 극복하고 조선인 남성인 현의 집안으로 입적되어야 결실을 맺게 되는 것이다.

우리는 이 작품을 한국의 일본에 대한 지배라는 대체역사적 상황을 가정하고 읽어 본다. 이는 작품내적 정황이 그와 같은 독서를 허용해 주기 때문이다. 「아자미의 장」에서 일본인 여성의 한국인 남성에 대한 사랑은 참으로 지극하기 때문이다. 그러나 대체역사는 현실에 기반하지 않은 것이다. 즉 리얼리티의 결여를 전제로 한 것이다.

(3) 이 작품은 일본 여성이 한국인 청년을 지극히 사랑한 이야기라는 점에서 일본인들이 용인하기 어려운 작품으로 생각된다. 그리고 한국인이 일본 여성을 그에 못지않게 사랑한 이야기라는 점에서 한국인들도 용인하기 어려운 작품으로 생각된다. 왜냐하면 당시의 국제적 질서인, 일본의 한국에 대한 우월한 위치가 이 작품에서는 한국인 남성의 일본인 여성에 대한 우월한 위치로 나타나고 있는 것이다. 따라서 전쟁이라는 초비상의 공포 분위기에서, 일본 여성의 한국 남성에 대한 강렬한 구애(구애의 결실은 입적(入籍)이다) 혹은 그 반대인, 한국 남성의 일본 여성에 대한 애정이란 허구인 것이다. 일본어로 씌어

진 이 작품은 따라서 당시의 국제적 질서를 무시하였을 뿐더러, 전쟁 상황 속에 한반도에서 전개되고 있는 이러저러한 고통의 정황적 전형도 확보하지 못한 가공(架空)의 연애물에 지나지 않는다.

서구적 분위기를 풍기지만 주인공인 남성의 여성 지배라는 봉건적 세계관이 은밀하게 작용하는 이 작품은 당시의 일본 독자들을 지향한 작품이 아닐 뿐더러 한국인을 지향한 작품도 아니다. 국민문학 또는 내선일체의 목적을 효과적으로 구현하지 못하고 있다는 점에서 일본 문학사의 소관이 아니다. 이는 「빛 속에」와 비교된다. 더구나 정황적 전형에서 일탈한 점에서 한국문학사의 소관도 되지 못한다.

3)

(1) 김사량의 「빛 속에(光の中に)」는 일본의 『문예수도』에 발표된 작품으로 1940년 상반기 아쿠타가와 상 후보작에 오른 작품이다. 이 작품은 토오쿄오의 빈민지대 및 그 안에 있는 S대학협회 시민교육부를 배경으로 재일본 조선인과 조일혼혈(朝日混血) 조선인 소년의 민족적 정체성 찾기를 그 내용으로 한다. 이 작품에는 조일혼혈 소년인 야마다 하루오를 중심으로 다섯 명의 인물이 등장한다. 먼저 중심인물부터 살펴보자.[19]

야마다 하루오는 또래의 아이들과 잘 어울리지 못한다. 어떻게 할 수 없는 소외감 때문이다. 조선 사람임을 의식적으로 부인하려는 행동을 보이는 그는, 특히 자기의 어머니가 조선사람이라는 것을 부인하려 한다. 일본인의 피와 조선인의 피가 흐르는 관계로 그는 의식의

---

19) 「빛 속에」의 텍스트는 김사량 저, 『노마만리』, 동광출판사, 1989에 수록된 작품. 번역자는 밝혀져 있지 않음.

분열상태를 벗어나지 못한다. 아버지의 것에 대한 헌신과 어머니의 것에 대한 배척, 그러면서도 어머니의 것에 대한 애정이라는 복잡미묘한 양가감정을 지울 수 없다. 어머니에 대한 그의 이중적인 심리는 그러나 어머니가 출옥한 아버지에게 구타를 당하고 병원에 입원한 사건을 기화로 차츰 해소되기 시작한다. 즉 상처의 부위를 담배로 싸매곤 했던 어머니를 위해, 이제 그 스스로가 부끄럽지만 담배를 들고 병상의 어머니를 찾는 것이다.

하루오의 정체성 찾기는 또 하나의 계기를 통하여 이루어진다. 그 계기란 아이들에게 미나미선생으로 불렸던 남선생과의 친밀한 만남을 말한다. 하루오는 그 스스로가 조선사람임을 의식적으로 부인하기 위해, 미나미선생을 "야 조선사람!"이라고 놀려댄다. 그러나, 그 미나미선생과의 좀더 친밀한 만남을 통해 그를 "남 선생님이시지요?"라고 부를 수 있게 된다. 이는 미나미선생의 정체성을 확인시켜 준다는 뜻도 있지만, 그렇게 부름으로써 그 스스로가 조선사람임을 확인하려는 뜻도 담겨 있는 것이다. 장차 무용가가 되겠다는 그에게서 우리는 성장기 소년의 앞날에 어두운 그림자가 사라지고 밝은 햇살이 비쳐들 것임을 기대하게 되는 것이다.

하루오 소년의 성장에 중요한 역할을 하는 인물로 주인공인 "나"가 있다. 「빛 속에」의 형식은 이 "나"라는 주인공의 회상을 통하여 이루어진다. "나"는 하루오 소년과 함께 인식의 모색 내지는 성장을 보여준다. "나"는 S대학 협회(제국대학 학생들이 중심이 된 빈민구제단체 —인용자 주) 시민교육부의 영어 담당 야학 강사이다. 그리고 시민교육부 야간부 교양실의 아이들이 따르는 선생이기도 하다. 아이들은 성이 '南'인 그를 "미나미 선생님"으로 부른다. 그렇게 불려지는 것이 자연스럽다고 그는 스스로 합리화한다. 그렇기 때문에 조선사람임을 당당히 내세우는 야학생인 이군에 대해 그는 스스로 "비굴"한 느낌을 지울 수 없다. 그리고 "위선자"라고 스스로 인식하는 것이다. 이에 대해 그는 "그러므로 나는 이 땅(일본—인용자 주)에서 조선사람이란 것을 의식할 때는 언제나 다른 사람들을 경계하지 않으면 안되었다(54면)."라고 고백한다. 그러던 그였지만 하루오와의 친밀한 만남을 통해, "남선생님"으로 불려짐으로써 그는 조선인으로서의 자리매김뿐만 아니라 하루오와의 관계도 원만하게 되는 것이다.

하루오의 성장에 결정적인 영향을 미치는 인물들로 그의 부모들이 있다. 먼저 야마다 한베에는 그의 아버지이다. 그는 도박꾼에 전과자요 공갈범이기도 하다. 한베에란 이름은 그 공갈범들 중에서도 "모자라는 놈"이라는 의미이다. 불량한데다가 저질의 인물인 것이다. 그는 옥중에 있을 동안, 조선인인 자기 아내가, 조선옷을 입은 조선사람의 집에 드나들었다고 해서 출옥 후 아내의 머리를 칼로 찌르기까지 했던 것이다. 그의 불량기는 그의 어머니가 조선인인데서 오는 혼혈아적인 반항기 때문인지도 모른다. 그는 조선이란 말만 듣고도 화를 내었던 것이다. 그의 아들인 하루오는 조선인 어머니에게 습관적인 구타를 일삼는 이러한 아버지 밑에서 자라났던 것이다. 그러나 하루오가 내적 증오심을 극복하려는 쪽으로 나아가려 했던데 반해, 한베에는 아무런 개선의 증상을 보여주지 않고 있다.

하루오의 성장에 결정적인 영향을 미치는 인물로 그의 어머니가 있다. 하루오의 어머니는 조선사람으로 남편에 대해서는 노예와 같은 감사의 정에 의지하여 살아가는 인물이다. 그녀는, 한베에가 스사끼의 조선 요리집에 가서 주인을 협박하고 데려온 여인이다. 그러므로 그녀는 남편의 습관적인 구타도 감내한다. 그리고 그녀가 한가지 감추고 싶어하는 것은 그녀가 조선사람이라는 것이다. 아울러 아들인 하루오 또한 다른 사람들이 일본사람으로 대해주길 바란다는 것이다. 그녀 또한 이 점에서 조선인으로서의 정체성 찾기에 그 어떤 개선의 증상을 보여주지 않고 있는 것이다.

「빛 속에」에서 조선인으로서의 자존심을 잃지 않고 있는 인물들이 있다. 그들은 하루오의 집 근처에 살고 있는 이군과 그의 어머니이다. 이군은 자동차 조수로부터 자동차 운전수가 되는 인물이다. 그는 시민교육부의 야학생으로 건장한 젊은이이기도 하다. 미나미선생이 자기의 정체성을 찾는 데에는 이 이군의 민족적 아이덴터티에 대한 추궁이 한 역할을 한 것이다. 이군의 어머니 또한 조선옷을 입고 다니고 조선말을 하는, 당당한 조선의 어머니로 나타나고 있다.

이 작품은 이처럼 조선인임을 부끄러워하는 조일혼혈 조선인 소년과 역시 조선인임을 부끄러워하는 재일 조선인 지식인을 통하여 그들의 민족적 정체성 찾기의 과정을 그리고 있는 것이다.

이 점에서 이 작품은 일제말기 일제가 내세운 내선일체가 허구임을 고발한 작품으로 보아도 좋을 것이다. 이 작품에서 재일 조선인들은 민족적 열등감 때문에 큰 고통을 안고 살아가는데 이는 한베에나 하루오와 같은 혼혈인들이, 반쪽 조선인인 데서 오는 수치감을 떨쳐 버리기 위해 병적일 정도의 과잉반응을 연출하는 데서도 극명하게 드러난다. 즉 그들에게서 민족적 차별감은 더욱 증폭되어져 반영되고 있는데 이러한 사실을 미루어 보아도 알 수 있는 것이지만, 내선일체는 전혀 허구인 것이다.

이는 내선일체의 본질이 비현실적인 것과도 무관하지 않다. 내선일체에는 두 가지 입장이 있다. 즉 하나는 일본인측이 제창한 동화의 논리로서의 내선일체론이고 다른 하나는 조선인측이 제창한 차별로부터의 탈출이라는 논리로서의 내선일체론이다. 그러나 민족적 차별이 엄

연히 존재하고 있는 상황에서 그 양측으로부터 부르짖어진 내선일체론
이란, 전혀 허구에 지나지 않는다. 왜냐하면 일본인측은 민족적 우월감
을 잃지 않았고 조선인측은 민족적 비하감을 버리지 못했던 것이다.[20]

(2) 이 작품에서 제기되고 있는 제일 조선인들의 정체성 문제는 단
지 과거의 문제만이 아니라 오늘날 일본 안에서 살아가는 조선인들의
문제이기도 하다. 즉 이 작품에서처럼 이군의 어머니와 같은 제1세대
는 조선인으로서의 모습을 꿋꿋이 유지해 나가겠지만, 그 다음 세대에
속한다고 할 수 있는 남선생과 같은 제2세대는 남선생만큼이나 정체성
에 따른 갈등을 안고 살아가리라고 본다. 그렇다면 오늘날 재일본 조
선인들 중에서 특히 제3세대에 속한다고 할 수 있는 새로운 세대들은
이 글의 하루오처럼 정체성의 고민을 안고 있을까 하는 것이다. 그들
의 정체성 찾기도 세월의 흐름에 따라 달라지고 있다고 보아야 할 것
이다. 새로운 세대들에게 있어 정체성이란 이제 하루오처럼 민족적 차
원의 정체성이라기보다는 어쩌면 개인적인 또는 시민적인 차원의 정체
성이 아닐까 한다. 말하자면 그들에게는 민족이란 거창한 차원의 가치
관보다는 어떻게 살아갈 것인가 하는 일상인으로서의 고민 또는 한 개
시민으로서의 고민이 더욱 중요한 것으로 인식되지 않을까 한다. 오늘
날 조일혼혈인의 경우 조선인으로서의 정체성을 찾기 위해 몸부림치기
보다는, 국적상 일본국민임을 수용하고 그러면서도 혼혈이라는 것을
사실 그대로 받아들이는 것이 그들의 입장이 되지 않을까 한다. 결국
혼혈이든 아니든 재일 조선인들은 歸化의 절차 등을 통해 일본인화되
어 가는 것이 자연스러운 추세가 되지 않을까 한다.

(3) 「빛 속에」에서 제기되고 처리되고 있는 문제는 일제하 한국 안

---

20) 이에 대해서는 宮田節子, 「제8장, '내선일체'의 구조」, 최원규 엮음, 『일제말기 파시즘
    과 한국사회』, 청아출판사, 1988, 345-374면을 참고할 것.

에서 한국민족 전체의 문제로 제기된 것은 아니다. 다시 말해 한국 민족 전체의 운명보다는, 이른바 내지(內地)에 있는 조선인의 문제로 제기된 것이다. 더구나 이 작품은 김사량이 일본 독자를 향하여 창작 하고 발표한 것이다. 이 점에서 이 작품은 일본 문학사의 소관일 수 밖에 없다. 실제로 이 작품은 비록 후일이기는 하나 일본문학의 대열 에 올라 있는 것이다.[21] 그럼에도 「빛 속에」는 현재의 재일 조선인들 특히 조일 혼혈 조선인들의 고통의 근원(根源)을 보여주고 있다는 점 에서 여전히 문제적인 것이다.

3. 결 론

이상에서 논의된 사항을 요약하면 다음과 같다. ① 김사량의 「물오 리섬」에 대해서는 깊이있는 연구가 이루어져 있지 않다. 위에서 논의 된 결과를 종합해 보면 다음과 같다. 첫째, 이 작품의 아름다운 풍경 은 본질적으로 비극적인 의미를 내포하고 있다. 이는 동일한 지역으 로서의, 「물오리섬」의 배경과 「노마만리」의 배경을 서로 대조(對照)해 봄으로써 더욱 확연히 드러난다. 둘째, 이 작품은 우리 문학의 전통선 상에 있는 작품이다. 우리 문학에서 대동강은 내우외환의 역사적 의 미가 담긴 강으로도 비쳐지는데, 「물오리섬」 또한 이 같은 대동강을 문학적 동기로 삼았다. 게다가 이 작품은 대동강 주위에서 구전되어 온 이러저러한 설화의 흔적이나 민요를 살려내어 기록하였다. 이 작 품에서 미륵의 삶 또한 설화적이다. 셋째 이 작품은 탁물우의(托物寓

---

21) 1970년 中央公論社 간행의 일본문학전집 중, 『日本의 문학 : 名作集. 3』에 「빛 속에」
   가 수록되었음(김윤식, 『한국근대문학사상사』, 한길사, 1984, 388면 참고).

意)의 알레고리적 창작방법이 훌륭하게 관철되었는 바, 그 우의(寓意)의 일면은 망국(亡國)과 일제 침략이었다. 이는 「토성랑」이래 견지되는 김사량의 동정자적(同情者的) 세계관으로부터 비롯된 것으로 보여진다. 넷째, 이 작품 전체도 김사량의 체험과 밀접하지만 특히 '낭'이라는 주인공의 성장과정은 이 작가의 전기 재구성에 유익하다. 다섯째, 「물오리섬」은 일본어를 이용하되 일본의 것이 아니라 우리 고유의 인명과 문화 등을 고스란히 살려놓은 대동강지(大同江誌)이기도 하다. 이 점에서도 「물오리섬」은 한국문학사(韓國文學史)의 것이다. 이상의 사실에서도 알 수 있듯 일제말 암흑기의 시대에 감추어진 빛과 같은 「물오리섬」은, 창작의 매체가 일본어임에도 불구하고 매우 중요한 작품으로 여전히 우리 앞에 다가서는 것이다.

② 「아자미의 장」에서 일본 여성의 한국 남성에 대한 사랑도 특이한 설정인데 그 사랑이 지극(至極)하다는 것도 이례적이다. 당시의 국제 질서에 견주어, 그리고 국민문학과 내선일체의 이념에 견주어 이는 현실적인 설정이 되지 못한다. 다시 말해 한국 여성의 일본 남성에 대한 지극한 사랑이라든가 그것이 안고 있는 민족적 갈등이라면 자연스럽지 않았을까?

그러므로 이 작품은 일본 독자를 염두에 두고 창작된 작품은 아니다. 그리고 일본 여성으로부터 사랑을 받는 한국 남성이란 봉건적 설정도 착각이다. 이 작품은 따라서 그 어느 쪽 독자나 민족도 지향(指向)하지 않은 이효석 개인의 공상(空想)이 만들어 낸 연애물에 지나지 않는다. 「아자미의 장」은 결국 일본문학사 또는 한국문학사 어느 쪽으로도 귀속되기 어려운 것으로 보여진다.

③ 「빛 속에」에서 제기되고 처리되고 있는 문제는 일제하 한국 안에서 한국민족 전체의 문제로 제기된 것은 아니다. 다시 말해 한국

민족 전체의 운명보다는, 이른바 내지(內地)에 있는 조선인의 문제로 제기된 것이다. 더구나 이 작품은 김사량이 일본 독자를 향하여 창작하고 발표한 것이다. 이 점에서 이 작품은 일본 문학사의 소관일 수밖에 없다. 실제로 이 작품은 비록 후일이기는 하나 일본문학의 대열에 올라 있는 것이다. 그럼에도 「빛 속에」는 현재의 재일 조선인들 특히 조일 혼혈 조선인들의 고통의 근원(根源)을 보여주고 있다는 점에서 여전히 문제적인 것이다.(1998)

황순원의 「그늘」에 나타난 초점화 연구

1. 서 론

한국현대문학사상 일제말기는 암흑기로 통칭되어져 오고 있다. 이는 일제말기의 역사적 상황과 함께 문학사적 측면에서도 친일문학이 하나의 특징을 이루었기 때문이다. 문학연구자의 입장에서 볼 때 친일문학에의 규정만큼 까다로운 문제도 없다고 본다. 그러나 친일문학으로 규정될 수 있는 한 가지 근거는 해당 작품이 가지고 있는 목적성의 강도 여부에 의한 것일 것이다. 달리 말해 친일문학의 판별은 편내용주의적 관점에서도 논의가 가능하다는 것이다.

이는 암흑기를 친일문학만의 시기로 보는 것만큼이나 연구방법론이 부재한 또는 부재할 수밖에 없는 시기로 받아들이게 하고 있다. 즉 이 시기의 문학연구는 연구 대상 작품에 있어서의 편향성만큼이나 연구방법론에 있어서의 단순성을 극복하지 못하고 있는 것으로 보인다. 달리 말해 이 시기 문학연구는 친일문학과는 변별되는 작품을 많이 발굴하고 또 그러한 작품을 대상으로 한 연구가 더욱 활성화되되 다양한 연구방법이 시도되어야 할 것으로 보인다.

1942년 3월 『춘추』지에 발표된 황순원의 「그늘」은 친일문학이 아님에도 이 시기의 문학사에서 주목되어지지 못하였다.[1] 이 작품은 일제말기 문학사에 대한 인식을 획기적으로 전환시킬만큼 중요한 작품임에도 깊이있게 다루어지지 못하였던 것이다. 이에 본고는 이 작품을 텍스트로 하여 연구하되 연구의 관점으로 초점화 이론을 택하여 보았다. 초점화 이론은 다른 어떤 이론보다도 「그늘」을 더욱 체계적으로 해석할 수 있는 시학이라고 보았기 때문이다. 이와 관련, 먼저 초점화 이론을 검토해 두기로 한다.

2. 외적 초점화

초점화에 관해 논의가 가능하게 된 것은 시점에의 연구가 야기시키고 있는 혼란 때문이었다. 그런데 그 혼란은 '누가 보느냐' 대 '누가 이야기하느냐'의 문제를 명확하게 구분하지 않고 이 두 문제가 마치 서로 대체 가능한 것으로 인식됨으로써 빚어진 것이었다. 이 두 개의 질문 중 전자는 초점화(focalization)이고 후자는 서술로서 일단은 서로 다른 행위임에도 혼란스러워하였던 것이다.[2]

초점화는 그 자체로 단일하지 않다. 그것은 일단 스토리와 관련된 위치에 따라 두 개의 유형으로 갈라진다. 즉 초점화는 스토리에 대해서 내

---

1) 예컨대, 조동일, 『한국문학통사 5』, 지식산업사, 1995에는 이 시기 황순원의 작품으로 「별」(『인문평론』, '41.12)만이 언급되고 있을 뿐이다.

2) S. 리몬 케넌 저, 최상규 역, 『소설의 현대 시학』, 예림기획, 1999, 130면. 이하 초점화에 관한 논의는 이 책의 「제5장 텍스트: 초점화」, 129-151면을 바탕으로 약술한 것임을 밝혀둔다. (인용 면수는 필요한 경우에만 밝혀 두었다.) 인칭으로 표현되는 시점에의 논의를 넘어 시점에의 논의를 좀더 심화시키는 초점화 이론은 소설의 본질을 구명해내는 가장 중요한 성과로 생각된다.

적일 수도 있고 외적일 수도 있다. 여기서 외적인 초점화는 서술 행위자에 가깝게 느껴지며, 따라서 그 수단은 화자-초점화자(narrator-focalizer)로 불린다. 이에 반해 내적 초점화는 작중인물-초점화자 등의 형식을 취한다. 한편 외적 초점화자는 대상을 외부로부터 지각할 수도 있고 내부로부터 지각할 수도 있다. 내적 초점화자 또한 그러하다. 초점화의 유형은 지속의 정도에 따라 고정 초점화, 복수 초점화, 가변 초점화 등으로 나타나기도 한다. 그런데 이는 초점화자 뿐만이 아니라 초점화 대상에도 해당된다.

초점화가 소설의 분석에 유용한 것은 제 국면의 다양함 때문이다. 주로 우스펜스키에 준하여 리몬 케넌이 수정을 가한 이것은[3] 제 국면이 지각(시각, 청각, 후각 등)적 국면, 심리적 국면, 관념적 국면으로 구분됨을 보여준다. 그리고 지각적 국면은 다시 공간적 초점화와 시간적 초점화로, 그리고 심리적 국면은 인식(지식, 추측, 신념, 기억 등)적 요소와 감정적 요소로 구분됨을 보여 준다. 외적 초점화와 내적 초점화는 이 세분화된 초점화의 양상 속에서 각각의 특징을 보여준다.

외적 초점화에서 초점화자는 공간적 초점화와 관련 조감자의 형식을 취한다. 이 형식에 따라 소설은 파노라마식 개관이나 공간 몽타주 효과를 거둘 수 있게 된다. 외적 초점화에서 시간적 초점화와 관련 인칭화되지 않은 초점화자는 범시간적(과거, 현재, 미래)인 반면, 한 사람의 작중인물이 자신의 과거를 초점화하고 있는 경우에는 회상적이다. 그리고 외적 초점화에서 외적 초점화자는 인식적 요소와 관련 무제한적 지식을, 감정적 요소와 관련 객관적(중립적, 연루되지 않은)

---

3) 우스펜스키는 서술과 초점화를 항상 구분하지도 않고 화자와 작자를 꼭 구별하지도 않고 있다고 한다. 위의 책, 139면.

초점화의 특징을 보인다. 한편 화자-초점화자의 관념은 보통 권위
적인데 이는 다성적인 텍스트 독법을 유발하는 요인이 되기도 하는
것이다.

「그늘」은 양반가의 후손인 한 청년이 조-부-손 삼대에 걸친 자기
집안의 가족사를 회상하는 가족사연대기소설이다. 가족사연대기소설은
삼대 혹은 사대의 가족 구성원들이 각각 자기 시대의 역사적 발전과
정을 반영하기 때문에 장편의 양식이 요청된다. 채만식의 「태평천하」,
김남천의 「대하」와 같이 일제말기에 발표된 가족사연대기소설 또한
이 같은 성격을 지닌 장편의 양식이다. 그러나 같은 시기에 발표된
「그늘」은 단편의 양식인 관계로 몇 가지의 기법이 필요하였다. 즉「그
늘」은 장편의 양식이라면 외연적 총체성으로 형상화되었을 조와 부
시대의 역사적 발전과정이 청년이 된 손자의 회상을 통하여 서술된
다. 그러므로 역사적 발전과정에의 언급은 상징적으로 처리되거나 매
우 집약적으로 서술된다.

한편 「그늘」은 발표 시기에서도 알 수 있듯 시대지평에의 담론전
략이 치밀하다. 먼저 대화를 포함한 모든 단락들의 지문화가 그러하
다. 이는 일반독자들이 텍스트에 쉽게 접근할 수 없도록 하고 있다.
이를 통해 내포작가는 상징들을 구조적으로 배치시킬 수 있었다. 대
항담론의 전개가 이로써 가능할 수 있었던 셈이다. 이처럼 「그늘」은
텍스트의 외재적 수준과 내재적 수준을 통하여 각각 주인공의 집약적
인 회상과 구조화된 상징들을 보여주고 있다. 이에 본고는 해당 텍스
트의 이 같은 특징들을 언급된 초점화 이론을 중심으로 살펴보기로
한다. 아울러 텍스트의 주제를 초점화자의 관념 항에서 살펴보기로
한다.

1) 초점화의 기법

(1) 외부 지각

「그늘」의 화자는 자기 집안의 가족사를 회상한다는 점에서 1인칭인 "나"가 되어야 한다. 그러나 이 작품의 화자는 "나"로 인칭화되어도 무방한 "청년"을, 바라보는 화자이다.[4] 즉 그는 화자－초점화자이다. 이는 「그늘」이 외적 초점화의 양상을 띠고 있다는 것을 말한다.

외적 초점화는 초점화자가 3인칭의 고정된 인물 등을 초점화하는 것이므로 서술의 역동성이 잘 드러나지 않는다. 내적 초점화에도 적용되는 것이지만 외적 초점화의 서술상 역동성은, 초점화자의 초점화 대상에 대한 지각 방향의 세분화에 있다. 즉 초점화자의 초점화 대상에 대한 지각 방향이 '외부로부터'인가 '내부로부터'인가 하는 것이다. 리몬 케넌이 정리한 바에 의하면 이들은 심리적 국면 중에서도 감정적 요소 항에서 설명되고 있는데 본고는 이를 각각 외부 지각, 내부 지각으로 명명하여[5] 그 특징들이 「그늘」에서 어떻게 구현되고 있는지를 살펴보고자 한다.

초점화 대상이 외부로부터 지각될 경우에는 관찰은 외부적으로 표명된 것만으로 제한되고, 모든 감정적 요소는 그것들로부터 추측된다. 이는 「그늘」이 시작되는 (1)을 통하여 확인된다.

---

4) 순수한 의미에서의 서술(혹은 화자의 법규)은 언어처럼 기호들의 두 체계, 즉 인칭적 체계와 탈인칭적 체계밖에 없는 것이다. 이는 「그늘」의 인칭을 바꾸어 다시 써 보면 알 것이다. 그러나 「그늘」은 문법적인 대명사들의 변화가 담화의 다른 어떤 변질을 약간 정도 야기시키는 것도 아주 부인할 수는 없다. 롤랑 바르트, 「이야기의 구조적 분석 입문」, 김치수 편저, 『구조주의와 문학비평』, 홍성사, 1980, 125-126면 참조.

5) 이때의 지각은 단순히 감각만을 의미하지는 않는다. 그것은 感情과 思考 등을 의미한다. 용어에 대한 검토가 뒤따라야 할 것이다.

(1) 언제나 여인이 앉았는 목노상 안쪽이며 각색 안줏감이 들어있는 진렬창하며 구석구석 그늘이 깃들어 있었다. 한가운데 느리운 십륙촉짜리 전등불 하나로는 어쩌지못할 그늘이었다. 숫불을 피워노와 큰 화로가 붉어우리해 있으나 이 숫불도 그늘은 태운다기보다도 그늘을 피워놓기나 하듯이 화롯불 체두리에는 도리어 짙은 그늘이 서리어 있었다.(123면)6)

(1)은 「그늘」의 서두이다. 초점화자는 천장에 달린 전등불의 위치 또는 그 이상의 위치에서 목로 안 → 진열창 → 화로로 '눈'을 이동시켜 간다. 초점화자의 공간적 초점화는 조감자적 상태에서 이루어진다. 그런데 그의 조감은 외부적으로 관찰된 것으로만 제한되고 있다. 초점화자의 역을 맡고 있는 화자는 세 번에 걸쳐 그늘을 말하고 있다. 그는 그 그늘이 전등불이나 숫불 같은 것으로 지울 수 없는 것임을 말하고 있다. 다시 말해 그는 목로 집의 그늘은 인위적으로 도저히 어떻게 해 볼 도리가 없는 불가항력의 것임을 암시하고 있다. 「그늘」에서 외부 지각의 특징은 그러나 (2)에서 더욱 잘 드러난다.

(2) 그러한 어떤날 그날은 좀 늦은때여서 벌서 회사원의 한 사내가 집에 쥐한마리두 없이 하는법 아노냐는 말을 꺼내가지고 건 이러케 하문 되거든, 쥐 한마리릴 잡아서말야, 독속에 넣구 아무것두 먹을걸 주지않거든, 그래 정 굶어죽게 된담에 쥐새끼 한마릴 넣주면 그걸 잡아먹지 않겠어? 그 담에 또 지영 굶겼다가 또 쥐새낄 잡아 넣주거든, 그러케 몇번 해가지구 놔주거든,....하자 상대편 사내는 또 맞받아 닭이 쉽게 잡는 법 알아? 괘니 숨차게 딸라 댕기문서 잡을게 없단말야, 그저 인단이나 가오루 몇알이문 된단말야, 모이를 주면서 인단몇알만 뿌려 주면말야 이넘이 먹구서는 옴짝 못한단 말야,....하는 말을 하다가 돌아가고(127면)

(2)는 주인공인 청년처럼 목로 집의 단골들인 두 인물이 주고받는 대화이다. (2)에서 초점화자는 회사원들의 대화를 있는 그대로 관찰할

---

6) 황순원, 「그늘」, 『춘추』, 1942.3. 이하 인용문은 원문대로 표기.

뿐이다. 그는 한번은 한 사내로 또 한번은 상대편 사내로 눈을 돌리되 자기의 존재는 후퇴시키고 있다. 그는 사내들의 대화 중에 수시로 개입하여 주석을 달지 않는다. 그들의 대화가 이어지는 대로 그대로 내버려 둘 뿐이다. 해석학적 공백 메우기는 피화자(독자)의 몫이다. 그 어감부터가 무미건조한 "회사원"들이지만 그들은 시사에 밝은 존재들이라 할 수 있다. 「그늘」의 서두에서 이들은 "언제나 신소리 거짓소리를 주고 받기 잘하는"[7] 존재로 소개되지만 이는 화자－초점화자의 인물 소개에 지나지 않는다.

초점화자에 의해 관찰되고 있는 회사원들의 말은 재미있게 들릴지도 모른다. 그러나 그들의 말 속에는 죽음의 그늘이 짙게 드리워져 있다. 그들의 말은, 본능적 차원에서의 생존을 위하여 상대방을 죽이지 않으면 자신이 죽을 수밖에 없는 극도로 황폐화된 인간의 심성이 그들이 살고 있는 세계를 지배하고 있음을 뜻한다. 목로 집의 그늘 아래에서 세상의 체취를 묻혀 들어 온 그들의 대화를 통하여 볼 때, 목로 집 바깥의 세상풍경이 어떠한가 하는 것을 능히 짐작할 수 있다. 초점화자에 의해 관찰되고 있는 회사원들의 언어적 기의가 이와 같다. 이렇게 볼 때 목로 집의 안과 밖은 살벌한 죽음의 분위기로 가득 차 있음을 알 수 있다.

대화의 사이에 개입하기보다는 대화를 있는 그대로 관찰하겠다는 초점화자의 태도는 (3)에서도 잘 드러나는 것이 아닌가 한다.

(3) 강끼를 든 청년은 문득 저도 모를 기분으로 강끼를 옆의 남도사내에게 내밀며, 자 한잔 듭시다 했다. 여러사람의 시선이 청년과 남도사내에게로 몰렸다. 그러고 여인의 놀래인 시선도. 남도사내는 이곳에 처음 왔을 때 소주잔을 받고 탁주 주이소 하고 온 얼굴을 붉히든것 처럼 빨개지면서 잠시 머뭇거렸으나 고맙습

---

7) 황순원, 「그늘」, 124면.

니다. 하는 말과 함께 청년의 강끼를 받았다. 그러고 한목음 마셨다. 평양온지 얼마나 됩니까? <u>하고 청년이 물었다.</u> 한 이삭 돼었습니 다. 평양이 어떻습니까? 좋습지다. 펴양의 대동강 모란봉의 좋은맛을 알래면 먼저 쇠줏맛을 알아야해요<u>하고</u> 청년은 어울리지 않는 불안한 빛을 한 여인에게 자 나두 한잔 주소, 술두 받는날이 있대지요, <u>했다.</u> 여인은 오늘은 청년에게 이 이상 더 술을 붓지않는게 좋지않을까 하는걸 생각하는듯한 눈치였으나 청년의 어떤 기세에 못견디듯이 새로 술을 부었다. 청년은 한목음 크게 마시고 나서 남도사 내에게, 실례지만 고향이 어딥니까? <u>했다.</u> 경상도요. 저 친한사람끼리 서루 맞나문 이 문둥아하구 쓸어안는다는 곳 말이지요, 하긴 노형두 이곳와서 첨에 우습지요, 던차 던차 하는게, 그러치만 건 원틀은 전차두 아니라우 뎐차라우, 뎐차, 하고 청년은 지금 마신 술 때문뿐만 아닌 흥분으로 남도 사내의 얼굴가까이로 자기의 얼굴을 가저가며 노형 상투는 언제 자르셨 소! <u>했다.</u>(132면)

　(3)은 목로 집 안에서 청년과, 청년의 분신이라 해도 과언이 아닌 남도 사내가 술을 주고받는 장면이다. 청년은, 이제는 시대적 명운을 다한 양반의 퇴색한 관습을 남도 사내에게서 발견하고 이를 혐오하였지만, 그것은 곧 자신의 모습이라는 것을 깨달은 후 그와의 대화를 시도하고 있는 것이다. 위 예문에서 강조의 부분은 초점화자의 외적 접근이 이루어진 곳이다. 카메라의 눈과 같은 초점화자의 눈은 청년과 남도 사내 사이를 다만 왕복하고 관찰할 뿐이다.

　(3)에서 강조의 부분은 물론 초점화자만의 눈이 작용한 것은 아니다. 즉 강조의 부분 중에서도 밑줄을 그은 부분은 지금까지 초점화자의 눈에 비친 것이 하나의 서술로 변화하고 있음을 나타내는 것이기 때문이다. 즉 이 문장들은 초점화자의 눈이 강하게 작용하기는 하지만 화자의 서술을 배제하고서는 성립될 수 없음을 보여주는 것이다. 그러나 이는 강조의 부분들에서 서술상의 비중이 초점화의 비중보다 높다는 말은 아니다. 강조의 부분들은 오히려 초점화의 영향하에 서술적 변화를 자제하고 있는 것이다.

한편 강조의 부분 중 여인의 "어울리지 않는 불안한 빛"과 청년의 "홍분"은 순전히 초점화자의 외적 접근으로만 볼 수 없는 부분이다. 다시 말해 해당 부분은 초점화자의 외적 접근과 함께 초점화자의 내적 접근이 동시에 이루어진 곳이다. 이는 여인의 경우 불안한 심리와 함께 불안한 얼굴 빛이 동시에 나타났고, 청년의 경우 홍분된 심리와 함께 홍분된 행동이 동시에 나타났기 때문이다. 여인의 "어울리지 않는 불안한 빛"과 청년의 "홍분"은 일종의 양상적 표현으로[8] 해석된다. 아무튼 청년과 남도 사내의 대화 장면은 초점화자의 외부 지각이라는 범주에 해당된다고 할 것이다.

> (4) 남도사내는 이 당돌하고 무례스러운 물음을 하는 청년을 한순간 못마땅한 듯이 처다보고 있었으나 곧 빨개져 있는 얼굴에 이번에는 또 단념하고 마는듯한 웃음을 띄웠다. 흡사 늙은이의 웃음이었다. 노형 손수 자르셨소, 누구한테 잘라달랬소 상투가 떨어질 때 어드러습디까 속이. 그냥남도사내는 늙은이의 웃음을 띄우고만 있었다. 청년은 저도모르는새 주머니에서 주영구슬을 꺼내고 있었다. 그러고 청년은 구슬께미를 남도사내 앞에 들어 보이며, 이게 먼지 아우 노형이야 이게 먼지 아시겠지요. 그제야 남도사내가, 이게 주영구슬이 아니요? 하고 부르짖듯 했다. 예 맞았쉐다, 달렸던 구슬이 우리 십대조 정 꼭 에누리없이 십대조웨다 그십대조 하라버지께서 곤전에서 하사받은 갓끈에 달렸든 구슬이웨다. 그하라버지께서 太傅를 지나셨는데 그때 황태자님을 가르치신 공이 많으시다구 청사단령과함께 곤전에서 하사가 계신 갓끈이지요, 끈은제끈이 아니웨다만 이 구슬만은 지금꺼지두 이러케 한알두 상하지않구 있쉐다. 했다. 남도사내는 이번에는 홍분으로 더한듯한 빨개진 얼굴로 그저 청년의 손에서 구슬께미를 조심스러히 받아들었다.(133면)

(3)에 이어지는 (4) 또한 (1), (2), (3)처럼 초점화자의 외부 지각이 특징을 이루고 있다. 목로 집의 그늘 아래에서 두 인물이 대화를 하는 점은 (2)와 (3)과 다를 바가 없다. (4)는 사실 (3)에 이어지는 단락

---

8) S. 리몬 케넌, 앞의 책, 145면. 이는 후술된다.

이지만, (3)에 비해 주인공—화자의 발언이 다소 일방적이다. 그의 말을 통하여 그의 십대조부가 황태자(皇太子)의 태부(太傅)[9]였음을 알 수 있다.

(2), (3), (4)에서 초점화자의 외적 접근에 의해 관찰되고 있는 대화를 보면, 평안도 방언이 구사되고 있음을 알 수 있다. 이 같은 평안도 방언의 구사는, 신문과 잡지 그리고 방송 등 각종의 언론매체를 통하여 식민지 백성에게 징병과 징용 등을 강요함으로써 그들을 죽음으로 몰아가는 일제의 공식적(公式的)인 담론에 대립하는 대항담론으로 기능한다. 즉 방언의 구사는 그 자체로 하나의 은밀하고 사적인 담론인 것이다. 그런데 (2), (3), (4)의 대화에는 모두 의도적으로 인용부호가 사용되어 있지 않다. 즉 직접화법이 아니라 간접화법식으로 표현되어 있다.

(2) 내부 지각

초점화 대상이 내부로부터 지각된다는 것은 외적 초점화자에게 초점화 대상의 의식을 꿰뚫어 볼 수 있는 특권이 주어졌다는 것을 말한다. 여기서 초점화 대상이 내부로부터, 특히 외적 초점화자에 의해 보아지게 되면, '그는 생각했다', '그는 느꼈다', '…것처럼 생각되었다', '그는 알았다' 등의 지시어가 텍스트에 나타난다. 그리고 초점화 대상이 내부로부터 지각될 때에는 초점화 대상의 '내적 생활'이 드러내지기도 하는데, 그것은 작중인물 스스로가 자신의 초점화가 되는 경우이다.[10] 이는 내적 초점화의 경우에 해당하는 것이다. 한편 초점화

---

9) 태부는, 고려 때에는 三師의 하나로 종1품 벼슬이었다.
10) 내적 독백이 그 예에 해당한다.

대상의 내적 상태가 외적 행동 속에 함축될 때에는 '겉보기에는', '분명히', '마치…', '…같았다' 등의 양상적 표현(modal expression)이 나타난다. 이는 아마도 내부 지각과 외부 지각의 접점에 해당하는 것으로 보인다.

> (5) 목노상 밖앝 그늘속에서 청년은 강끼의 술을 마시기전에 풍기는 냄새를 맡고 있었다. 언제 맡아도 향그러운 술향기 곧 술냄새는 술냄새가 아니고 없은 하라버지의 냄새다. 없기 바로전에는 아무래도 독작이 외로우섰든지 번번이 자기에게 잔을 붓게 하시든 하라버지. 사실 그때껏 눈물을 모르시든 하라버지 아버지가 당신의 손으로 당신의 상투를 잘랐다고 저런자식은 내자식이 아니라고 몽둥이를 들고 쫓든 하라버지자 아버지가 서울로 도망을 갔다 불시에 송장이 되어 내려왔을때도 눈물을 흘리시는법없이 불효막심한 자식 잘 뒈졌다고 노하시기를 한 하라버지. 이 하라버지가 외로우신 듯이 손주인 자기에게 잔을 붓게하든 술냄새. 이 냄새는 자기가 잔잔에 술을 부을적마다 언제나 하라버지와 함께 있었고 늦은저녁 불 켤것도 그만둔 이 선술집 보다도 더 어두운 그늘이 깃들인 저녁과함께 있는 냄새. 청년은 사실 언제나 늦저녁처럼 그늘진 이 목노집에서 술을 마시기보다도 술강끼에서 풍기는 술향를 맡으면서 없은 하라버지의 냄새를 생각해 내는것이었다.(123-124면)

(1)에 이어지는 (5)에서 초점화자는 청년의 의식을 꿰뚫어 보고 있다. 즉 "언제 맡아도 향그러운 술향기 곧 술냄새는…저녁과 함께 있는 냄새"의 부분은 온전히 초점화자에 의해 투시되는 청년의 의식인 것이다. 모두 5개의 문장으로 되어 있는 이 부분은 인칭의 변환 즉 1인칭의 관점에서 읽어 볼 수도 있다. 이는 인칭의 변환을 통한 독법이 이들 문장에서만 가능한 것이 아니라 「그늘」이라는 텍스트 전체에서도 가능한 것이라는 점을 염두에 둘 때 더욱 자연스러운 것으로 여겨진다. 위의 예문만 하더라도 "언제 맡아도 향그러운 술향기 곧 술냄새는…저녁과 함께 있는 냄새"의 부분 외의 문장들에서도 인칭 변환을 통한 독법이 가능한 것이다. 사실 「그늘」이라는 텍스트 전체

에서 "청년"으로 표현되는 3인칭 격의 명사는 실제로는 1인칭을 그 밑바탕에 깔고 있는 것으로 여겨진다.

1인칭에 가까워진 예문에서 청년의 할아버지에 대한 회상은 기복이 있는 감정상의 리듬을 수반하면서 이루어지고 있다. 그런데 청년의 할아버지에 대한 이와 같은 회상은 "술냄새"를 매개로 하여 몇 개의 인상의 조합 또는 극화된 장면들의 모음으로 이루어진다. 시간상 이는 현재와 과거의 병치이다. 이 점에서 (5)는 일종의 '의식의 흐름' 수법을 사용하고 있는 것이다.

1인칭을 밑바탕에 깔고 있든 1인칭에 가깝든 간에 (5)는 1인칭은 아니다. 이는 5개의 문장 중에서 맨 마지막 문장 즉 "이 냄새는 자기가"로 시작되는 문장에서의 "자기가"가, 인칭의 변환에 따른 독법상 자연스럽지 못한 것과도 관계 있다. 다시 말해 "자기가"보다는 '내가'라는 표현이 아무래도 자연스럽기 때문이다. 여기서 "자기가"는 화자가, 대상인물을 3인칭의 범주에서 취급하려는 데서 오는 표현이 아닌가 한다. 5개의 문장이 1인칭인 듯 하지만 3인칭일 수밖에 없는 것은 서술상의 표현에서도 짐작해 볼 수 있지 않을까 한다. 즉 서술은 잘 정제된 형태로 이루어지고 있는데, 이는 평안도 방언을 바탕으로 한 청년의 상상력이 그대로 반영된 것이라기보다는, 화자가 피화자(독자)에게 청년의 상상력을 질서있는 언술로 전달하려 하였기 때문이다. 어쨌든 (5)는 "청년은… 없은 하라버지의 냄새를 생각해 내는것이었다"에서도 보듯 초점화 대상인 청년이 내부로부터 지각되고 있음은 분명하다고 하겠다.

(6) 이런속에서 청년은 처음에는 굴뚝소제부가 남도사내의 뒤를 향해 술을 뿌린 것을 통쾌하게 **여기고** 남도사내의 태도를 용렬스럽게 **생각하면서** 남도사내가

뵈지않는걸 아무러치도 않게 **여기고** 있었다. 그러나 날이 갈수록 청년은 이상하게도 남도사내가 뵈지않는데 어면서운 함을 **느끼게** 되었다. 그것은 자기의 그림자같은 것을 잃고 문득 깨달으면서 **느끼는** 그러한 서운함이었다. 그늘속에 소리없이 들어와앉었다. 소리없이 이러나 나가든 남도사내. 청년은 **문득** 남도사내가 자기옆에와 앉는것같애 돌아다보면 갈비뼈를 주으러 들어온 거지기도 하였다. 그늘속에 어룽진 자기의 그림자기도 하였다 했다.(126-127면)

(6)은 목로집 안에서 굴뚝 소제부와 남도 사내 사이에서 있었던 일이 배경이 되고 있다. 굴뚝 소제부는 목로 집의 가장 오랜 단골로서 괄괄한 성격의 소유자이다. 그리고 남도 사내는 숫기없어 보이는 성격의 소유자이다. 상이한 성격 차에서 오는 것이기도 하지만 굴뚝 소제부의 남도 사내에 대한 수작(酬酌)은 실패로 끝나게 되었던 것인데, 이로 인해 굴뚝 소제부는 "남도사내의 뒤를 향해 술을 뿌린 것"이었다. 이를 남도 사내 쪽에서 보면, 시대가 아무리 달라졌다고는 하나 양반으로서의 자존심을, 근본이 무엇인지 알 수 없는 굴뚝 소제부가 내미는 막걸리 한잔에 팔아버릴 수는 없는 일이었을 것이다.

(6)에서 '여기다', '생각하다', '느끼다' 등의 동사와 '문득' 등의 부사는 모두 하나의 의미로 모아질 수 있는 지시어들이다. 이러한 지시어는 (5)에서도 발견되었지만 (6)에서는 여러 번 반복되어 사용되고 있음을 알 수 있다. 화자는 모두 '생각하다'로 서술해도 무방할 곳에 '여기다'와 '느끼다' 등을 사용함으로써 표현상의 단조로움을 피해 나가고 있다. 한편 '문득'은 '생각이나 느낌 따위가 갑자기 떠오르는 모양'을 뜻하는 바 이와 같은 부사는 '생각이 나다'라는 서술절을 동반한다. 그러므로 "청년은 문득…것같애"란 서술은 '청년은 문득…것 같은 생각이 들어'란 서술의 다른 표현임을 알 수 있다. 결국 (6)의 단락은 '청년은…생각하다'란 서술투가 하나의 기본 문형이 되고 있다. 그런데 이 서술투는 외적 초점화자에게 초점화 대상인 청년의 의식을

꿰뚫어 볼 수 있는 특권이 주어졌다는 것을 말한다. 즉 초점화자가 청년의 의식을 꿰뚫어 보고 있다는 것을 말한다. 한편 내부 지각은 다음의 단락에서도 발견된다.

(7)은 청년이 남도 사내와의 동일성을 자각해 가는 과정을 보여 주고 있다. 여기서 청년과 남도 사내와의 동일성이란, 양반이라는 사회적 신분이 가졌던 관습의 잔영이 주는 동일성을 말한다. 그러나 (7)에는 청년이 일단 남도 사내와의 동일성을 부인하려는 것으로 나타나 있다. 위 예문은 또한 '청년은…느끼다'란 서술투가 하나의 기본 문형이 되고 있다.

(3) 초점화 교체 현상

「그늘」은 외적 초점화의 양상을 보인다. 그러나 내부 지각의 궁극에서는 화자의 교체 즉 내적 초점화로서의 특징이 나타나기도 한다. 내적 초점화에서 초점화자는 공간적 초점화와 관련 제한적 관찰자의 형식을 취한다. 그리고 시간적 초점화와 관련 작중인물들은 현재 제한적(동시적)이다. 한편 내적 초점화에서 내적 초점화자는 인식적 요소와 관련 제한적 지식을 보인다. 이는 초점화자 자신이 재현된 세계의 일부이기 때문이다. 내적 초점화자는 감정적 요소와 관련 주관적 초점화의 특징을 보인다.

> (8) 그러다가 여인이 화롯불에 나와 숯등걸을 헤짚고 새 숯을 집어넣고 입술을 오무려 입김을 부는 숯불에 붉게 비최인 여인의 얼굴을 보고서야 청년은 정신이 들어 잔을 드는 때가 많았다. 그리고 청년은 또 이번에는 숯불이 이는걸 잠깐 지키고섰던 여인과 사나이들이 사냥해온 즘생을 불에 굽느라고 불앞에 섰는 원시여인의 환영과를 착각해 보며 하라버지를 생각할때와는 달리 저도 모르게 가슴을 울렁거리는 것이었다. **이런 환영과 여인의 육체를 그림으로 그려보리라.** 그러는 동안에 청년은 이 선술집 당골이 되었다.(124면)

(5)에 이어지는 (8)은 외적 초점화 중에서도 내부 지각이 특징이 되고 있음을 알 수 있다. 즉 일종 초점화자로서의 역할이 부여되고 있는 청년은, 숯불에 비친 여인의 붉은 얼굴을 보기도 하고 불 앞에 서 있는 원시의 여인을 상상하기도 한다. 그런데 초점화 대상인 목로 집 여인과 원시의 여인을 보기도 하고 상상하기도 하는 청년의, 지각과 심리는 그 자체로 존재하는 것이 아니다. 그것은 청년의 눈 뒤에 존재하는 또 하나의 눈 즉, 외적 초점화자의 눈이 있기 때문에 보아 질 수도 있고 상상이 될 수도 있는 것이다. 다시 말해 외적 초점화자는 청년의 지각과 심리를 고스란히 내포독자에게 전달해 주고 있는 것이다.

초점화자의 눈과 외적 초점화자의 눈이 밀착된 결과 외적 초점화자는 일시적으로 소멸되기도 하는데 이는 강조의 문장을 통해서도 알 수 있다. 전후의 문장을 고려하여 강조의 문장을 '청년은 이런 환영과 여인의 육체를 그림으로 그려보리라 생각하는 것이었다' 또는 '청년은 이런 환영과 여인의 육체를 그림으로 그려보리라 생각하였다'로 해석해 볼 수도 있다. 그러나 이 경우 '청년은'과 '생각하는 것이었다(생각하였다)'는 어디까지나 해석상 그러하다는 것이다. 텍스트에는 엄연히 "이런 환영과 여인의 육체를 그림으로 그려보리라"고 되어 있는 것이다. 이는 외적 초점화자의 일시적 소멸 다시 말해 내적 초점화자의 일시적 발현이라고 할 수 있을 듯하다. 그러나 문제는 강조의 문장에서 주어가 생략되어 있을뿐더러 생략된 주어 또한 1인칭인지 분명치 않다는 것이다. 만약 강조의 문장에서 주어가 1인칭으로 명시되어 있다면 작중인물—초점화자가 등장하는 내적 초점화라고 주장될 수도 있을 것이다.

이는 결국 (8)이 초점화 '교체'의 텍스트가 아니라는 것을 말한다. 초점화 교체의 텍스트라면 내적 초점화로서의 특징이 외적 초점화와 함께 나타나야 하기 때문이다. 따라서 강조의 문장은 초점화의 '교체'가 아니라 초점화의 '교체 현상'으로 보게 된다. 이 같이 외적 초점화가 일시적으로 내적 초점화인 것처럼 보이는 현상—의사 내적 초점화(擬似 內的 焦點化)—은 (9)에서도 발견된다.

 (9) 청년은 생각난 듯이 쥐고온 그림조박지를 아무러케나 강물에 던졌다. 그런 뒤로는 아무래도 하라버지의 담뱃대그림이 잇든곳이 허퉁하다. 다른 그림을 하나 붙여야겠다. 빈 자리에 선술집 여인의 화롯불을 부는 그림을 그리는대로 붙이면 어떨까. 청년의 가슴은 잠시간에 가뿌게 두근거림을 느꼈다. 그러자 문득 남도사내가 뷘 자리에 떠오름을 느꼈다. 청년은 그대로 몸을 던지듯이 뒤로 누어 버리며 아니다 아니다하고 자기로서도 무엇이 아니다 인지 모를듯한 아니다를 수업시 외우는것이었다. 그러는새 청년의 눈에는 또 저도 모르게 눈물이 떠올라 눈에 차 넘처 뺨을 흘러나렸다.(129면)

(9)에는 자신의 거울과 같은 존재인 남도 사내에의 혐오감 때문에 괴로워하는 청년의 모습이 그려져 있다. 무엇보다 청년은 할아버지의 담뱃대 그림이 붙어 있던 자리에 선술집 여인의 생기 넘치는 그림을 붙여 볼까를 생각하고 있다. 이러한 청년의 생각은 외적 초점화자에

의해 (청년의) 내부로부터 투시되고 있다. 강조의 문장이 이를 나타내고 있다. 모두 3개로 이루어진 강조의 문장은 청년의 생각이 매우 빨리 전환되고 있음을 나타낸다. 이는 마음의 의지처로 삼았던 할아버지에 관한 그림을 제거한 데에서 온다. 그는 그 그림을 대신할 다른 그림들을 매우 절박하게 생각해 보는 것이다.

3개의 문장은 청년의 생각이 그대로 나타난 부분이다. 그리고 이 문장들은 각각 그 자체로 자연스럽게 읽혀진다. 다시 말해 강조의 문장은 등장인물의 사고를 직접적으로 제시하되 각 문장들이 어형 통사상 논리적으로 조직되어 있는, 내적 독백(interior monologue)으로서의 성격이 강하다고 할 수 있다.[11] 그러나 이는 내적 초점화자의 내적 독백은 아니다. 의사 내적 초점화와 마찬가지로 의사 내적 독백(擬似 內的 獨白)인 것이다. 초점화 교체 현상의 국면은 「그늘」의 곳곳에서 보이는데 다음의 (10)도 그러하다.

(10) 그날저녁때 청년은 주영 구슬께미를 주머니에 넣고 여인에 선술집을 찾았다. 언제나 같은 그늘. 저편에 낯선 사내가 지짐을 뜯고 있었고 당골들 속에는 남도사내도 와있었다. 여인이 부채를 두고 입 김으로 화롯불을 불고 있었다. **숯불이 어리운 여인의 타는 볼. 이 그림을 그리리라.** 여인이 화로아근에 더 어두운 그늘을 만들어놓고 목 노상안 제 그늘자리로 가며 청년에게, 낯색이 못됐슈ㅣ다 네, 왜 어찌 알았소? 했다. 술을 못먹어서 멀먹는 술 개구 그래요? 내오늘 먹는거 볼라우? 청년의 잔에 술이 부어졌다. 피여나는 술향기 하라버지와 함께 있은 냄새. 저녁그늘과함께 있은 냄새. 지금도 이곳은 전등불아래서 저녁 그늘이 짙어가는 때다.(132면)

(8)에서 보이는 의사 내적 초점화의 자질은 (9)에서 의사 내적 독백의 자질로 나타났다. 의사 내적 초점화의 자질은 (10)에서도 보여진

---

11) 제럴드 프린스 지음, 이기우·김용재 옮김, 『서사론 사전』, 민지사, 1992, 126-127면.

다. 강조의 문장이 그러하다. 사실 강조의 문장은 청년의 눈 뒤에 엄연히 존재하고 있음에도 불구하고 마치 존재하지 않는 듯 시치미를 떼고 있는 외적 초점화자의 눈이 없이는 성립할 수 없다. 다시 말해 강조의 문장은 종속절(從屬節)들인 바, 생략되어 있으나 화자-초점화자의 主節들 내에 존재하는 것으로 볼 수 있다.[12]

사실 이는 서술상의 대화 재현 방법, 즉 화법의 문제와도 무관하지 않다. (10)에서 "숯불이 어리운 여인의 타는 볼. 이 그림을 그리리라."는 이 점에서 일단 자유 직접 화법으로 볼 수 있다.[13] 그러나 자유 직접 화법은 1인칭에서 가능한 화법임을 염두에 둔다면 예문의 화법은 달리 해석되기도 한다. 즉 예문이 '생각하다' 등의 동사가 생략된 형태라는 점을 감안한다면 이는 자유 간접 화법으로도 볼 여지를 남기고 있다. (10)에서 화법의 문제는 사실 간단하지 않은 것 같다. 즉 예문 이후에 나오는 청년과 여인의 대화는 인용 부호가 사용되어 있지 않다. 이 점에서 그들의 대화는 직접 화법이 아니다. 그리고 청년이든 여인이든 그들의 대화에는 '청년이…라고 말했다' 또는 '여인이…라고 말했다' 등의 주절이 생략된 것으로 볼 수 있다. 이는 예문처럼 이들의 대화를 일종 자유 간접 화법으로 볼 여지를 남기는 것이다. 이처럼 「그늘」에서 작중인물의 말은 그것이 작중인물의 말인지 또는 작중인물의 말을 대언하는 화자(-초점화자)의 말인지를 불분명하게 한다. 초점화와 관련 이는 두 개의 초점화 사이의 상호작용태라 할 수 있다. 아마도 이것이 「그늘」의 문학성이라고 할 수 있을 것이다.

---

12) 이를 원래의 문장으로 나타내 보면, '청년은 숯불이 어리운 여인의 타는 볼을 보면서 이 그림을 그리리라고 생각했다.' 정도가 될 것이다.

13) 자유 직접 화법(free direct discourse)은 관례적인 바른 기술 방식에서 탈피한 직접 화법으로 일인칭 내적 독백의 전형적인 형식이다. S. 리몬 케넌, 앞의 책, 193면.

2) 초점화자의 관념

「그늘」에는 이 같은 화자 - 초점화자에 의해 초점화 대상이 되는 인물이 청년 외에도 다수 등장하고 있다. 즉 여인, 남도 사내, 회사원, 굴뚝 소제부, 사내가 그들로 이들은 모두 소설의 배경이 된 목로 집의 살아있는 구성원들로 등장하고 있다. 한편 청년에 의해 초점화 대상이 되는 인물로서 그의 아버지와 할아버지가 등장하고 있다. 이들은 모두 청년의 의식 속에서만 존재하는 인물들이었다.

외적 초점화의 관념적 국면과 관련 초점화자의 관념은 일단 청년의 그것과 일치하는 듯하다. 이 작품에서 청년은 그의 십대 조부가 황태자의 스승인 태부(太傅)를 지낸 바 있듯 쟁쟁한 양반가의 후손으로 등장한다. 그러나 그는 목로 집의 그늘이 암시하듯 불가항력적인 환경에 의해 그저 비탄에 잠겨 살아갈 수밖에 없는 인물이다. 말하자면 그는 살아있으나 살아 있는 것 같지 않은 인물이다. 이 청년에 의해 초점화 대상이 되는 인물로서 그의 아버지와 할아버지가 있다. 먼저 그의 아버지는 스스로 단발을 한 후 상경하여 신학문을 공부하던 중 갑작스러운 죽음을 맞이한 인물이다. 단발로 인해 할아버지의 미움을 샀던 그는 시대를 앞질러가려 했던 비운의 개화인으로 짐작된다. 그는 이제는 유명을 달리한 인물이다.

그리고 청년에 의해 초점화 대상이 되는 인물로서 그의 할아버지가 있다. 그는 시대의 변화에 완고하게 저항하려 하였지만 자기 아들의 죽음을 통하여 손자의 댕기머리를 손수 자를 정도로 심경의 변화를 일으킨 인물이다. 술로써 슬픔을 삭이려 하였던 그는 손자인 청년에게는 목로 집의 술을 통하여 환기되는 인물이다. 즉 그는 죽었으나 죽어 있지 않은, 청년의 기억 속에 살아 있는 인물이다. 그런데 이

인물은 산 자들의 세계에서는 목로 집의 주인인 여인과 닮은 데가 많은 인물이다.[14] 목로 집의 단골들에게 각각 적당량의 술을 주는 여인은 화로의 숯불이 꺼지지 않도록 하는 인물이다. 그녀는 청년에게는 생명력이 타오르는 원시의 여인으로 연상되기도 한다.

「그늘」에서 초점화자는, 초점화 대상인 아버지와 할아버지를 초점화하고 있는 청년을, 다시 초점화하고 있는 존재이다. 그런데 이 초점화자는 청년과 같은 세계에 있는 여인을 초점화하기도 한다.[15] 이 점에서 초점화자의 관념은 적어도 이 네 개의 인물 또는 의미로 구조화된 것임을 알 수 있다.

한편 「그늘」에는 목로 집의 단골로 남도 사내, 회사원, 굴뚝 소제부, 사내가 등장한다. 이 중 남도 사내는 비탄에 찬 경상도의 몰락양반으로, 회사원은 죽음이 일상화된 시대를 반영하는 인물로 등장한다. 그리고 굴뚝 소제부는 목로 집의 제일 오래 된 단골이자 최연장자로,

---

14) 이는 다음과 같은 곳에서 드러난다. "그러자 청년은 너무나 오래동안 그림과 떠러져 있든것을 깨달으면서 습작첩을 펴들었다. 그러나 그림이 되는게 아니였다. 벽에 붙은 하라버지의 갓과 감투와 담배대의 그림과 그리고 하라버지의 초상화를 바라보다간 다음에는 고개를 떨구고 입속으로 하라버지 하라버지 하고 몇 번이고 불러보다간 하다가 문득 지금 습작첩 속에 끄적이고 있는 연필 끝에 정신이 가자 놀래여 손을 멈추고 말았다. 자기도 모르는 사이에 어떤 여인의 뎃상이 그려져 있는것이었다. 어딘가선술집 여인에게 닮은데가 많다는 느낌에 다시 한번 놀래일밖에 없었다. 그러나 또 그림에는 선술집 여인의 생기가 도무지 들어있지를 않았다. 그리고 자세히 뜻어보면 그림에는 어딘가 지금 바로 앞벽에 붙어있는 하라버지의 얼굴모습이 들어있어도 보였다. 청년은 이번에는 습작첩을 탁 접어버렸다(128면)."

15) 예컨대 다음과 같은 곳이 그것이다. "굴뚝소제부도, 내가 지금 친줄 알아, 내가 여기몇 해를 두구 단니문서 술먹구 실수라군 해본적이 없어, 하였으나 그것은 자기가 이 선술집에서는 제일 오랜당골이라는걸 말해보는 것 뿐임에 틀림없고 이제 다시 여인이 자기의 잔에 술을 부어주리라는걸 바라는 눈치는 아니었다. 사실 **여인은** 이 자기의 주량을 자기가 알고 마서오는 제일 오랜 당골한테도 이제부터는 정도를 보아서 술을 줘야 하겠다고 **맘먹고** 있었다(126면).", "그러자 청년은 저도 모르게 술! 하고 불으짖었다. 여인이 청년의 얼굴을 드려다보면서, 낯색이 나빠요, 했다. 그러나 청년은 강끼를 여인의 앞으로 내밀어 술붓기를 재촉했다. **여인은** 또 청년에게 이 이상 술을 부어서는 않되리라는걸 **생각하고** 있는 듯이 가만이 있기만하였다. 그러나 오늘만은 한번 기어코 술을 한 잔더 먹고야 말리라(128면)." 여기서 초점화자의 여인에 대한 지각은 강조를 통해서도 알 수 있지만 내부 지각을 지향한다.

사내는 매우 활동적인 인물로 등장한다. 「그늘」에서 이 인물들은 각각 청년, 아버지, 할아버지, 여인과 동일한 의미를 띤 인물이라 할 것이다. 이와 함께 「그늘」은 청년의 10대조가 황태자를 가르친 공로로 왕비로부터 하사 받았다는 갓끈에 달린 '구슬'과 아버지에게 드리워졌던 죽음의 '그늘', 그리고 할아버지의 술 '냄새'와 여인의 '숯불'이 역시 앞의 것과 동일한 의미를 가지고 있다.

이렇게 볼 때 「그늘」에서 초점화자의 관념은 초점대상이 된 인물들이 함축하고 있는 의미소(意味素)인 비생(非生)(청년, 남도사내, 구슬), 사(死)(아버지, 회사원, 그늘), 비사(非死)(할아버지, 굴뚝 소제부, 냄새), 생(生)(여인, 사내, 숯불)을 통하여 텍스트의 규범으로 자리잡고 있다.[16] 서술의 전개와 관련, 「그늘」은 사(死)에서 시작하여 비사(非死)로 끝나는 것이 특징이다. 즉 어떤 원인에 의해 불가항력적으로 죽음을 맞이할 수밖에 없는 환경이지만, 결코 죽지 않는 정신이 있음을 말해 준다. 이는 「그늘」이, 일제말기를 당하여서도 결코 굴하지 않는 국권수호의 정신을 내비친 작품임을 말한다. 「그늘」에서 초점화자의 관념은 결국 이와 같은 것임을 알 수 있다.

---

16) 초점화자의 관념은 서술상의 언표를 통하여 추상화된 의미라 할 수 있다. 그런데 그 추상화된 의미는 나름대로의 일관된 논리를 확보하고 있지 않으면 안된다고 본다. 본고는 여기서 서사구조에 관한 그레마스의 이론을 빌어와 보았다. 서술 수준의 초점화 이론과, 스토리 수준 중에서도 표면 구조가 아닌 심층 구조를 다루는 그의 이론을 함께 다룬다는 것은 물론 모순이다. 왜냐하면 서술은 시간적 차원에 속하는데 반해 그레마스의 모델은 비시간적 차원에 속하기 때문이다. 그러나 「그늘」에서 초점화자의 관념을 논리적으로 설명하는 데에는 그의 이론이 유용하다고 판단되었다. 본고는 무리하지만 이를 바탕으로 초점화자의 관념에 대한 설명을 시도해 보았다. (그의 이론은 S. 리몬 케넌, 앞의 책, 27-30면에 요약되어 있다. 그리고 그의 이론의 한계를 포함한 좀더 상세한 논의는 김성도, 『현대 기호학 강의』, 민음사, 1998, 217-240면에 나와 있다.)

3. 결 론

언어화가 불가능한 초점화를, 언어화된 서술의 수위에서 논하는 것은 전적으로 가설일지도 모른다. 그러나 초점화 이론은 소설을 좀더 소설답게 보려는 노력의 일환인 것은 분명하다. 「그늘」이 발표된 일제말기에는 작품다운 작품이랄 것이 많지 않았다. 이는 현대문학사상 이 시기가 암흑기로 지칭되는 것을 미루어서도 알 수 있다. 그러므로 「그늘」을 텍스트로 하여 초점화 이론을 적용해 보고 이를 통해 문학성을 발견해 내는 일은 문학사의 공백을 메워나가는 중요한 일이 된다.

초점화의 관점에서 볼 때 「그늘」은 외적 초점화의 특징을 보인다. 그리고 외부 지각과 내부 지각 중 특히 후자가 인상적이다. 한편 텍스트의 어떤 부분에서는 내적 초점화로 인식될 만한 곳도 발견된다. 이는 「그늘」에서의 외적 초점화가 내적 초점화를 토대로 하고 있기 때문이다. 서술의 층위와 관련 짓는다면, 이는 1인칭 텍스트를 토대로 한 3인칭 텍스트인 것이다. 외적 초점화로, 3인칭으로 현현되기는 했으나 「그늘」은 결국 두 개의 초점화 또는 두 개의 시점 사이의 상호작용태로 보여진다. 아마도 이것이 「그늘」의 문학성이라고 할 수 있을 것이다.

한편 외부 지각과, 내적 초점화 지향의 내부 지각은 각각 「그늘」의 사회성 강화와 주인공의 심리 부각이라는 특징을 지니는데 이는 사회와 개인의 갈등을 예각화하려 했던 작가의 의도 때문이었던 것으로 보인다. 이렇게 함으로써 「그늘」은 암흑기를 당하여서도 결코 굴하지 않는 국권수호의 정신을 내비친 작품이 될 수 있었던 것이다.(2002)

이효석의 「산협」에 나타난 초점화 연구

1. 서 론

주지하듯 일제말기는 문학사상 친일문학이 하나의 특징으로 되어 있다. 그러나 이때의 문학 모두가 친일문학인 것은 아니다. 이와 관련 이 시기의 문학 연구는 친일문학에의 연구 못지않게 친일문학이 아닌 문학에 대한 연구도 중요하다. 1941년 5월 『춘추』지에 발표된 이효 석의 「산협」은 친일문학이 아님에도 이 시기의 문학사에서 주목되어 지지 못하였다. 이 작품은 일제말기 문학사에 대한 인식을 전환시킬 만큼 비중있는 작품으로 보여지는 바 다양한 측면에서의 연구방법이 여전히 요청된다.[1) 이에 본고는 이 작품을 텍스트로 하여 연구하되 초점화 이론을 동원하여 보았다. 초점화 이론은 다른 어떤 이론보다 도 「산협」을 더욱 체계적으로 분석할 수 있는 소설시학이라고 보았 기 때문이다. 「산협」의 서술적 완성도가 이를 통해 점검될 수 있을 것이기 때문이다.

「산협」은 스토리의 감추어진 동인(動因)이 서서히 발견되도록 서술

---

1) 기존의 연구로 이혜경, 「이효석의 <山峽>」, 서종택, 정덕준 엮음, 『한국현대소설연구』, 새문사, 1996이 있다.

된다. 이 작품은 대개 다음처럼 진행된다.

(가) 산골 마을의 부농인 공재도는 집안을 이을 자식이 없다. 아내인 송씨에게 아이가 들어서지 않았기 때문이다. 그래서, 소금받이하러 떠났던 공재도는 대장장이에게 소를 주고 대신 대장장이의 아내를 데려왔다.

(나) 그리고 외양간에다가 신방을 차렸다. 대장장이의 아내였던 원주집의 몸이 무거워졌다. 이에 자극을 받은 송씨는 판수의 말을 듣고 남편과 외양간의 거동을 치른 후 월정사에서 백일불공을 드렸다. 효험이 있었던지 송씨는 임신 석 달째의 무거운 몸으로 나타났다.

(다) 갑자기 대장장이가 나타나, 소 값을 줄테니 자기의 아내를 돌려 달라고 했다. 그리고 뱃속의 아이가 두 달째 되었을 때, 아내를 넘겨 주었으므로 (뱃속) 자식도 얻어가야겠다고 했다. 대장장이를 따라간 원주집은 여자아이를 낳았다. 대신 송씨가 옥동자를 낳았다. 그러나 산후 한 달이 되었을 때, 송씨는 어이없게도 간수를 마시고 자살을 기도했다. 옥동자인 만득이도 죽었다.

(라) 송씨는 동서에게 옥동자인 만득이가, 산행에 동행했던 시누이의 아들인 안중근이와 관계해서 낳은 자식임을 고백했다. 이 사실을 알고도 모른 체하는 공재도는 서둘러 다시 소금받이의 길을 떠났다.

이 작품은 봄부터 이듬해 봄까지 강원도 남안리 산골 마을을 배경으로 하여 서술된다. 이 소설에는 아주 중요한 진실이 하나 감추어져 있다. 그것은 쉽게 밝혀지지는 않는다. 그것은 하나의 비의(秘義)로서 작품 곳곳에 산재해 있는 상징들의 가치기준이 된다. 만약 감추어진 비의가 밝혀지게 되면 풍성한 상징들은 그 즉시 힘을 잃고 말 것이기 때문이다.

「산협」에서 서술의 전개가 가능한 것은, 주인공이 '생식 불능'이라는 스토리의 동인을 감추어 두었기 때문이다. 여기서 원주집이 임신 상태에서 공재도와 다시 관계한 것이라든지 송씨가 남편과 관계한 후, 시누이의 아들과 다시 관계한 것은 다분히 동물적인 행위라 할 수 있다. 그러나 그보다 더 중요한 것은 원주집이나 송씨의 행위는, 진실(주인공의 생식 불능)을 발견하게 하기 위한 의도적인 소설적 장치라는 점이다. 다시 말해 주인공의 두 번에 걸친 외양간 거동은 다산(多産)의 의미를 담고 있는 것이지만 역설적으로 그 거동은 비극적이기도 한 것이다. 소등에 올라 탄 첩의 등장과 본처의 자식 점지를 위한 삼신풀이, 그리고 주인공의 외양간 거동 및 그의 많은 전답과 풍성한 결실 등은 잘 장치된 신화적 상징이지만 그것은 진실에 비추어 볼 때 가계단절이라는 비극을 이미 잉태하고 있는 것이다.

주변의 세계가 풍요로우면 풍요로울수록 주인공의 심적인 고통은 더욱 커지기 때문에, 주인공은 "소를 몰고 뒤도 돌아 보지 않고" 다시 소금받이의 길을 떠났다. 그의 되풀이되는 소금받이는 서사 진행의 한 모티프일 뿐이다. 진실을 발견한 독자들은 주인공이 결국 영겁회귀의 형벌을 받은 자임도 알게 된다. 이처럼 「산협」은 서술의 외피와 내핵을 통하여 각각 주인공의 번영과 몰락이 보여지고 있다. 이에 본고는 이 같은 특징을 지닌 「산협」의 서술을 초점화 이론[2]을 통하여 살펴봄으로써 서술의 질적 수준을 '가늠'해 보기로 한다.

---

2) G. 주네트는 서법과 서술태를 동시에 다루면서 생기는 혼란을 피하기 위하여 초점의 개념을 중심으로 이야기 유형을 초점의 부재, 내적초점, 외적 초점의 세 가지로 나누었다 (서정철, 「제4장 주네트:열린 수사학을 위하여」, 『인문학과 소설 텍스트의 해석』, 민음사, 2002, 515-516면). 초점화 이론과 관련, 필자는 주네트와 우스펜스키의 이론을 결합한 S. 리몬 케넌(최상규 역, 『소설의 현대 시학』, 예림기획, 1999)의 이론을 주로 따랐다.

2. 본 론

1) 외적 초점화의 양상

   ⓐ 공재도가 소곰을 받어오든날 **마을사람들**은 그의 자랑스럽고 호기로운 모양을 보량으로 마을 위 세ㅅ길까지들 줄네줄네 **올라갔다.** 세참때는 되었을까 전노리가 지난후의 개나른한 육신을 잠시 쉬이고싶은 **생각들도 있었다.** 마을이라고는해도 듬성한 인가가 산허리 군데 군데에 헤일정도로 밖에는 들어서지 않은 펑퍼즘한 산ㅅ골이라 이쪽 저쪽의보리밭과 강낭 밭에서 흰 그림자들이 히끗히끗 일어서서는 마을위로 합의나 한것같이 **모여들갔다.**[3]

ⓐ는 「산협」의 서두이다. 고딕부분의 주술관계에서도 알 수 있듯 초점화자는 마을사람들의 외면적 행동과 내면의식을 차례로 지각한다. 초점화자는 마을 사람들로부터 먼 곳에서 혹은 가까운 곳에서 다가가되 특히 조감자의 형식을 취하고 있다. 마을의 전경(全景)이 일목요연하게 소개되는 공간적 초점화의 양상을 보인다. 그러나 서술방식상 화자의 회상에 의한 서술인 ⓐ는, 시간적 초점화의 측면에서 접근하는 것이 더 옳을 듯하다. 이 경우 ⓐ는 일단 한 사람의 작중인물이 자신의 과거를 초점화하고 있는 회상적 초점화로 보아진다. 그러나 ⓐ는 다른 단락을 고려할 때, 한 작중인물의 발화가 아니라 화자의 발화인 바 인칭화되지 않은 초점화자의 범시간적 초점화로 보아야 할 것이다. 한편 ⓐ에서 "이쪽 저쪽의"와 같은 발화는 화자가 피화자(청자)를 염두에 두고 있음을 보여준다. 즉 "이쪽 저쪽의"는 텍스트의 소통을 고려하여 작가가 독자를 끌어 들이고 있음을 보여주는 것이다. 이 같은 발화는 「산협」이 설화적 현장성을 동반한 텍스트임을 시사해 주는 것이다.[4] 이는 다음의 ⓒ에서도 확인된다.

---

3) 이효석, 「산협」, 『춘추』, 1941.5, 1면(이하 예문들은 수자로 면수 표시). 기호 ⓐ→ⓡ는 「산협」의 서술 순서임.

ⓒ 봄이 되면 소금바지의 먼길을 떠나는 남안리 농군들이 각기 소등어리에 콩 ㅅ섬을 실고 마을ㅅ길에 앙앙하게들 늘어서는 습관이든 것이 올에는 거반 가까운 읍내에가서 받어오기로한 까닭에 어쩌다 공재도 한사람이 남어버렸다. 원주땅 문막은 서쪽으로 삼백리나 떠러진 이웃고을의 나루였다. 양구덤이를 넘고 횡성 벌판을 지나 더딘 소를 몰고는 꼭 나흘의 길이였다……흥정이나 잘돼서 후하게받은 소금ㅅ짐을 실고 다시 양구덤이를 무란히 되돌아넘어 멀리 자기마을의 산골작을 바라보게될때 **재도는 비로소 숨을 길게 뽑았다.** 내왕 열흘이나 걸리든먼길에서 는 번번히 노독을 얻었고 육신이 나른히 피곤해졌다. 소곰받이는 수월한 노릇이 아니였다.(2면)

ⓒ는 "남안리 농군들"의 소금받이 여정을 나타내주는 중요한 지문이다. 남안리 → 무이리 → 양구덤이 → 횡성 → 원주 문막나루로 이어지는 3백 리 길은 "나흘"의 여정인데, 남안리 농군들은 서울 → 한강 → 원주 문막나루에 이른 소금을 콩과 교환하였다. ⓒ에서 "원주땅 문막"이나 "원주땅 문막"으로의 도중에 있는 "양구덤이", "개욹 가의 검게 탄자리"는 초점화자가 바라보는 대상이다. 그것은 공간적 초점화의 대상이다. 그러나 그것은 주시(watch)된 것이라기보다는 기억된 것이다. 이는 초점화자의 심리적 국면과의 관련을 말한다. 즉 ⓒ는, 초점화 대상에 대한 초점화자의 태도가 인식적 지향을 보이는 것으로 초점화자의 무제한적 지식의 일단을 보여주는 것이라 할 수 있다. 한편 고딕부분의 문장은 초점화자의 초점화 대상에 대한 주시 를 시사한다.

ⓓ ①대체 무슨 곡절이길래 재실이 이렇게설네누 하구들 있는판에 바로 당자인

---

4) 「산협」은 전지적 시점이다. G. 주네트에 의하면, 서술자가 전지적일 때 즉 서술자가 그 어떤 인물이 아는 것보다 더 많이 말하는 경우 이는 초점화되지 않은 서술 혹은 무초점 화이다.(A. 고드로, F. 조스트 저, 송지연 역, 『영화서술학』, 동문선, 2001, 217면. 서정철, 앞의 책, 516면) 그러나 전지적 시점이 외적 초점화의 한 측면인 것 또한 부인할 수 없 다.(조정래, 나병철, 『소설이란 무엇인가』, 평민사, 2001, 158면 참조). 필자 또한 전지적 시점이야말로, 초점화 이론의 다양한 측면을 보유하고 있는 보고(寶庫)라고 생각한다.

재도의 자태가 산ㅅ길위에 표연히 나타났다. ②음―옳지―들 하고 입을 버리면서 사람들은 눈알을 굴렸다. ③한필 소의 고삐를 끌고 느실느실 걸어오는 재도의 모양은 자랑스런것인지 낙심해하는것인지 짐작했든것보다는 으젓한데다가 끌고오는 소허리에는―한사람의 여인이 타고있는 **것이다**. ④먼눈에도 부여스럼하게 횐 단정한 자태이다. ⑤가까워옴을 따라 얼굴 모습이 차차 뚜렸이 들어날때 사람들은 모르는 결에 수선들거리며 소군소군짓거리기를 **시작했다**. ⑥재도는 여인을 위로나 하는 듯 연해 처다보면서 무언지 은은히 말을 던지는꼴이 가깝게보니 낙심해하는것이 아니라 역시 자랑스러워해함을 **알수있었다**. ⑦조그만 소곰ㅅ섬이 여인의 발아래에 비죽이 **내다보인다**.(3면)

ⓐ와 ⓒ에 비해, ⓓ의 묘사는 뚜렷하다. 초점화 이론으로 접근해도 전혀 손색이 없다. ①은 외적 초점화자가 일단, 마을사람들의 내면의식과 외면적 행동을 지각하고 있음을 보여준다. 그런데 이는 마을사람들이 일종의 초점화자가 되어서 재도를 바라보고 있는 상태 위에서 이루어지는 것이다. 이는 ③, ⑤, ⑥에도 해당된다. ②는 외적 초점화자와 초점화 대상(마을 사람들)과의 관계를 보여준다. 한편 ④와 ⑦은 마을 사람들과, 여인 및 소곰ㅅ섬의 관계를 보여주지만, 이 또한 전후 문맥으로 볼 때 ①의 경우로 보아야 할 듯하다. '것이다', '―(하기) 시작하다', '알다', '보이다'로 정리될 수 있는 고딕 부분은 특히 마을 사람들을 초점화 대상으로 하는 화자―초점화자의 현존을 나타낸다. 이 밖에 화자―초점화자의 현존을 잘 드러내는 예문으로는 다음과 같은 것이 있다.

ⓙ 산골의 여름은 빨러서 모가 끝난후 보리를 걷어드리고 나니 골작에는 초목이 울창해지고 산에는 나무가 욱어저서 한결 답답하게 되였다. 옥수수 이삭에서는 붉은 수염이 자라고 삼은 사람의 키를 훌쩍 넘게 되어서 마을은 깊은 그림자 속에 잠기고 공씨일가는 밤나무와 돌배나무 그늘에 왼통 덮일 지경이였다. 장마가 저서 큰물이 난후로는 볕이 따갑게 쪼이기 시작해서 마을사람들은 쉴새없는 일에 무시로 땀을 철철 흘렸다.(16면)

ⓡ 말하다 말고 슬어저 탁 터처버렸다. 현씨도 저저오는 눈섭을 꾹 짜면서 동세

의 애꾸즌 팔자에 가슴이 휘답답해 왔다. 소를 몰고 뒤도 돌아보지않고 소곰바지를 떠난 재도의 심중에 편적인 무서운 생각도 **이와 같은것이였을까.** 안해의입으로 구지 듣지않어도 다느끼고 있었든 까닭에 더파묻지도않고 황망히 집을 버리고 마을을 **떠난것이였을까**(27면)

송씨와의 산행 후 중근의 신경이 예민해졌음을 알리는 장면 다음에 전개되는 ⓙ는 초점화자의 눈에 비친 '산골 여름'의 풍경이 자연적 시간의 신속한 경과와 함께 화자에 의해 서술되고 있음을 알 수 있다.[5] 결말인 ⓡ의 고딕 부분에서 화자의 존재는 매우 뚜렷하게 부각된다.

2) 외부 지각과 내부 지각

외적 초점화는 초점화자가 3인칭의 고정된 인물을 초점화하는 것이므로 서술의 역동성이 잘 드러나지 않는다. 내적 초점화에도 적용되는 것이지만 외적 초점화의 서술상 역동성은, 초점화자의 초점화 대상에 대한 지각 방향의 세분화에 있다. 즉 초점화자의 초점화 대상에 대한 지각 방향이 '외부로부터'인가 '내부로부터'인가 하는 것이다. 리몬 케넌이 정리한 바에 의하면 이들은 심리적 국면 중에서도 감정적 요소 항에서 설명되고 있는데 본고는 이를 각각 외부 지각, 내부 지각으로 명명하여[6] 그 특징들이 「산협」에서 어떻게 구현되고 있는지를 살펴보고자 한다.

　　ⓑ "소가 두필에 콩 넉섬을 실구갔었겠다. 소곰인들 효북이 받어오지 않으리"
　　"반반으로 바꿔두 두섬일테니 소곰 두섬은 바위보다두 무겁거든. 창말 장에서 언

---

5) 화자의 발화는 초점화자의 초점화 없이도 이루어 질 수 있다. 그러나 초점화자의 초점화는 화자의 발화를 동반하지 않고는 알려질 수 없다.
6) 이때의 지각은 단순히 감각만을 의미하지는 않는다. 그것은 감정(感情)과 사고(思考) 등을 의미한다. 용어에 대한 검토가 뒤따라야 할 것이다.

젠가 한번 소금ㅅ섬을 저본일이있으니까 말이지만" "바닷물루 만든다든가. 바다
가 멀다보니, 소곰은 비상보다 귀한걸 공서방두 해마다 고생이야."(1-2면)

ⓑ는 주인공의 첫 번째 소금받이에 대한 마을사람들의 반응이다.
ⓑ에는 '—라고 말했다'와 같이 화자의 존재를 나타내 주는 발화가
발견되지 않는다. 그리고 '—라고 누가 말했다'와 같이 발화자의 존재
도 명시되어 있지 않다. 발화자의 존재가 명시되어 있지 않다는 것은
예문을 작중인물들간의 대화가 아니라, 지문으로 서술해도 관계없음
을 말하는 것이다. ⓑ는 그저 직접화법으로만 연속되어 있을 뿐이다.
달리 말해 ⓑ는 초점화 대상을 바라보는 초점화자가 마치 존재하지
않는 듯한데, 이는 초점화자의 외부지각 중에서도 가장 극단적인 형
태라 할 것이다. 화자의 전지성을 부각시키는 이와 같은 텍스트는 「산
협」의 다른 곳에서도 발견됨은 물론이다.

　ⓞ 원줏집 보다는 석달이 떠러저 다음해 춘삼월 날씨가 활짝 풀리기 시작했을
때 송씨도 몸을 풀었다. 창말 판수가 장담한것같이 옥같은 동자였다. 이날 재도는
아랫마을 강영감 집에서 암소가 새끼를 낳는다는 바람에 불리워 가있었다. 이해
소곰바지에는 그집 소를 빌려갈 작정이였다. 박동이가 달려와서 고하는 바람
에 소를 돌볼 겨를도 없이 집으로 뛰여갔다. 햇볕이 짜링짜링 쪼이는 첫
참때는 되었을때 갓난애의 목소리라고는 할 수 없는 굵은 우름소리가 마
당안에 가득이 넘처흘렀다. 모이를 쪼든 수탉들이 싯밹언 맨드람이를 꼬추
세우고 그 우름소리에 귀를 귀우리고있는듯도한 정경이였다. 대강 손익음
이있는 현씨가 산모옆에서 몽실몽실한 밝아둥이를 기저구에 받어내는 한
편 부엌에서는 노망한 늙은 어머니가 벙글벙글 웃으면서 서투른 솜씨로
불을 때면서 미역국을 끓이고있었다. 중년을 잡아서의 초산인지라 안해는
정신을 잃은 듯이 집단 위에 나른히 누어있었으나 현씨의 말에 의하면 초
산인 푼수로는 비교적 수월해서 모체에는 별 탈이 없다는것이였다. 아히가
이렇게 크구야 잘익은 박덩이 한 개의 무게는 되니. 현씨의 말에 재도는 제절로
얼굴이 벌어졌다.(24-25면)

초점화자의 초점화 대상에 대한 지각 방향이 외부로부터 이루어지는 ⓑ와 달리 ⓒ는 대체로 초점화자의 초점화 대상에 대한 지각 방향이 내부로부터 이루어지고 있음을 알 수 있다. 그러나 ⓒ에는 내부로부터의 지각 방향을 나타내주는 발화가 발견되지 않는다. 즉 '그는 생각했다', '그는 느꼈다', '…것처럼 생각되었다', '그는 알았다' 등의 지시어가 텍스트에 나타나 있지 않은 것이다. 이 경우 ⓒ를 내부 지각으로 판단하기는 어렵다. 그러나 고딕 부분의 발화는 초점화 대상인 재도가, 귀로 듣고 눈으로 본 것을, 다시 초점화자가 지각한 것임을 알 수 있다. 다시 말해 ⓒ는 발화로 기표화되어 있지는 않으나 '재도는…느꼈다', '재도는…알았다' 등의 기의로 읽어낼 수 있다. ⓒ와 달리, 다음의 ⓔ에서는 해당 지시어들이 기표화되어 있다.

ⓔ 논ㅅ길을 걸어나려오는 행렬을 보고 송씨는 휘황한 **느낌**에 눈이 숙어졌다. 소를 탄 색시의 자태는 사람들 위로 우뚝 솟아서 높고 그 발아래편에 남편과 마을사람 들이 줄레줄레 달려서 누구나가 슬금슬금 색시의 모양을 우러러 보는것이었다. 소목에 단 방울소리가 떨렁떨렁 울리는 속으로 사람들의 말소리가 짓걸짓걸 들리는것이 흡사 잔치집 행렬이었다. 내 혼려때에두 저렇게 야단스럽진 못했겠다 눈을 감구 가마를 탔을뿐이지 저렇게 자랑스럽지는 못했겠다. 송씨가 그런 **생각에 잠겨있을 때** 중근은 또제 **생각에 잠겨** 내가 씨름에서 황소를 타가지구 돌아올때두 저렇게 야단스러웠든가 마을의 젊은축들이 뒤에서 떠들석하고들 따러왔을뿐이지 저렇게 의젓하지는 못했든것같다—고 작년일을 **생각하고있었다.** 따뜻한 볕을 잠뿍 받으면서 흔들흔들 가까워오는 색시의 자태를 바로 눈앞에 바라보았을 때 그것이 꿈이 아니고 짜장 생시의일임을 깨달으면서 송씨는 앗질해짐을 **느꼈다.**(5면)

ⓔ는 막 등장한 첩에 대하여 주인공의 본부인인 송씨가 보고, 듣고, 생각하고, 느낀 부분이다. 이는 '송씨가…느끼다', '송씨가…생각하다' 등의 기표 양상을 통해서 알 수 있다. 중근의 경우에도 이는 동일하다. 즉 '중근이…생각하다'와 같은 기표 양상도 발견된다. 그런

데 모방성 간접화법[7]으로 나타난 송씨의 "내 혼려때에두…자랑스럽지는 못했겠다."와 중근의 "내가 씨름에서…못했든것같다"와 같은 각 인물의 생각은, 이같은 기표 양상을 통해 파악된 것이다. 즉 그들의 생각은 초점화자의 내부지각을 통해 파악된 것이다. 그러나 외적 초점화자의 초점화 대상에 대한 지각 방향이, 내부지각만으로 설명되지 않는 경우도 있다.

> ⓕ "꼴이 다 틀린걸. 이렇게 될줄은 몰랐다" 재실은 한숨과 함께 중얼거리면서 ① **일득이놈은 자는가** 하고 아랫방을 ② 나려다보고 어린 외아들이때아닌 잔치등ㅅ살에 피곤해 잠들어있는 것을 ② 보고는 다시 안해에게로 ② **고개를 돌렸다**.(7면)

ⓕ는 짧지만, 주인공에게 양자를 들이고자 했던 주인공의 사촌의 반응이 나타나 있는 장면이다. 주인공의 첩장가로 인해 사촌은 "한숨"만 나왔다는 것이다. 전체적으로 하나의 문장으로 되어 있는 ⓕ에서 초점화자의 초점화 대상에 대한 지각 방향은 단일하지 않다. 중얼거리는 행위로 인해 발화로 볼 수도 있지만, 오히려 기의적 몸짓에 가까운 ①은 지각 방향이 '내부로부터' 이루어진 것으로 판단된다. 이에 반해 ②는 지각 방향이 '외부로부터' 이루어진 것이다. 이처럼 초점화자의 초점화 대상에 대한 지각 방향은 가변적일 수 있다. 이는 초점화 유형과 초점화 대상의 가변성과 함께 검토되어야 할 것이다.

---

7) 서술상 대화재현의 일곱 유형 가운데 하나인 모방성 간접화법은 단순한 내용 보고를 넘어서, 하나의 발화의 양식의 여러 국면을 보유하거나 재생시키는 환상을 만들어내는 간접 화법의 한 형식이다. S. 리몬 케넌, 192면.

3) 초점화 대상의 혼란

초점화의 유형은 지속의 정도에 따라 고정 초점화, 복수 초점화, 가변 초점화[8] 등으로 나타나기도 한다. 그런데 이는 초점화자 뿐만이 아니라 초점화 대상에도 해당된다. 특히 초점화 대상의 비고정화는 외적 초점화의 가장 큰 특징이기도 하다. 그러나 「산협」에서 초점화 대상들은 적지 않은 문제점을 내포하고 있는 것으로 보인다. 즉 그것들은 분명하기도 하지만 때로는 너무나 불분명하다는 것이다. 이는 초점화 대상이 분명하게 명명되어 있지 않기 때문이다. 초점화 대상에 대한 명확하지 않은 명명은, 또한 초점화자의 권위를 신뢰할 수 없게 만들고 있다.[9]

> ⑧ 어느날 저녁무렵 **중근**이 나뭇짐을 지고 돌아와보니 부엌에서는 **백모**와 원주집이 한바탕 겨르고 있었다. 저녁준비로 그릇들이 어지럽게 놓인 부엌바닥에 산발한 머리채를 마주잡고 떠들썩하고 노려댔다… 아츰저녁으로 시중을들러오는 현씨는…어린 것을 꾸짖을뿐이었다. 누가 소처럼 일하랴구 이 두메로 왔다든…하고 원줏집이 입술을 파랗게 털면서 소리를 치는 것을 보면 일이고되다는 블평인 듯 싶었다. 호강하자는 첩이드냐…이 가살이 같으니 하고 **백모**도 댓구하면서 한데 얼려서는 함께 나무검불위에 쓸어졌다… 년이 돌소면서 심술은 고작이지… 이 말에 **백모**는 불같이 발끈 달어서…둘소 라는 말같이 그에게 아픈 욕은 없었다. 더 싸울 기력도 잃어버리고 자기 서름으로 흑흑 느껴우는 소리를 듣고 **시모**가 방문턱까지 기여나와 그 아닌 꼴들에 놀라 입을 벙긋벙긋 열면서 손을 내저으나 흥분된 두사람에게는 발서 어른의 위엄도 헛것이었다. **증근**이 쪼차들어가서 두사람을 헷쳤을때에는 널려진 부엌바닥도 볼만은 했지만 산발하고 옷을 찢고 피를 흘린 두사람의 꼴은 참아 보기 어려운것이었다. 현씨도 덩다라 울면서 코를 훌적거렸다.(10-11면)

---

8) 가변 초점화는 두 초점화자의 교대적 출현을, 복수 초점화는 몇몇 초점화자의 교대적 출현을 뜻하는 것(S. 리몬 케넌, 138면)으로 이해된다.

9) 이름 붙이기 방식의 변화는 한 문단이나 한 문장 내에서 초점화자의 변화를 나타내는 바(S. 리몬 케넌, 148면), 이 경우 이름의 변화는 어디까지나 독자가 납득할 만한 것이어야 한다.

ⓖ는 처첩간의 싸움이 벌어지는 장면으로 중근, 백모, 원주집, 현씨, 시모 등이 등장하고 있다. 이들 중 중근은, 백모와 원주집 그리고 현씨와 시모를 바라보고 있다. 중근의 이들에 대한 지각은 내부 지각도 있으나[10] 주로 외부 지각에 의해 이루어지고 있다. 그런데 외부 지각을 하고 있는 중근의, 이들에 대한 명명은 정작 혼란을 빚어내고 있다. 즉 재도의 누이의 아들인 중근은, 재도의 처인 송씨를 "백모"가 아니라 '외숙모'로 불러야 한다. 그리고 중근은 "시모"에 대해서도 '외조모'로 불러야 한다. 그냥 시모라 할 경우, 이는 재도의 처, 또는 원주집의 입장에서 명명되는 것이다. 즉 재도의 처나 원주집이 초점화자가 되고 시모가 초점화 대상이 되는 것이다. 그러므로 문맥상 시모는 외조모로 명명되어야 한다. ⓖ의 백모와 시모를 그대로 둘 경우 초점화자는 각각 중근과 (재도의 처인) 송씨가 된다. ⓖ에서 이 같은 명명의 혼란은 서술상 지엽적인 문제일지도 모른다.[11] 그러나 ⓖ 이후의 예문들에서 보듯 명명의 혼란은 결코 지엽적인 문제가 아님을 알 수 있다.

ⓗ 그날밤 송씨의 자태가 없어진채 늦도록 나타나지 않았다. 원줏집만을 달래고 있든 재도도 비로소 웬일인가하고 집안은 또 설레기 시작했다. **베틀에도 없고 방아깐에도 없다면 대체 어디로 간것일까** 하고 재도와 중근은 물론 재실 부부와 박동이까지도 나서서 초롱에 불을 켜들고 샘물둔지로부터 뒷산을 더듬어도 않보인다. 점점 불안해져서 패를 논아 가지고 묘지 근처와 골작 개가를 샅샅이 찾어보기로 했다. 중근은 혼자서 어둠속에 초롱을 휘저으면서 행여나 나무가지에 드리운 식은 시체를 만나면 어쩌누 겁을 잔뜩 집어먹고 슬금슬금 동물방아깐 안을 엿보았을 때 기픈 구석 볏섬 앞에 웅크리고앉은 백모의 모양을 보고 주춤 뒷거름질을 쳤다....(11면)

---

10) "원줏집이...**일이고되다는 블평인듯 싶었다.**"에서 고딕 부분.
11) ⓖ에서 백모를 그대로 둘 경우 시조모 → 조모(할머니) 정도로 고칠 수도 있다. 이는 중근이 "어릴때부터 익어온 송씨를 백모라고"(10면) 불러온 데 따른 것이다.

ⓗ는 첩으로부터 '들소'라는 비난을 받은 송씨의 실종 후 재도들에 의한 수색이 이루어지는 장면이다. ⓗ에서 첫째, 둘째 문장은 초점화자의 발화이다. 특히 둘째 문장의 경우, 초점화 대상은 재도로 단일화되어 있다. 그러나 고딕 부분은 초점화 대상이 재도인지 중근인지 분명하지 않다. 즉 초점화 대상이 가변화 경향을 보인다. 넷째 문장에서 "불안"의 소유자도 분명하지 않다. 그러나 다섯째 문장 이하부터는 초점화 대상이 중근으로 다시 단일화되어 있다. 즉, 중근이 백모를 외부 지각하는 양상과 함께 초점화자의 중근에 대한 외부 또는 내부 지각이 이루어지고 있다. 하나의 단락 안에서 초점화자가 여러 인물을 초점화 대상으로 삼는 것은 외적 초점화 또는 전지적 시점의 장점이다. 그러나 여러 인물이 초점화 대상이 될 때, 각각의 인물에 대한 초점화는 분명하지 않으면 안된다. 초점화 대상의 모호는 ⓗ와 같은 예문 이후에도 계속 발견된다.

    ⓘ ① 뜻밖인 길보에 **남편인 재도**도 반갑지않지도 않은 듯 여러 가지로 길 떠날 준비를 거든다 택한 날에는 외양간의거동도 치른후 기쁜 낯으로 **안해**를 떠나보냈다. ② 동쪽으로 칠십리를 간 곳에는 일흠난 오대산이 있고 그 중허리에유명한 월정사가 있었다. ③ 석달분 양식에다 기명과 옷 벌까지도 소등에 실고 **중근**은 기쁘게 **백모**를 동무해떠났다. ④ **송씨**들이 떠난후 농사가 바뿐때이라 집안은 어지럽고 복작거리기는 했으나 **큰댁**과의 옥신각신이 뻔짓만으로도 **원줏집**은 시원해서 아무데서나 권연을 푹푹 피우면서 기할것없이 내로라고 활개를 폈다. 재실의 한집안이 죄다 오다싶이해서 일을 거드는까닭에 부엌일도 **송씨**와 으릉대고 있었을때같이 고된 것은 아니였고 **송씨** 앞에서는 어려워하는 **현씨**도 **원줏집**과는 허름한 생각에 뜻을 잘 맞추어주는 까닭에 모든 것이 탈없이 되어나갔다. ⑤ 단지 밭일이 너무 고돼서 조밭에 풀뽑기 삼밭에 손질 논의 갈○기[12] 등으로 손이 부족해 **재도와 박동이**는 죽을 지경이였으나 고대하고 있던 **중근**은 의외에도 빠르게 떠난지 열흘만에 돌연히 돌아와서 장정들을 반갑게 했다. 떠날때보다는 풀이 죽어서 맥이없어 보임은 필연코 노독의 탓이거니 생각하고 어떻든가 먼

---

12) 활자 불명.

길이라 되지 **박동**이가 물으면 도라보지도 않고 경없는듯이 딴전을 보는 것이였
다.(13-14면)

예문에서 ①은 초점화 대상이 '재도'이다. 그는 화자의 입장에서
볼 때 중심인물이다. 그의 처는 그의 입장을 반영하여 '아내'로 명명
되었다. 그러나 '재도'는 '남편인 재도'로 명명되어 있어 화자가 대상
인물을 객관화하려는 의지를 드러내고 있다. ②는 화자만의 발화이다.
③은 초점화 대상이 '중근'이다. 그의 입장에서 볼 때 송씨는 '외숙
모'로 명명되어야 하나 '백모'로 되어 있다. 서로 다른 명명이 모두 5
개인 ④에서 작중인물들은 첩(원주집)—본처(송씨), 첩(원주집)—남편(재
실), 남편(재도)—아내(송씨), 윗동서(송씨)—아랫동서(현씨) 등의 관계를
형성하고 있다. 인물상호간의 호칭 설정상 초점화자를 누구로 보느냐
에 따라 동일인물이라도 호칭이 달라질 수 있다. 그러나 ④는 이 점
을 명확히 하지 않고 있다. ④에서 "큰댁"이라는 명명은 화자가 '원
줏집'의 입장을 반영한 것이다. 이 경우 부엌일을 두고 다투게 된
"송씨"라는 명명은 "큰댁" 부분과의 의미상 호응을 위해서도 '큰댁'으
로 바뀌어야 한다. 따라서 "재실" 이후의 "송씨"라는 명명은 '큰댁'으
로 바뀔 만하다. 그러나 이것보다는 ④에서 "큰댁"이 '송씨'로 바뀌
는 것이 문맥상 더욱 자연스럽다. 이처럼 ④는 "큰댁"과 "송씨"라는
명명이 병행됨으로 인해 빚어지는 서술상의 혼란이 적지 않다. 이는
재론하거니와 인물상호간의 호칭 설정상 초점화자를 분명히 하지 않
았기 때문이다. ⑤에서 재도, 박동이, 중근 등은 모두 초점화 대상들
이다. 이렇게 볼 때 ①에서 '남편인 재도'와 같은 모호한 명명, ③에
서 '외숙모'라 하지 않고 '백모'라 한 것, ④에서 '송씨'와 '큰댁'을
기준이 없이 혼용한 것 등으로 미루어 예문에서의 초점화자의 권위는
불안정한 것으로 보인다.

ⓜ 임서방이 사윗감으로 중근을 원하는 이유가 또하나 있었다.... 그린 중근에게 자기의 묘리까지도 가르켜주어 그고장에서 제일가는 산양꾼을 맨들겠다는 것이 임서방의 원이였다. 그해 겨울만해도 중근은 뜻밖게 큰 산양을 해서 임서방을 놀 랬을 뿐이랴 마을사람들을 탄복시키게되였다. 흥정리로 넘어가는 산비탈에 함정 을 파고 커다란 곰한마리를 잡은것이였다. **① 흥정리산ㅅ골에서 곰이 간간히 산을 넘어와서는 밭 곡식을 짓무즐리고 가는 것을 알면서도 창말서 포수 가 모리꾼을 데리고 와도 한번도 옳게 쓰지는 못했다.** 중근은 여러날이 걸 려 거의 우물깊이나되는 함정을 파고 그뒤에 검불을 덮어두었을뿐으로 그 사나운 짐승을 여반장으로 잡은 것이였다...죽은 짐승을 끌어내 집 마당까지들어왔을 때 십리나되는 무이리 꼭대기에 서까지 농군들이 몰려왔다. 조상에 범과싸워서 이긴 장사가 있었다드니 그 후손은 곰을 잡었구나 하면서들 반나절을 요란들이였다. **② 곰은 당일로 창말 소장사가 사다가 도수장에서 헤처본 결과 커다란 웅 담이 나왔다고 중근은 거의 소 한필값을 받었다.** 곰 한 마리 잡는편이 일년 농사짓기보다도 났다고 남안리 젊은축들은 부러워들 했다.(22-23면)

ⓜ에는 중근의 사냥꾼으로서의 용력이 나타나 있다. ⓜ에서 초점 화 대상은 일단 임서방으로 되어 있다. 그러나 ①에서 초점화 대상은 누구인지 분명하지 않다. "알면서도"의 주체가 임서방인지 중근인지 마을사람들인지 분명하지 않다. 그러면서 역시 명확하지는 않지만 초 점화 대상이 중근에게로 이동한 듯하다. 초점화 대상의 혼란은 ②에 오면 더욱 두드러진다. ②는 암암리에 마을 농군들의 전언의 형태로 서술된 것이다. 그런데 관련된 문장은 초점화 대상이 마을 농군인지 아닌지가 분명하지 않다. 이는 해당 문장이 비문(非文)이기 때문이다. 즉 ②에서 주제어인 "곰은"은 일단 목적어인 '곰을'로 해석해야 하는 데, "커다란 웅담이 나왔다"의 부분에서는 '곰에게서'라는 발화가 요 구되고 있다. 즉 ②의 주제어인 "곰은"은 "커다란 웅담이 나왔다"의 부분에서는 호응이 되지 않는다. 그리고 "중근은 거의 소 한필값을 받었다"의 부분은 그 자체 독립된 문장으로 서술되되 '소장사로부터' 등의 발화가 포함되어야 할 것이다. 이렇게 볼 때, ②의 문장은 우선

초점화 대상이 마을 농군인지 아닌지를 분명히 해야 했다.

서술상 명명은 화자와 스토리 간의 서사적 거리 및 작중인물의 스토리 내 설정에 있어 절대적 기준이 된다고 해도 과언이 아니다. 서술상 명명은 또한 화자의 관념을 반영하기도 한다. 특정한 작중인물에 대한 명명의 동요는 이 모든 것의 동요를 가져 온다. 명명의 동요는 특히 초점화 대상의 동요에 다름 아니다. 한편 명명에 의한 초점화 대상의 혼란은, 비문과 함께 발견되는데 「산협」에서는 비문이 적지 않다.[13]

4) 잦은 서술적 예시

풍자와 같은, 소설의 미적 범주는 주인공에 대한 화자의 목소리를 통해서도 알 수 있다. 그러나 「산협」에서는 주인공에 대한 화자의 목

---

13) 명명을 통한 초점화 대상의 동요 못지 않게 「산협」에서는 여러 곳에서 비문이 발견되는 바 이 또한 초점화 대상을 분명하게 하지 않은 데서 온 결과로 보인다. 이와 관련 특히 다음의 예문이 문제를 제기한다.

　⑨ 사월이 되니 재도는 문막으로 소곰바지를 떠나라고 빌려온 소를 걸려도보고 섬에 콩도 돼넣고 하면서 문득 원줏집을 생각해보곤 하는때였다. 산후 한달이 되어 간신히 일어나 앉게된 안해가 어느날 무엇을 생각했는지 또 간수를 먹은것이였다. 일상때에 늘 걱정스러하든 태도와 두 번째의 그 과격한 거동으로 재도는 비로소 심상치않은 안해의 괴롬을 살피고 문득 무서운 고비에 생각이 이르렀다. **그러나 그것을 밝혀볼 겨를도 없시 겨우 달이 넘은 안해가 돌연히 목숨을 끊었다.** 안해가 다시 소생되여 난것쯤으로는 채울 수 없는 커다란 상처를 주었다. 그 하로살이같은 목숨을 받은 내자식을 바라보고 한편 겨우 한달로서 어미로서의생애를 마치고도 그다지 슬퍼하는양이없이 차라리 개운해하는 듯이 누어있는 안해를 바라보는 동안에 재도에게는 어찌된 서슬엔지 문득 한가지 무서운 의혹이 솟아온랐다.(25-26면)

⑨ 중 특히 고딕의 서술은 「산협」의 전체적 의미에 큰 영향을 미칠 정도로 중요한 곳이다. 그런데 간수를 마신 두 번째의 과격한 행동 직후에, 재도의 아내가 다시 자살해 버리고 말았다는 것은 어불성설이다. 고딕 문장은 그 다음의 문장과도 의미적으로 호응이 되지않는다. 목숨을 끊었던 아내가 다시 소생되었다고 했기 때문이다. 그렇다면 고딕 문장은 '그러나 그것을 밝혀볼 겨를도 없이 겨우 달이 넘은 아기가 돌연 숨을 거두고 말았다'로 고쳐야 할 것 같다. 이렇게 고칠 때, 재도 아내의 두 번째 자살 시도는 자신에게는 자살 미수가 되겠지만 아이에게는 죽음을 야기시킨 것임을 알 수 있는 것이다. 「산협」에서는 ⑨ 외, '안중근이…끼였을때에는…공재 실은…뛰여나려오면서'(2면), '꺼저들어가면서 그소리에 화하는것은(6-7면)', '삼십쯤되는'(10면) 등에서 비문이 발견된다.

소리가 어떤 색깔을 띠고 있는지 분별하기가 쉽지 않다. 주인공에 대한 화자의 목소리와는 달리, 마을사람들의 목소리는 풍자적이다. 「산협」에서 마을사람들은, 원주집을 "똥항아리", "똥든 항아리", 원주집을 데려오는 재도의 행실을 두고 "그런놈의 소갈머리"라고 함으로써,[14] 이들에 대한 풍자적 태도를 노출시킨다. 그러나 마을사람들의 이들에 대한 풍자적 태도는 부분적으로만 나타나 있다.

이 점에서 주인공에 대한 화자의 목소리는 더욱 중요할 수밖에 없다. 「산협」은 (주인공의 비극적 운명이라는) 결말의 극적 반전을 통하여 화자의 태도를 간접적으로 드러낸다. 그런데 「산협」은 결말의 극적 반전을 위한 서술적 예시(豫示)가 화자에 의해 적절히 통제되지 못하고 있다. 즉 서술적 예시는 적재적소에 배치되어야 하는데 이 예시가 남발됨으로써 서술 기법상 낯설게하기 효과라든가 결말에서의 극적 효과가 반감되고 있다.

「산협」에서 주인공이 생식 불능이라는 비밀은 '철저히' 감추어지지 못하고 있다. 이 같은 비밀은 재도가 원주집을 데리고 오던 날 송씨가 조카인 중근에게 "내가 (삼촌 말대로—인용자 주) 둘손지 삼촌이 병신인지 뉘 알랴만"이라고 한 것에 이어 실종되었던 송씨가 자신의 구원자인 중근에게 "알구보면 삼촌이 불용이란다"라고 한 것[15]을 통하여 이미 공개되고 있다. 주인공의 비극적 운명에 대한 정보는 없으면 더욱 좋지만, 있다하더라도 송씨의 두 번에 걸친 직접화법만으로도 충분한 것이다. 그러므로 다음의 강조된 반복들은 불필요한 것일 수 있다.

---

14) 「산협」, 3면.
15) 각각 「산협」, 4, 12면.

ⓚ 그해 가을은 례년에없는 풍년이 들어 추수는 어느때보다도 흡족했다…반년동
안 신고한 덕이라고는 해도 배를 두드리며 지낼 한가한 겨울이 온것을 생각할 때
재도는 몸을 흐붓이 적시어주는 행복감에 마음이 개나른해짐을 느꼈다. **이 가장**
행복스러울 때 불행도 왔다. 그 불행이 오랴고 그때까지의 행복이 준비되
여 있었든지도 모른다. 어이없는 커다란 불행이 재도에게는 그렇게 밖에에 역
여지지 않았다. 안온하든 마음이 뒤집힐 듯 번저지면서 한몸의 불운을 통곡하고
싶었다. 밭에서 남은 조잇단을 묵고있을 때 뒷산에 참새모는 소리가 요란히 나면
서 중근이 숨이가뿌게 뛰 여와서 전하는말이 웬타관놈같은 낮모를 사내가 와서
원줏집과 호락호락 말을 걸고 있다는것이였다. 그것이 제안해를 찾으러 문막서온
대장쟁이 일줄야 꿈에나 알았으랴. 마당으로 나려와 행장을 한 그 젊은 사내를
물끄럼이 바라보는 동안에 재도의 안색은 푸르게 질리면서 입까지 더듬어졌
다.(19면)

ⓚ는 가을의 풍요와 두 아내의 임신과는 반대로 제 아내를 찾으려
는 대장장이의 출현을 알려주고 있다. ⓚ의 고딕 문장은 화자의 개입
을 통하여 사건의 사전 예시가 이루어지고 있는 곳이다. 그런데 사전
예시는 '—ㄴ지도 모른다'는 발화를 통해서도 알 수 있듯 이미 비극
적 결함을 내포하고 있는 재도에 대한, 전지적인 화자의 시치미떼기
와 무관하지 않다. 그 시치미떼기가 내포하고 있는 것은 홍진비래(興
盡悲來)이지만 통속적 의미 이상의 윤리적 교훈도 내포하고 있다.

ⓛ 그러나 그것으로도 부족한 듯 재도에게는 참으로 가을바람은 살을 에우는
듯 모질었고 몸과 마음을 한꺼번에쓸어눕힐 날이 기다리고 있었다. 내몸의 서글
품을 깨닷고 건질 수없는 쓰라림에 통곡하게될 날이 기다리고 있었다(22면) ⓝ
무어니 무어니해도 조강지처 만이 나를 저바리지 않누나 하고 느즈막이 깨닷게
되었으나 그 깨다름조차 자기를 저버릴줄이야 어찌 알았으랴(24면)

ⓛ은 대장장이가 원주집을 데려간 후 재도의 심정을 알려주고 있
다. 사건의 사전 예시가 두 번째 반복되고 있다. 한편 ⓝ은 대장장이
가 데려간 원주집이 여아를 출산한 후 송씨의 출산을 바라는 재도의

소망을 알려주고 있다. 사건의 사전 예시는 세 번째 반복되고 있다.

> ⓟ 재도는 늦게 얻은 그 외아들을 만득이라고 일흠짓고 마을로 돌아다니면서 자랑스럽게 외이곤 했다. 강영감들의 지시로 하로는 사랑에 사람들을 청하고 득남턱을 차렸다. 도야지까지 잡고 혼례때 잔치에 밑지지않게 놀랍다고 얼굴들을 붉으레 물들여가지고 칭찬들이 놀라웠다. 글줄이나 읽은축들은 적선지가에 필유여경이라고 외이면서 칭송을 하면 재도는 마음이 흡족해서 짜장 앞으로는 경사도 더러는 있어야할 때라고 독판 착한사람인양 스스로 느껴졌다. 그러나 그런 기쁨도 삽시간에 꺼지고 무서운 날이 닥처왔다.(25면)

ⓟ는 주인공이 득남에 따라 한껏 고무되었음을 알려주고 있다. 사건의 사전 예시가 네 번째 반복되고 있다. 이처럼 결말의 극적 반전을 위한 서술적 예시는 모두 네 차례나 되풀이되고 있다. 처자(妻子)의 비운이라는 결말의 극적 효과는 그만큼 약화될 수밖에 없다.

한편 ⓟ에서 재도가 "독판 착한사람인양 스스로"느낄 때, 그의 교만은 한껏 고조된다. 화자는 이러한 재도에 대해 비극이 박두했음을 예시한다. 화자의 서술은 그러나 너무 일방적이다. 왜냐하면 재도의 수신제가(修身齊家)는 선악간의 판단 대상은 아닌 것으로 보여지기 때문이다. 선악간의 판단은 오히려 재도의 주변인물 즉 아내의 임신 사실을 속이고 그녀를 재도에게 팔아넘긴 대장장이나, 외숙모와 근친상간을 한 중근 같은 인물이 대상이 될 것이다. 아내를 판 당사자나 근친상간을 한 당사자들은 자신들의 행동이 옳지 못하다는 것을 알고 있다. 그러나 재도 주변 인물들의 파렴치한 행동들은 궁극적으로는 재도 자신의 신체적 결함으로부터 비롯되고 있지만 정작 재도 자신은 자신의 신체적 결함에 대하여 무지한 듯하다. 이 점에서 그의 신체적 결함은 운명적인 또는 비극적인 결함이다. 그는 일종의 희생 기제(機制)인 바, 오히려 마을 사람들의 모든 죄를 대신 짊어지고 마을로부터 광야로 추방되어지는 아사셀 양16)에 가깝다고 할 것이다.

3. 결 론

언어화가 불가능한 초점화를, 언어화된 서술의 수위에서 논하려는 것은 전적으로 가설일지도 모른다. 그러나 초점화 이론은 소설을 좀더 소설답게 보려는 노력의 일환인 것은 분명하다. 「산협」이 발표된 일제말기에는 작품다운 작품이랄 것이 많지 않았다. 이는 현대문학사상 이 시기가 암흑기로 지칭되는 것을 미루어서도 알 수 있다. 그러므로 「산협」을 텍스트로 하여 초점화 이론을 적용해 보고 이를 통해 문학성을 발견해 내는 일은 문학사의 공백을 메워나가는 중요한 일이 된다. 「산협」은 전지적 시점이다. 전지적 시점은 초점 부재가 아니라, 외적 초점화로서 초점화 이론의 다양한 측면을 보유하고 있는 보고(寶庫)로 생각된다. 초점화의 관점에서 볼 때 「산협」은 외적 초점화로서 인칭화되지 않은 초점화자의 범시간적 초점화와 인식적 요소로서의 무제한적 지식 등의 특징을 보인다. 그리고 외부 지각과 내부 지각의 양상도 공히 발견된다. 「산협」은 진실은 감추어두고 외양을 그럴듯하게 꾸민, 한편의 역설적 구조로 된 서술이다. 이 작품은 허구가 없이는 진실도 없다는 것을 말해 준다. 그런데 이 작품은 명명의 오류로 인한 초점화 대상의 혼란이 빚어지고 있다. 그리고 역시 초점화 대상을 분명하게 하지 않은 데서 온 결과로 보이지만 여러 개의 비문이 발견되고 있고, 낯설게 하기로서의 서술적 기법이 잦은 서술적 예시로 인하여 극적 효과를 발휘하지 못하고 있다. 「산협」은, 소금장수 설화와의 관련, 풍부한 신화적 상징, 「메밀꽃 필 무렵」 → 「개살구」 → 「산협」으로 이어지는 영서 3부작 중의 한 작품 등 여러 측면에서 일제말기 문학사상 중요한 작품인 것으로 판단된다. 그러나 그와 같은 평가와는 별도로

---

16) 『성서』의 「레위기」 16장 8, 10, 26절.

고찰한 바처럼 서술상의 결함도 발견된다. 이러한 결함은 무엇보다 초점화자의 서술적 권위가 안정되어 있지 못하고 동요하고 있기 때문인 것으로 보이는데 이는 「산협」의 앞뒤로 「초록의 탑」(『국민신보』, '40.1.7-4.28)과 「아자미의 장」(『국민문학』, '41.11) 등이 일본어로 서술된 것과 함께 고찰되어야 할 문제인 것으로 보인다.(2003)

제3부
일제말기소설선

물오리섬

金史良

제1절[1]

완만하게 흐르는 대동강의 연안 평양성 연광정의 아래 낭떠러지로
부터, 하루에 한 번 썰물을 타고, 증기선이 하류의 요포(瑤浦)[2] 고봉
사의 기슭까지 내려간다. 의사로부터 전지(轉地)를 권유받고 있는 낭
(烺)은, 이왕이라면 좋은 대동강 하류의 어딘가 아름다운 구릉에 혹은
눈에 띄게 곱고 아름다운 작은 섬에 옮겨 살고 싶다고 생각하고, 한
번 먼저 예비조사를 위해 이 증기선에 몸을 맡겼던 것이다.

어느 사이엔가 배는 포플러 나무가 서있는 신선한 반각도(半角島)를
따라 이어진 좁은 여울을 기관의 음을 새기는 듯이 빠져 나가고, 평
양 옛 성 안을 돌아보는 것처럼 되었다. 고에이섬(猩岩島)이라든가 쑥
섬(蓬萊島)에서 반월도(半月島) 등의 그림 같은 작은 섬을 바라보기

---

1) 이 글은 졸고인, 金史良의 「물오리섬(ムルオリ島)」 연구, 『국어문학』, 제33집, 1998.8.20
을 위해 1996~1998년 사이에 본인이 「ムルオリ島」(김사량, 『국민문학』, 인문사, 1942.1)
를 텍스트로 하여 번역해 두었던 것이다. 때로 직역이 있어 매끄럽지 못한 바, 이는 전
적으로 번역을 한 본인의 책임임을 밝혀 둔다. 번역상 의미가 통하지 않았던 몇몇 단어
및 문장과 관련 김재용·김미란·노혜경 편역, 『식민주의와 비협력의 저항—일제말 전시
기 일본어 소설선 2—』, 역락, 2003에 번역되어 있는 「물오리섬」을 참고하였으며 따로 각
주를 달았음을 밝혀둔다.
2) 역주 외, 괄호 안의 한자 및 일본어 표기는 원문.

때문에, 평천리의 버드나무로 흐려 보이는 길다란 둑의 앞을 삼십 분
정도 내려가노라면, 이번은 오른쪽 언덕에 옥벼루산(玉硯山)이라든가
우비암(牛鼻岩) 등이 경사라든가 낭떠러지를 이루고 성긴 솔숲을 점철
(點綴)하고, 마치 북화(北畵)의 산수병풍처럼 천천히 천천히 확대해 가
는 것 같다.

　강이 흐르는 왼편에 가늘고 긴 두로도(豆老島)가 흐르는 것 같이
가로 놓이고, 바가치의 만초(蔓草)에, 덮힌 누런 지붕지붕이 논의 가운
데에 꼿꼿이 고정되어져 보인다. 밭에는 몸을 구부린 흰옷 입은 농부
들의 모습이 보이고, 강가의 푸른 초원에는 암소라든가 송아지가 한
가롭게 풀을 먹으면서, 때때로 생각해 낸 것 같이 꼬리를 흔들고 있
었다. 흐름의 풍부함, 연안의 밝고 아름다움, 섬들의 아름다움에 있어
서, 역시 대동강에 나란히 서는 것은 없을 것이다라고, 그는 지금 새
삼스럽게 생각한 것이었다. 갑판의 위에서 뒤에 의지한 것 같이 서서,
그는 서늘한 강바람에 셔츠의 옷깃을 열면서 이 배의 작은 여행을 더
욱더 행복한 것으로 생각했다.

　특히 그에게는 어릴 적 숙모의 집을 방문하러 하류의 베기섬(碧只
島)에 내려가, 한 번씩 여름을 꿈 같이 기쁘게 보낸 아름다운 기억이
아득히 났다. 멱 감는 아이인 연(連)도 함께 강에 자맥질하여 소라를
캐기도 하고, 버들피리를 꺾어 삐리삐리 삐라라 불기도 하고 해질 무
렵에는 석양을 등지고 목욕을 한 채로 작은 소를 타고 돌아가기도 했
다. 밤이 되면 섬의 딸들은 봉구네 사랑(客間)에 모여서, 램프의 아래
에서 작은 토끼와 같이 머리를 맞대고 조잘대면서, 저마다의 색실로
자수 일을 하면서 철이 없이 옛이야기에 밤이 깊어지는 것도 알지 못
했다. 낮은 밤에는 또 그녀들의 곁에서 졸면서, 옛이야기에 넋을 잃고
듣는 것도 더없이 좋았다.

그녀들의 일을 끝낸 자수품, 예를 들면 화려한 원앙새 모양의 베개
바대, 어린이들의 꽃구루개(帽子), 색 돈주머니의 그림 모양 등은 그
어머니들이 평양이라든가 촌읍에 장날로 외출하여 돈으로 바꾸어, 일
부를 할애하여 싸구려 물건인 백분(白粉)이라든가 거울을 사왔다. 나
머지는 여러 해 저축하여 그녀들의 시집 갈 준비로 쓰여졌다. 그 중
에도 자수는 순이가 일등 솜씨가 좋으므로 일찍, 그래서 이 섬에서는
누구보다도 시집갈 준비가 충분하게 되어있는 것이었다.

그것은 그렇더라도, 그녀들도 또 그가 마음에 들어, 사슴을 작고
예쁘게 자수해 오거나, 그의 세라복의 옷깃 끝에 들국화의 모양을 수
놓아 오기도 하고, 또는 조는 것을 일으키기보다 실의 끝으로 간질이
거나해서 재미있어 했다. 생각하면, 어떤 의미에서, 그는 도시의 사나
이라고 하는 것이므로, 그녀들의 사이에서 인기가 있었다고도 말한다.
예닐곱 무렵은 서양풍으로 머리를 가르고 세라복이라든가 양복에 반
즈봉을 입고, 소학교에 올라간 후에도 양복을 입고 있었다. 그래서 그
녀들은 그를 진귀하게 여겨, 순진하고 귀여운 애무의 정을 서로 다투
고 있었던 것 같이도 생각되었다.

순이의 작은 물고기같이 빛나는 아름다운 눈의 표정, 얼굴이 길고
눈썹이 짙은 칠성녀(七星女)의 잠깐 미소 짓는 입매, 시선이 만나면
곧 멍하니 붉어지는 서분네의 둥근 점 같은 얼굴, 게다가 피부가 희
고 살이 폭신하고 부드러운 봉구네가 때때로 남경콩(南京豆)을 쥐고온
따끈따끈한 손의 감촉, 그러한 것이 눈앞에 어른거릴 때마다 피가 전
해져 오고, 그는 무의식중에 얼굴이 달아오르는 듯한 생각에 미소를
머금었다. 언제쯤의 일이었을까. 달빛도 밝은 차가웠던 밤 그때는 어
떻게 했던 것인가, 칠성녀가 급히 혀를 날름 내밀어 보면서,

『나와 같은 사람을 성 안에서 며느리로 맞아들이면 놀랄걸!』

이라고 말하고, 머리를 꾸뻑 내밀었던 것이다. 그러자마자 일제히 모두가 깔깔 웃으며 대굴대굴 굴렀으므로, 쑥스러워 꿈지럭꿈지럭하고 있는 그를, 별안간 익살을 부린 것 같이 떠맡아 바짝 껴안고,

『어머, 내가 맞아 들일거야!』

라고 외치면서 (애정의 표시로 — 역주) 자기의 볼을 상대방의 볼에 대고 비벼온 딸이 있다. 그것이 순이였던 것이다. 딸은 어린 마음 그대로 묘한 마음에 부끄러워서 붉게 된 눈을 끔뻑였다. 그것을 보고 딸들은 한층 기뻐서 배를 안고 까불며 떠들었다.

『그렇게 되면, 미륵이 울지 않아』[3]

라고 봉구네는 웃으면서 맞이하는 기분으로 일어난다.

『미륵은 내가 대신 맞아들일까……』

그러자 순이는 얼굴이 아주 붉게 물들어 낭을 떼어버리자마자 봉구네를 자수로 치는 것 같이 보이면서, 엉엉하고 눈물을 흘리면서 쫓던 광경이, 불가사의하게 지금 위치가 되어서도 오히려 똑똑히 생각났다.

역시 그 이래 순이의 눈부신 인상은, 그의 작은 흉중에 이렇다할 이유가 없이 새겨져 있었던 것인가. 그도 정직히 말하면, 순이가 첫째로 좋았던 것이다. 그런 까닭에 미륵과 순이의 일을 봉구네의 입으로부터 들었으므로, 그는 까닭도 없이 가슴이 벌벌 떨렸던 것을 느끼고 있다. 이때 역시 그의 흉중에, 미륵이라 하는 존재가 일종 이상한 모양 영향을 깊이 새겼다 해도 틀리지 않았다.

미륵은 숙모의 부락에 살고 있는 몸이 왕성하고 말이 없는 나이 젊은 남자로, 들일도 태연히 사람의 두 배 정도 완수한다고 알려져 왔다. 게다가 씨름의 강한 정도에 있어서 이 근처에 있는 섬들에 이름이 널리 알려져 있어, 씨름대회 때 상을 탄 소도 한 마리 정도 길

---

3) 원문에는 마침표가 없다. 이하 (원문에 나타난) 겹낟표, 내의 마침표 여부는 원문을 따랐다.

러 왔다. 낭은 그를 은근히 두려워하는 동시에 좋아하고 있었다. 대회의 때 등은 미륵의 큰 팬으로서, 발이나 손으로 상대의 큰 남자를 뒤집을 적마다 갈채와 박수를 보냈다. 순이도 반드시 어딘가에서 남모르게 끝까지 서서, 놀라 기뻐했던 것을 낭은 이 딸들의 소동 가운데에 문득 생각해 내었다. 그래서 그후부터는 미륵이 그저 좋다고 하는 이유로는 가지 않게 되었다.

특히 그로부터 며칠 후 저녁 때, 마을 바깥의 집 앞에서 어망의 그물을 잇고 있던 곰보 이서방이, 지나는 길의 미륵에게,

『자네도 바다에 가지 않으려나, 젊은 무리가 거의 모두 가더군. … 헤헤, 과연 순이에게 애인이 생기는 것이 두렵지. 그렇지 않으면 봉구네가 성가시고 귀찮게 늘 따라다니지』

라고, 농담을 했기 때문에, 등을 잡아 치켜 올려 5, 6회나 빙빙 돌리는 것을 보고, 생각없이 유쾌하게 웃었던 것의, 고기잡이에 이르러서도 뛰어나다고 말해지는 그가 어인 까닭에 바다에 가지 않는가도, 또 봉구네가 미륵에게 짝사랑을 걸고 있는 듯하다는 것도, 죄다 알 수 있어 낭은 적잖이 질투를 느꼈다.

그러한 덧없는 것을 생각해 내면서 낭은 혼자 살짝 쓰게 웃었다. 생각해 보면, 그 뒤로 벌써 그럭저럭 20년이나 된다. 저 섬의 그리운 사람들이라든가 어린 친구, 또는 순이, 칠성녀, 서분네, 봉구네 등, 모두 어떤 상태로 살고 있는 것일까. 그가 열 살 때 숙모가 북간도로 이주한 후는, 다시 그 섬에 나간 일은 한번도 없었다. 저 배를 대는 물가에 우뚝 서있었던 높은 포플러의 나무숲도, 지금 오히려 꺾어지지 않은 채 저녁 바람을 받고 붉은 하늘의 밑을 비 모양 흔들흔들 흔들리고 있는 것일까.

도중 두로도의 중단리(中端里)에서 한 번 대어 손님을 내려놓은 후,

증기선은 다도하(多島河)라고도 이를 만한 근처에 나아가기 시작했다. 점점이 떠있는 섬들의 풍정(風情)도 각양으로, 혹은 곤유섬(鷗游島), 혹은 복도(福島), 혹은 별잔섬, 혹은 추자도, 멀리에 장광도(長光島), 도다니도(斗團島), 문바리도(文發島), 그리고 이름없는, 사람도 살지 않는 물새와 같이 눈에 띄게 곱고 아름다운 섬들. 오른 쪽은 예로부터 시가에 흔히 절경으로 불려져 온 만경대가 낭떠러지 위에 길게 태워져 걸려 있다. 흐름은 넓게 혹은 좁게 몇 줄기로 갈라지고, 물은 검을 정도로 파랗다. 몇 척의 돛단배는 유연하게 오가고, 작은 짐배나 메세이(川獵船)는 증기선의 화력이 일으키는 파도를 받아 요동한다. 옛날 프랑스의 선함(船艦)이 한국 군대의 공격을 받아 좌초했던 것도 이 근처이다. 만경대가 바로 아래 내려다 보는 곤유섬의 물가에는 아마 두로도에서 헤엄쳐 건너 온 아이들인지, 4, 5인이 백로와 같이 잠깐 게 구멍을 엿본 듯, 급히 손을 쑤셔놓고 발을 벌리고 힘껏 버티기도 하고 거꾸로 서기도 했다.

증기선은 만경대의 남단에 이미 한 번 멈추어, 승객을 3, 4인 내려놓고 다시 기관을 웅웅 소리를 내면서 하심(河心)으로 나아갔다. 두로도의 끝, 낙덕면(落德面)도 어느 사이에 통과하고, 야채의 꽃이 핀 널찍한 추자도의 전원을 오른쪽에 바라보면서, 점점 바다와 같이 넓어지는 대하의 가운데 활모양을 그리면서 백조와 같이 나아간다. 이렇게 하여 또 30분 정도 흘러 내려가서 일까, 돌연 왼쪽 편에 마치 부스럼 난4) 앵무가 발을 깃털 가운데에 감추고 몸을 구부린 것처럼, 휠 정도인 백양(泥柳)으로 서까래(정도의 높이―역주)를 호화롭게 장식하고, 온 섬이 수양버들이나 포플러의 나무숲으로 푹 덮힌 작은 섬이 눈이 번쩍 뜨일 것 같이 선명하게 나타났다. 오색영롱한 물의 옥(水

---

4) 김재용 외 편역, 위의 책, 316면 참고.

の玉)을 차흩어뜨리게 하면서 이제 그것은 날아오르는 모양도 있고
또 작은 물고기와 같이 이제 강 밑에 잠입하는 그런 느낌도 있다. 잔
물결 치는 비단 같은 물은 마치 이 작은 섬을 녹색의 옥으로 충분히
잘 닦은 듯, 어째서일까 소년 무렵의 기억 가운데에는, 이 섬은 빛을
켜고 있지 않았다.

『정말로 눈에 띄게 곱고 아름다운 섬이군요』

그는 완전히 이 작은 섬의 아름다움에 현혹되어, 생각없이 옆 사람
을 향하여 말했다.

『뭐라고 하는 섬이요?』

『……물오리섬』

이라고, 꺼져드는 것 같이 툭 한마디 대답하는 소리의 주인은, 키가
큰 시골 풍정의 중년 부인으로, 세 살 정도 되는 눈이 큰, 피부가 햇
볕에 타서 검게 된 어린아이를 등에 지고 있었다. 그런데 그녀는 아
까부터 자세히 자신의 얼굴을 보고 있었던 모양이다. 낭은 슬며시 이
끌린 듯 그녀의 얼굴을 약간 쏘아 보았다. 그녀는 확 붉힌 눈을 내려
뜬 채,

『물오리가 겨울부터 봄 이전에 걸쳐 무리를 이루어 놀러 오므
로……』

『허어, 당신은』

이라고, 그는 문득 그때 끝없이 넓은 망각의 바다에서 기억을 몽땅
퍼올려 놀란 눈으로 똑바로 보았다.

『베기섬의 칠성녀씨가 아닌가』

『당신은 성내의 『쪼꼬맹이(小ちゃい)』씨지요』

역시 그 소리도 꺼져 들어가는 것 같았지만, 그녀는 『쪼꼬맹이』씨
라고 하는 낭의 당시 별명을 생각없이 불러버렸으므로 난처하게 되

어, 점점 얼굴이 새빨갛게 되었다. 그 콧마루 곁에는 옛날에 보이지 않던 자그마한 주근깨가 붙어 있어 일층 인상적이다.

『아주 의외군요. 거의 20년 만인데 이런 강 위에서 당신을 만나다니. 나는 옛날의 아름다운 추억에 끌려, 배에 탔던 것입니다. 베기섬의 모습도 많이 변했지요?』

『저도 지금은 겸이포(兼二浦) 쪽에서 농사를 짓고 있어요, 이 대동강을 내려가는 것이 몇 년 만인지. 평양에서 돌아오지만, 아무래도 이 강을 내려가는데 안 쪽으로 돌고 싶어졌습니다. 그러니까…』

라고 말하고 그녀는 몰래 낭의 쪽을 쳐다보며 잠깐 말이 막힌 듯 걱정을 하면서

『당신은 옛날의 순이를 생각하고 계셨어요?』

『예, 생각하고 있었어요』

라고, 낭도 마음에 남아있는 옛날의 모습을 떠올리면서 생긋 웃었다.

『순이씨는 요즈음 어디에 살고 있지요?』

『저 물오리섬에……』

라고, 칠성녀는 손을 올려 손가락질을 했다.

『미륵씨도 함께 저기에 옮겨 갔어요. 전부터 순이의 집을 보려고 하지만, 아무리 해도 보이지 않군요. 저도 순이는 요 십년쯤 사이에 만난 적이 없어요. 당신은 보았어요? 확실히 한 채밖에 없는 집이지만…』

『예―그러나 보이지 않아요』

라고, 낭은 차츰 뒤에 통과되어지는 물오리섬을 발돋음을 하여 멀리 넓게 보면서,

『역시 순이씨와 미륵은 부부가 되었던 것이군요. 그러나 나무들의 사이에 숨어있는 탓인지, 인가는 한 채도 없는 듯하군요』

중기선은 오른쪽 추자도의 중간 물가에서 두 세 사람의 남녀가 손을 흔들면서 외치는 것을 발견하고, 그쪽으로 방향을 바꾸어 서서히 접근해 가기 시작했다. 그래서 물오리섬은 점점 멀어져 가지만, 낭은 아름다운 그 섬 그림자를 좀 눈여겨 본 채 혼자 말했다.

『아 저 꿈같은 섬에 순이 부부가 살고 있는 것이다. 그렇다 추자도에 내려서 우선 저 섬에 작은 배를 향하기로 하자』

제2절

중기선에 몸을 싣고 떠나가는 칠성녀를 잠깐 배웅하고 나서, 낭은 기슭에 떠있는 작은 천렵선을 빌려, 단신 큰 강의 가운데로 저어 나갔다. 강의 한가운데 나아감에 따라서, 물의 흐름이 상당히 빠른 것 같으므로, 다시 뱃머리를 방향을 바꾸어 되돌아가는 것처럼 하면서 기슭을 따라 오르는 것을 두 구획 정도하고 나서, 중류를 힘차게, 저어 건너기 시작했다. 배는 나뭇잎 같이 흔들흔들하면서, 화살처럼 빠르게 아래쪽으로 흘러가게 되어지면서도 접근해 간다. 오후가 조금 지난 양광(陽光)이 하면(河面) 일대를 은하와 같이 진주로 아로 새기고, 그것이 신비스러운 수많은 미소를 풀리게 한다. 잔물결은 작게 춤추면서 배에 닿았다. 낭은 얼마 있지 않아 물오리섬의 아래 끝 근처에 배를 댈 수 있었다.

섬의 녹색을 친친 둥글게 감싼 백양(泥柳)의 우거짐 아래, 비단 같은 물에 씻기어 있는 바위가 많은 바닷가는 백사장이었다. 그 위에 닻을 던지고 내려가, 숲의 가운데를 기어들어 가니, 갈대가 키만큼이나 작은 길도 없이 가득 무성하여 있다. 하면을 쓰다듬고 불어 오는

바람이 창 같은 그 잎 끝을 빛나는 파도와 같이 춤추게 하고 있었다. 그 때마다 녹색의 풀 숲에서 풍기는 훈훈한 열기가 후텁지근하게 밀려온다. 거기를 헤엄치는 것같이 (손으로—역주) 헤치고 들어가서 둘러보면, 성(城)과 같이 백양의 무성함에 둘러싸여진 섬의 내부는, 생각했던 것보다도 넓어 보여 합계가 3만 평쯤 될까. 여기저기에 포플러 나무가 나란히 늘어서고, 이름 모르는 관목이 밀생(密生)하고 있었다. 갈대라든가 참억새라든가 그밖에 다른 잡초가 일면 무성한 모양으로 돋아나고, 또한 노랑색 들국화라든가 시초초(矢草草)라든가 그밖에 다른 꽃이 여기저기에 꽃숲을 이루고 무지개 모양 여러 가지 색을 흘리고 있었다. 어림짐작으로 돌아다니면서 어디를 바라보아도, 인가(人の家) 등 집 한 채도 발견되지 않고, 경작지도 손바닥만한 정도도 없는 바라 하면, 아무래도 무인도 같다. 토질을 살피기 위해 때때로 생각에 따라 멈추어 서서 구두 앞에서 흙을 슬슬 문질러 보자, 모래투성이로 그것이 구두의 앞에서 부슬부슬 흩어져 떨어졌다. 파리 날개의 작은 진동 소리에만 도취되어 듣는 것 같은 정적 중에, 조금 무료해서, 그는 푸른 하늘을 올려다보면서 덧없이 휘파람을 불었다.

순이 부부는 여기에서 몇 년쯤인가 천국 같은 즐거운 생활을 하고 나서, 지금은 이미 어딘가에 옮겨 살고 있는 것일까. 화려한 자연의 은혜 가운데 다만 두 사람만의 아름다운 생활을 꽃피우고, 약간의 모래땅을 갈아 곡식을 마련하고, 바위가 많은 바닷가에서 채그물이라도 걸어 돌리면서 극히 자연스럽게 또 소박하게 생활하고 있었던 것일까. 뭐라고 하는 푸른 섬, 뭐라고 하는 푸른 하늘, 뭐라고 하는 은하(銀河)일까. 그러나 이미 순이가 이곳에 없는 것이다라고 생각하자, 그는 마음을 달랠 길이 없어 실망을 느꼈다. 그때 어딘가에 두세 마리 작은 새의 은방울 같은 묘한 울음소리가 들렸으므로, 그는 놀란 것 같이 주변을 둘러 보았다. 포플러 나무줄기의 잎의 몸이 석양을 받아 금색으로 팔랑팔랑 번득이고 있다. 그러자 이번에는 뒤쪽에 서있는 나무 가운데로부터 딱따구리의 나무를 쪼는 소리가 들렸다. 그와 동시에 그의 머리 위를, 아름다운 작은 새가 아까의 저 구르는 것 같은 차가운 소리로 노래를 부르면서 동북쪽 기슭의 방향을 향하여 날아갔다. 그는 그 노래 소리에 끌리는 것 같이 되어, 꽃밭의 가운데를 발로 헤치고 다시 갈대 수풀의 가운데를 누비고 나아가면서, 그것이 파형(波形)으로 선을 끌면서 유성과 같이 날아가는 모양을 눈으로 뒤쫓았다.

겨우 물가의 가까이에 온 때는 작은 새의 그림자도 보이지 않게 되어, 노래도 사라져 없어졌다. 헛되이 멈추어서서 주변을 찾듯 둘러 보고 있었더니, 뜻밖에 자신의 바로 곁 나무 위에서 두 사람의 열 한 두 살 정도의 소녀가 작은 바구니(籠)를 껴안은 채 매우 놀라 있으므로 눈이 멈추었다. 그것은 야생의 뽕나무로, 그녀들은 자색의 작은 알갱이를 이룬 열매를 채집하러 올라가 있었다. 두 사람 다 입가가 뽕나무 열매 색으로 귀엽고 기특하게 물든 채 내 쪽을 목소리를 낮추고 힐끔힐끔 내려다보고 있다. 낭은 놀란 모양으로 올려다보면서 말했다.

『뽕나무의 열매를 채집하고 있구나. 그대들은 이 섬에 살고 있어요?』

『아니오, 저기 큰 섬에서 왔습니다』

라고 눈이 검은 소녀가 대답했다. 어럽쇼, 그러한 곳에도 아직 섬이 있었어라고 생각하면서,

『이 섬에는 아무도 살고 있지 않아요?』

『예, 옛날 집 한 채가 있었는데, 홍수에 흘러가 버렸어요』

라고, 이번은 붉은 댕기(髮のリボン)를 늘어뜨린 소녀가, 다른 가지에 위태롭게 매달리면서 대답한다.

『허참? 홍수에…… 그래서 그 사람들은 어떻게 되었어요?』

『몰라요. 어른들이 이야기하지 않았나요……』

오히려 붉은 댕기는 이렇게 물었다.

『아저씨는 어디에서 왔어요?』

『평양에서 왔다. 너무 아름다운 섬이니까 와서 살까하고 생각해. 아저씨처럼 큰 사람이 와서 살까?』

『아저씨 혼자서 무섭지 않아요?』

검은 눈이 호기심에 깜빡깜빡거리게 되면서 밑을 보았다.

『무섭지 않아』

『홍수가 나서 집이 떠내려가도 무섭지 않아요?』

그런데도 머리를 끄덕거리는 낭의 얼굴을 보고, 붉은 댕기가 눈을 동그랗게 떴다.

『그렇다면 와서 살아도 좋아요. 그렇지만 아저씨는 저희들이 이곳에 뽕나무의 열매라든가 꽃을 따러 와도 좋아?』

『오냐, 괜찮아, 사이좋게 지내자. 그럼, 아저씨에게도 한 개 떨어뜨리렴!』

『그래요』

『그래요』

라고, 그녀들은 서로 경쟁이라도 하듯이 똑똑 떨어뜨렸다. 그리고 그가 손을 대지 않고 몇 개라도 입을 벌린 채 덥석 받는 것을 보고, 재미있는 것처럼 들떠서 떠들었다.

『그리고……』

검은 눈이 말했다.

『옛날이야기도 해줘요?』

『암, 언제라도 해주겠어요. 매일 들으러 와주겠지? 게다가 아저씨는 여기에 포도밭을 만들지도 모른다. 그렇게 한다면 돌아갈 때 얼마든지 싸주겠어요』

　『좋아요』

라고 두 사람은 서로 동태를 살피며 킥킥거리고 웃었다.

　『매일, 매일 오겠어요. 저희들 스스로 작은 배를 저을 수 있는 걸요. 어떤 옛이야기를 들려 줄 거예요?』

　『그렇구나』

라고 말하면서 잠깐 골똘히 생각하는 가운데, 낭은 옛날 스스로가 이 소녀들 같이 어렸던 때, 칠성녀라든가 봉구네라든가 순이에게 옛이야기를 졸랐던 것을 생각해 내었다.

　『호랑이가 중이 되어 마을에 나왔다고 하는 이야기는 어때?』

　『들었어요』

라고 두 사람은 자색의 입을 맞추어 말했다.

　『그렇다면 돌구두를 신은 장사의 이야기는 어때?』

　『그것도 들었어요』

　『허어, 무엇이든지 다 들은 것이군』

이라고, 그는 옛날 칠성녀라든가 순이로부터 들은 옛이야기가, 이 근처에 있는 섬들에서 얼마나 많이 반복되어지고 있는지를 알고, 순이들에 대한 안타까운 추억이 점점 더 돋아서 다시 가슴이 뛰는 것을 깨달았다.

　『……그러면, 소금 파는 할아버지가 논길에서 가래를 주었다고 하는 이야기는?』

　『그것도 들은 것 같아』

라고 검은 눈이 빨간 댕기를 향해 동의를 구했다.

　『아, 저기에 멈추어 있는 큰 돛단배의 뚱뚱한 아저씨에게도 들었어요』

　『저런, 어디에 돛단배 따위가 멈추어 있는거야?』

『아저씨 어딘지 보이지 않아요? 저 섬 끝에 포플러 숲이 있지요』
라고, 검은 눈이 동북쪽을 손가락질 했다.

『그 가운데 돛단배가 흔들리고 있는 것이 보이지요. 거기서 건너면
저희들의 섬입니다.』

사, 오 보 나아가 그 쪽을 주의 깊게 보면, 과연 숲을 향해, 높은
돛대가 쑥쑥 흔들리면서 보였다숨었다하고 있는 어떻게 저같이 큰 배
가 이런 섬에 닻을 내리고 있는 것일까. 그는 뒤돌아보고 올려다보면
서 물었다.

『저 배는 뭐하러 와 있는거야?』

『저 배의 아저씨는 언제나 자주 들르러 오지요. 한 사람은 무서운
아저씨로, 어쩌면 토좌위문(土佐衛門)5)일지도 몰라』
라고 붉은 댕기는 겁이 난 듯 입언저리를 오므렸다.

『한 마디도 말 따위를 한 적이 없는 걸요』

『그래, 그러면 아저씨가 한 번 가보도록 하지』

그는 불가사의한 기분에 사로잡히면서 그 쪽을 향해 걷기 시작했
다. 가는데 따라서 거기는 어느 정도 이 섬에서는 높은 것 같이 생각
되어지지만, 역시 깊은 갈대라든가 참억새가 밀생하고 있었고, 그것을
젖히면서 나무숲 사이를 먼 눈으로 보면, 과연 큰 돛단배가 한 척 멈
추어 있고, 그 위에 한 사람의 뚱뚱한 대머리인 몸집이 큰 사나이가
듣던 바 풍정이, 낚싯대라도 늘어뜨리고 있는 모양이다. 소녀들에게
소금 파는 할아버지의 이야기를 해주었던 것은, 저 남자다라고 생각
하면서, 낭은 약간 높게 되어 있고, 풀도 그다지 늘어져 있지 않은
곳의 곁을 지나가려고 했다. 그때 어디서부터 꽃가루인지 미세한 꽃

---

5) 土佐衛門은 土左衛門의 오식인 듯. 도자에몽의 뜻은 다음과 같다. 물에 빠져 죽은 송장,
   익사자, 익사체를 의미하는 속어. 물에 빠져 퉁퉁 부은 시체가 에도 시대의 씨름꾼인 도
   자에몽의 뚱뚱한 몸뚱이 같다하여 생긴 말. 김재용 외 편역, 위의 책, 321면에는 '벙어
   리'로 번역하였다.

향기가 저녁바람을 타고 왔다. 정말로 좋은 향기다라고 말하면서 두 세간(間) 나아가는 중에, 희한하게도 문득 발 앞에서 걸리는 커다란 돌이 있다. 어 어 어떻게 이처럼 커다란 돌이 있는 것일까라고 놀라서 보니, 과연 옛날 순이의 집이 서 있었던 자취처럼 보이고, 무수한 돌이 세 평쯤 넓이에 이끼가 낀 채 파묻혀 깔려 있다. 뭐라고도 형용할 수 없을 것 같은 감상(感傷)이 낭의 몸의 가운데에 흘러 왔다. 그곳을 둘러싼 참억새가 바람에 옆으로 쏠려 흔들려 와삭와삭 소리가 나고, 그 한 구석에서 강한 꽃향기가 나온다.

(뜰에 깐—역주) 납작한 돌을 밟으며 따라 이동하고 그 쪽으로 접근해 보자. 그것은 엄청나게 많은 흰 꽃이 어우러져 만발한 덩굴장미로 그의 눈을 놀라게 했지만, 그것보다도 일층 낭이 놀란 것은, 그 꽃들의 아래에서 고개를 위로 한 채 자고 있던 흰 옷 입은 남자가 한 사람 벌떡 일어나는 것이다. 낭은 첫 눈으로 곧 이것이 미륵이라는 것을 간파하고 온 몸이 굳었다.

언 뜻 본 바 옛날과 모양도 변하지 않은 적동색(赤銅色)으로 햇볕에 탔고, 코들보가 높고 골격이 빼어나게 다부지다. 커다란 눈이 깊숙하고 깊이 잠긴 채 약간 희게 번쩍번쩍 빛나고 있었다. 미륵은 물론 낭이 누구일까 눈치채지 못했음에 틀림없지만, 일단 언뜻 그를 눈으로 쓰다듬어 내리고나서, 저 소녀들이 말하고 있는 것처럼 한 마디도 아니한 채 무뚝뚝하게 몸을 뒤로 젖혔다. 낭은 조용히 연초를 꺼내어 물어뜯고 나서, 그 사나이에게도 은근히 하나를 내밀었다. 미륵은 침묵을 지킨 채 한 번 목례를 하고나서, 그것을 어렵잖게 움켜잡았다. 그래서 불을 나누면서 낭은 사나이를 향하여 조심스럽게 말하기 시작했다.

『당신은 미륵씨인가요? 나는 아이때 숙모의 집을 방문하고 종종 베기섬에 가곤 했으므로, 당신을 기억하고 있지요』

미륵은 그때 받았던 불을 연초에 붙이고 있었지만, 커다란 손을 흔들고 성냥개비를 버리고 나서, 깊이 깊은 눈으로 구멍이 열린 만큼 약간 낭의 얼굴을 골똘히 엿보았다. 아물아물한 기억의 안개가 걷히고, 문득 낭을 생각하기 시작한 것으로 보여 잠깐 정도 얼굴이 일그러졌던가라고 생각하자 돌연 적의가 담긴 몹시 밉살스러운 표정이 되었다.

『어떻게 왔어요! 예, 내 섬에 뭐하러 왔어요! 내 섬에는 누구도 들어오지 못해요!』

이렇게 외치면서 몹시 노하여 흥분한 미륵이지만, 눈 깜짝할 사이에 또 말도 아니한 채 슬픔의 색을 띠우고 (좌절감으로—역주) 아주 풀이 죽어 버렸다. 고개를 푹 드리우고 양손을 부들부들 떨고 있다. 또는 옛날 순이가 작은 낭을 귀여워했던 것을 알고 있으므로, 이 순이의 열애자(熱愛者)는 그라고 인지하는가아닌가 갑자기 무서울 정도의 질투를 느꼈던 것일까. 그러나 그렇다라고 긍정하기에는 너무 철없는 이야기라고 할까. 아니면 순이에게 뭔가 나쁜 일이라도 있어서, 이미 자기의 곁에 그녀가 없는 것이라고 생각하자, 질투의 사나운 울부짖음은 그림자를 숨기고 갑자기 슬픔만이 마음에 밀려들었다고 할까.

『증기선을 타고 이 대동강을 내려오고 있었지만, 너무 섬이 아름다우므로 추자도에 내려서 작은 배를 저어 왔어요』

과연 순이가 살고 있다고 하므로, 어떤 일이 있어도 와보고 싶었던 것이라고 말할 수 없었다.

『아까 저기 뽕나무 위에 올라가 있는 소녀들에게 물었더니, 이 섬에 한 채 집이 있었다지만 홍수에 떠내려갔다던가…… 당신의 부부가 살고 있었던 모양이지요?』

『……묻지 말아줘』

어떻게 된 것인지, 미륵은 애원(哀願)하는 모양으로 불쌍하게 목청을 쥐어짰다.

『부탁이야』

그때 배 쪽에서 아까 낚시를 하고 있던 반들반들한 대머리의 늙은 뱃사공이, 두 자 정도인 큰 고기를 안고 당황하여 허둥거리며 뛰어오면서

『어이, 미륵, 미륵, 큰 숭어가 낚였어!』

라고, 외쳤지만, 문득 낭을 보자 놀라 서 멈추었다. 그래서 곧 두 사람 사이의 불쾌한 공기를 본 모양, 시실시실 웃으면서 접근해 와서, 펄쩍펄쩍 튀면서 꼬리와 지느러미로 자기의 배를 철썩철썩 세게 내리치는 숭어를 단단히 누르고

『자, 이것 봐, 이것 봐. 헤헤에, 자네도 이쪽의 낯선 나리 때문에 화가 났군』

이라고 헐떡거리면서 말했다. 그래서 낭의 쪽을 뒤돌아 보면서, 여하히 곤란한 남자이니까라고 말하지 않을 뿐 선량한 듯 히쭉 웃고 나서

『나리 참아 주세요, 이 고집 센 내 아이는, 이 섬에서 누구를 보아도 투덜투덜 부풀어 오르는 성품이니까요. 하마(河豚)처럼 화를 내는 녀석이죠, 헤헤헤헤』

『이 날도둑, 영감!』

이라고, 미륵은 갑자기 큰소리로 외쳤다.

『아—좋아 좋아, 잠자코 있지. 멋진 물고기야, 이거라면 빨리 생선회라도 만들 수 있지 않나. 거참, 게다가 밥은 익었을지도 모르겠어6)』

라고 말하면서 두 세 간만 앞 쪽으로 걸어갔다. 과연 그 돌 위에 노구솥에 걸려 뽀글뽀글 삶아지고 있다.

『자네는 꼭 배가 고픈가 보군. 배가 고파 거기에 바람이 들어가 화가 난 것이군. 헤헤헤헤, 어쩐지 자네 배는 그런 것 같군. 지금 이것

---

6) 김재용 외 편역, 위의 책, 323면 참고.

으로 술이라도 한 잔 들이키면서 시장기를 달래요……』

그래서 돌이켜 보고 낭에게 눈짓을 했다.

『나리, 이리 오세요!』

숭어 요리에 착수하고 있는 뱃사공은, 그가 접근해 오자 벌써 한 번 선량하게 시실시실 웃어 보였다. 낭은 혹은 이 노인에게 미륵 부부의 세밀한 이야기를 들을 수 있을지도 모른다고 생각했다. 그러나 도무지 말을 꺼내는 모양이 없으므로, 저녁 하늘의 새빨간 잔조(殘照)를 받으면서 혼자 말하듯 노래를 했다. 강의 수면을 건너오는 저녁 바람이 비교적 강하고, 금색으로 반짝이는 갈대라든가 참억새의 잎 끝을 벌떡 일어나는 것 같이 나부끼게 하면서, 그의 말을 몰아쳐 간다.

『저녁놀이 새빨간 게 어째 좀……』

『에 그렇지요만, 어쩐지 마치 이곳이 옛날의 부엌의 자취로……』라고, 뱃사공은 어떻게 잘못 들었는지 지독한 귀머거리인양 탁하고 굵은, 천덕스러운 목소리로 헐떡거리기 시작했다.

『저 나의 고집이 센 아이는, 여기에서 밥지을 불을 피우기도 하고 야채를 만들지도 않으면 승낙치 않는 겁니다만, 헷헤헤헤헤, 큰 아가예요, 귀여운 아내와 이곳에서 살았던 옛날의 일이 아무래도 잊혀지지 않으므로, 헷헤헤헤, 그래서 우리들은 이 대동강을 오르락내리락하는 때 반드시 여기에 한번 들러 쉬어가죠……』

『영감님은 하녀(嬶)는 없으신지요』

『아, 내 아들이 없어? 낳은 아들은 없어도 저 고집 센 아이가 내 아들인 셈이지. 헷헤헤헤, 그렇지? 미륵』

사나이는 팔의 가운데에 얼굴을 묻은 채 멍한 상태라 공교롭게도 대답하지 않았다.

『헷헤헤헤, 옛날의 꿈을 보고 있는 것 같아. 아내가 홍수 때 집과 함께 쓸려, 지금 용궁전(龍宮殿)에 가 머무르지. 옛날 여기에 두 간 연속의 집을 조촐하게 지어서……』

『틀려! 틀려요』

라고 돌연 미륵은 몸을 벌떡 일으켜 큰 소리로 외치기 시작했다.

『세 간도 네 간도 이어져 있는 근사한 집이었어요!』

그것이 놀랄 정도의 큰 목소리였으므로, 과연 뱃사공도 잘못 듣지 않았다는 듯이,

『아 그렇고 말고, 세 간도 네 간도 다섯 간도……. 그것이 이 섬에서 임금님같이 무엇 하나 부자유하지 않은 것 같은 생활을 하고 있었던 것이지요』

『자네 그 무렵의 이야기 한 번 들려주지 않겠나. 나. 옛날에는 어떤 이야기라도 한 귀에서 듣고 한 귀에서 잊어버렸지만, 이제 지금은 귀가 아주 절벽과 같이 귀머거리니까, 이번에 들으면 절대로 잊지는 않겠어. 여기 와서 술이라도 돌리면서, 한번 이 나리와도 사이좋게 잔치를 해』

라고 유혹하면서, 곁에서 준비한 커다란 한 되 술병을 들어 올렸다. 미륵은 무뚝뚝한 채 일어나서 오자마자, 바위같이 다시 철썩 눌어붙었다.

석양은 점점 산 근처에 구르기 시작하고, 강의 수면에는 눈부신 새빨간 저녁놀이 가라앉는 경향이 많음에 따라 (눈부시게―역주) 빛나고, 시시각각으로 근처는 자줏빛과 붉은 빛깔로 물들고, 그것이 심하게 됨에 따라서 또 근처는 차차로 어두워 가고, 최후의 잔광이 무지개같이 한번 반짝였는가라고 생각하자 밤의 장막이 먹을 칠한 것 같이 내려 왔다. 언뜻 동시에, 동쪽 하늘에서 음력 16일 밤의 달이 두둥실 뜨고, 섬 전체에 황금색을 내리면서, 나뭇가지를 울리고 풀을 춤추게 하고 있었지만, 마침내 널찍해진 강에 황금다리를 늘어뜨리고 낭들(役

等)의 잔치 가운데에 방문을 하여, 세 사람의 얼굴을 하이얗게 비추었다. 솔솔 바람은 산들거림으로 불어서 새를 모으고, 때때로 강을 가는 배의 노를 젓는 소리가 어쩐지 쓸쓸하게 들려온다. 굳게 입을 다물고 있던 미륵은 차차 취기가 돎에 따라서, (감정을—역주) 발산할 곳을 구태여 중지하지 않고 비절(悲絶)하게 감정을 참을 수 없는 듯, 띄엄 띄엄 대체적인 요점을 다음 같이 이야기하기 시작했다.

제3절

『나의 노친네는 내가 열 살 되던 해 가을, 수렵선을 타고 황해로 나갔지만, 그 뿐 돌아오지 않았다』
라고 그는 낮은 목소리로 말했다.
『나는 그때부터 전혀 바다가 싫어졌다』
바람편에 들은 바로는, 황해 연평도에서 선술집의 여자와 부부가 되었다는 것이었다. 그 이래 어머니는 그를 안고 고난의 생활로 들어가고, 매일 아버지에 대한 한스러운 말로 세월이 가고 있었다. 미륵은 어리면서도 어머니를 도와 두 사람의 생활을 보호하지 않으면 안되겠다고 결심하고, 매일 아침 일찍 어머니와 함께 일어나서는, 들에 나가 어른이라도 버거울 만큼 계속해서 일했다. 그 중 어른을 능가할 만큼 몸도 억세고, 소작도 다른 사람의 한 배(一倍) 할 수 있을 것 같이 되어, 아버지가 보살펴 주지 않아도 버려진 어머니와 아들은 이렇게 훌륭하게 살아갈 수 있다고 말하는 외고집의 자신이 생겼다. 그것이 열 네다섯 살 무렵이리라.

그러나 어릴 때부터 그에게는 한 가지 끊지 못하는 동경이 있었던 것이다. 그것은 소를 한 마리 기르는 것 같은 신분이 되어, 아침 일찍이 물가에 데리고 나가서 풀을 먹이고, 황혼 무렵에는 다른 소년들 같이 그 등 가운데 타고 갈대 피리 등을 불면서 돌아오는 것이다. 그러나 그것을 바라기에는, 너무 가난하게 살았다. 그래서 이 소년이 생각해 낸 것은, 그렇다, 훌륭한 씨름을 차지하여 단오대회에 나가서 소상을 타오자고 하는 것이었다. 그래서 들 일의 틈틈이에 섬의 소년들과, 마지막에는 장년들을 상대로 네 명에 한 패가 되어서 기(技)를 익혔다. 그렇게 하여 그가 드디어 이등상의 송아지를 끌고 집에 돌아오는 것 같이 되었던 것은, 열아홉 살의 단오절 때이다.

이미 그 자신 소의 등 가운데 탈 수 있을 것 같은 나이도 아니고, 또 소의 몸도 작디작았지만, 그러나 어느 정도 기뻤던 것이리라. 그는 어머니와 서로 소를 좇으면서 돌아오는 도중, 땅거미 진 물가에 나가 송아지의 몸을 씻으면서 말했다.

『어머니(おつ母), 에 소이지만. 그래 모두 3인 가족이 되었지 않아요. 아버지가 없어도 어머니는 이제 울 일이 없지 않아? 나 내년 단오에는 더욱 큰 놈을 잡아 올거야』

그렇다 하더라도 사실은 3인 가족이 아니고, 그때부터 그의 마음 가운데에는 모두 4인의 가족이 사는 것 같이 되었다. 라고 하는 것은, 열여섯 살의 순이가 씨름대회이래 그에게 특별한 호의를 두었기 때문이다.

어쨌든 어릴 때부터 이 고집 세고 지조가 굳으며 외로운(狷介孤獨) 소년은 젊은 여자라고 하는 것이 싫고도 싫었다. 아버지를 집으로부터, 어머니로부터, 또 자기로부터 빼앗아 간 자야말로 젊은 여자가 아니었던가. 그는 쉽게 마음을 허락하지 않았다. 해질 녘 순이가 어린아이를 등에 지고 우연한 것 같이 그가 지나는 길에 나와 잠시 멈춰

서면서, 정면으로 쳐다볼 수도 없어 얼굴을 새빨갛게 물들였던 때도, 또 조금은 친숙해져서 깜빡깜빡 곁눈질 했던 때도, 그는 한번 뒤돌아 보지 않고 끼랴— 끼랴하고 맥없이 소만 좇았다.

그러나 어느 달 밝은 심야, 집 앞에서 혼자 오도카니 앉아서 하늘을 쳐다보고 있자, 봉구네의 집에서 자수 일의 귀로에 그녀가 통과하면서, 녹색의 천에 적(赤)과 황(黃)으로 아름다운 꽃을 (시접이 안쪽으로 들어가도록—역주) 꿰맨 돈주머니를 자기의 앞에 똑 떨어뜨린 때는, 그것을 주워가지고 일어났지만 그는 어떻게 부를 수도 없어 우물쭈물했다. 순이는 긴긴 머리털 다발을 꾸불꾸불하게 하면서 빠르게 도망쳐 갔다. 그 밤 그는 역시 이것을 어떻게 할까, 어떤 방법으로 되돌릴 건가 고민했다.

그 뒤 수일 후 소를 데리고 돌아오는 도중, 길 끝의 뽕나무의 잎을 뜯는 시늉을 하고 있는 그녀를 만났지만, 그는 그 일로 말을 꺼내지 못하고, 맥없이 알지 못한 모양으로 지나가려고 하자, 순이가 뒤에서 자기의 긴 댕기머리로 철썩 소의 궁둥이를 치고 끼랴—라고 외쳤다. 그 박자에 소가 놀라 뛰어 오르는 것을 보고, 그녀는 깔깔 웃기 시작했다. 미륵은 한 바퀴 뱅그르르 아주 방향을 돌면서 노해서 큰소리로 외쳤다.

『이 녀석, 뭐했어!』

『소, 소가 뭐 말이냐』

순이는 머리로 메뚜기의 절굿공의 모양을 만들어 내었다. 미륵은 부루퉁한 소의 고삐를 (단단히 — 역주) 죄면서 접근해 와서, 약간 쏘아 보는 중에, 같이 쏘아보는 그녀의 시원한 눈매에 겁이 나서 말을 우물거렸다. 그녀는 또 심술궂은 모양으로 그의 목소리 흉내로

『끼랴— 끼랴— 가 뭐야!』

라고 입을 오므라뜨리고, 그 다음에 급하게

『돌아간다! 남이 보면 어떻게 해』

라고 말하면서 몸을 돌려 비키며 뽕나무 아래에 한 발 내려섰다. 소는 끼랴— 끼랴— 로 나아가기 시작했지만, 그는 역시 우두커니 선 채 한 마디도 하지 않고 망연하게 되어 있었다. 얼마 안 있어 돌아가려고 발길을 돌리기 시작했고,

『응 그래, 생각해 내었다』

라고 다시 뻗디디어 멈추었다.

『네가 떨어뜨린 돈지갑 돌려준다』

그리고 자기의 웃옷의 가운데에 손을 넣어서 끈을 잡아 당겼다. 끈은 소리를 내고 뚝 끊어지면서 돈지갑을 단 채 나아왔다. 그는 그것을 어디에 간수해 두어야 좋을지 몰랐으므로, 끈을 달아 가슴에 매고 돌아다니고 있었던 것이었다. 그것을 보고 순이는 더욱더 깔깔 배꼽이 빠지게 웃으면서, 뽕나무 밭의 가운데로 숨으면서 멀리 도망쳐 갔다. 그 이래 그녀는 그가 얼마나 소를 소중히 하고 있는가에 문득 생각이 났던 모양, 이번은 그의 집 앞을 지나갈 때 등에는, 뜯어잡은 한 줌의 부드러운 말먹이 풀을 치맛자락에 숨기고 외양간에 접근하여, 휙 던지고 달아나거나 했다. 그것을 보자 미륵은 온 몸으로 기쁘게 되어, 순이가 매우 고맙게 생각되어지기 시작했다.

이리하여 두 사람은 점점 (오해가— 역주) 풀려갔다. 어머니는 뒷전에서 두 사람 사이를 지켜보면서 은근히 기뻐하고 있었다. 순이와 같이 이 촌에서도 평판의 기량(器量)에서 마음씨도 부드러운 딸을 며느리로 맞아들일 수가 있다면, 이보다 더한 것이 없기 때문이다. 그 가운데 미륵은 순이가 곧잘 세탁하러 나오는 물가 근처에 송아지를 데리고 가서 스스로 외출하는 것 같이 되었다. 끼랴— 끼끼끼, 끼료—.

이 소리를 듣자, 그녀는 바쁜 모양으로 세탁물의 그릇을 머리에 얹고 나아온다. 그는 물가에 나온 작은 길까지 오자, 일부러 송아지의 고삐를 늦추어 놓고 통행하다 말고 멈춤으로 해둔다. 종종걸음으로 나온 순이는 곤란하여 멈추어서서, 멈칫멈칫 곁에 다가오려고 하면서,

　『난처하다니까, 그렇게 어디로 소를 멈추어 놓고……』

라고, 입을 뾰족하게 하고, 사방으로 눈길을 살폈다.

　『그렇게 노하지 마. 어차피 이 놈은 자네 것이잖아. 요즈음 길들였는데』

　『빨리 고삐를 끌어당겨. 오래 서있게 되어서 지나가지 않아서는 안 되잖아?』

　그녀는 노한 것 같이 노려본다. 송아지는 길 연변의 팬 곳에서 코를 들어 찔러 풀을 뜯어 먹고 있었지만, 때때로 그녀 쪽으로 머리를 올려 흔들었다. 순이는 놀라서 후퇴했다.

　『까닭은 말야, 송아지가 바보……』

　『그렇게 우공(牛公)을 꾸짖지 마, 끼랴―, 우공이라고 했다, 했다』

라고 말하면서 고삐를 끌어당기고,

　『자 가지』

　순이는 그 틈에 꽃 같은 미소를 흩뿌리면서, 송아지의 뒤를 돌아 허둥지둥하는 태도로 도망쳐갔다. 미륵은 히히히 웃었다. 그녀는 두 세 간 가자 뒤돌아보면서

　『입강(入江)의 아카시아의 아래에 부드러운 풀이 많아!』

라고 말해 버리고 다시 달아나는 것 같이 물가에 내려갔지만, 그러한 때 봉구네는 그늘에 숨어서 지켜보고 있었던 모양, 자주 불쑥 나타나서, 눈초리를 늘어뜨리고, 순이의 뒷모습을 늘 쏘아보는 것 같이 눈을 보냈다. 그녀의 모습이 보이지 않게 되자, 봉구네는 그의 쪽에 접근해

오면서,

　『몹시 정답군』

　이라고, 흰 이를 보이고 강인한 얼굴로 웃었다. 봉구네는 섬에서도 평판 있는 인정이 많은 딸로, 최근 그에게 짝사랑을 하고 있었다. 그러나 그는 휙 등을 돌리고, 소에게 손바닥으로 치고, 끼랴―라고 외치자마자, 달리는 것 같이 소를 거느리면서 도망치기 시작했다. 봉구네는 그 처사에 흥분해서, 흙덩이를 쥐고 그의 쪽에 무턱대고 냅다 던졌다.

　가르쳐 준 길의 장소에 그가 소를 데리고 나가보자, 역시 그 길에 좋은 말먹이 풀이 융단과 같이 우거져 있다. 그래서 소를 놀리고 있자, 뒤에서 순이는 또 반드시 향해 왔다. 나무 그늘에서 그렇게 갑자기 몸을 숨기고, 그녀는 모우모우라고 소의 울음소리를 흉내낸다. 그러자, 송아지는 휙 되받아 향해 콧등을 들어올려 허공을 쳐다보면서, 모우라고 대답한다. 풀숲의 위에 들어가 앉아 있던 미륵은 벌떡 일어나서, 빙빙 근처를 둘러보았다. 그때 순이는 참외(眞瓜)를 힘껏 그의 앞에 내던지며, 깔깔 배꼽이 빠지게 웃으면서 나무 그늘에서 나온다. 그러자 그는 그것을 집어 올림과 동시에, 도망가는 그녀를 이번에는 뒤쫓으면서 아카시아의 줄기가 있는 막다른 곳까지 몰아넣고, 참외의 머리를 마음껏 깨물자마자, 그것을 그녀의 입 앞에 쑥 내밀었다.

　『먹어라!』

　이리하여 그들의 사이는 더욱더 의좋아져 가고, 어느덧 두 사람의 일은 섬에서 제일의 평판이 되었다. 이에는 봉구네의 취청(吹聽)[7]도 대부분 이유의 하나가 된다. 양가에서도 약간 정도의 고민이 있은 후, 그렇다면 가을걷이라도 마치고 두 사람을 결혼시키자고 하는 것으로까지 결정되었다.

---

7) 김재용 외 편역, 위의 책, 329면에는 '입방아'로 번역하였다.

『허락해도 가을이 오기 전에, 우리들에게 슬픈 일만 일어나는구나!』
라고 말하고, 미륵은 홍 체념하면서 콧물을 훌쩍였다. 다른 때도 아니
고 7월부터 8월에 걸쳐 큰 가뭄이 연이어 작물이 모두 타고, 섬 전체
가 마른 풀같이 말라버렸던 것이다. 7월까지의 농형(農形)부터가, 이것
은 전연 예상할 수 없었던 것으로 오직 한 사람의 소작료를 거두는
것도 할 수 없게 되었다. 특히 그의 쪽 지주(地主)는 평양성 내에서도
유명한 고리대(高利貸)이지만, 그가 몇 번이나 저택 아래에서 공손히
연기 쪽을 부탁했지만 들어주지 않고, 그의 생명보다도 중요한 송아
지를 드디어 사람을 보내와 데리고 돌아갔다.

그때 미륵은 소를 잃었던 마구의 구유 통 위에 허리를 내리고 잠
시 약간 몸을 움직이지도 않았지만, 별안간 정신이라도 미치기 시작
한 것 같이 도끼를 치켜들고 구유통을 두드려 부수고, 잠자코 있기
어려운 분노와 슬픔에 참을 수 없어 마구 가운데를 타고 밟으면서 미
쳐서 돌아다녔다. 순이는 그것을 보고 어린아이와 같이 엉엉 울기 시
작했고, 손으로 얼굴을 가리면서 사람들을 부르러 마을 가운데를 뛰
어서 돌아 다녔다. 마을의 남자들은 여러 사람이 달라붙어 그를 겨우
꼭꼭 묶고, 뜰의 큰 포플러의 나무에 비끄러매고 물을 세차게 끼얹으
면서 정신을 차리도록 했다. 그러나 그는 더욱더 미친 두억시니(夜叉)
같이 일곱 번 넘어지고 여덟 번 거꾸러지고(七顚八倒) 했다. 어떤 노
인은 틀림없이 이것은 실성한 것에 틀림없다고 말하고, 복숭아 가지
를 꺾어 와, 그래서 그가 기력이 다해 허물어져 버리기까지 뒤죽박죽
으로 때렸다. 그의 어머니는 치마를 뒤집어쓰고 통곡했다. 순이는 태
연히 볼 수 없어서 뛰어나가 나루터까지 급히 달려갔다.

나룻배가 이리로 오기까지의 사이, 그녀는 제멋대로 풀을 쥐어뜯어
주면서 작은 가슴이 떨리고 아팠다. 소는 슬픔에 머리를 숙이고, 순이

의 최후의 감사한 마음을 다한 풀을 체면없이 게걸스럽게 먹으면서 때때로 코를 홍홍하고 소리를 내었다. 배에 오르고 나서 송아지는 다 건너기까지, 여주인이 쓸쓸히 서서 배웅하는 물가 쪽을 바라보면서, 콧등을 들고 모우모우 울었다. 미륵은 그 후 머지않아, 저 싫어하는 황해(黃海)에 돈벌이하러 나갔다. 그 밖에 방법은 없었던 것이다.

그러나 그의 슬픔은 이것으로 다한 것은 아니었다. 춘 3월, 배에 돈을 싣고 이번에야말로 순이를 기다려 어머니와 세 사람이 다시 즐거운 섬 생활을 할 수 있을 것도, 기뻐하며 용기가 나서 돌아왔을 때는, 생활이 괴로운 나머지여서인가, 또는 지금까지의 생각이 변했던 것인가, 한치 앞을 못 내다본 때문인가, 어머니는 섬에 조개젓을 팔러 온 떠돌이와 함께 행방을 감춘 후였다. 외고집으로 외고집 위에 어머니를 깊이 사랑하고 믿었을 뿐 아니라, 버려진 두 사람은 이렇게 훌륭하게 살아보일테다라고 아버지에 대해 진정으로 뽐내었던 그였으니만큼, 발밑의 대지가 무너지고 눈앞이 아찔아찔한 생각이었다.

특히 그는 이번 바다에 나가, 남조선의 어떤 어장에서 뜻밖에 아버지를 만났던 것이었다. 그물을 끼우면서 무수한 어선이 서로 원한을 품고 서로 싸우면서 조기무리를 크게 잡는 소동의 한 때였지만, 양쪽이 닿을락말락 서로 바짝 옆으로 댄 맞은 편 측의 배에서 돌연 굵은 쉰 목소리가

『자네, 베기섬의 미륵이 아닌가?』

라고 큰 소리로 외쳤던 것이다. 놀란 미륵은 소리가 있는 쪽을 한 두 간의 거리를 두고 약간 노려보았다. 달밤이었다. 바닷바람이나 햇볕에 피부가 검게 탄 검은 50 가량 된 남자의 단단한 얼굴의 가운데에, 큰 눈이 고기비늘같이 빛나고 있다. 그 때 그의 뇌리를 어린 기억이 불화살 같이 달려갔다. 그는 손에 쥐고 있었던 그물의 한 끝을 엉겁결

에 놓고 망연해졌다. 그런데 곧 그의 가슴 가운데, 활활 증오의 불길
이 타올랐다. 그는 돌연 노대(櫓臺)에 뛰어 올라가 뱃머리를 반대쪽으
로 향했다. 그리고

　『돛을 올려라!』

라고 외쳤다. 같은 배에 있는 사람은 어안이 벙벙해지고, 수렵의 패거
리는 제각기 욕을 퍼부으며 떠들고 외치면서, 떨어져 가는 미륵의 배
를 일순간 멀찍이 바라보고 있었다. 미륵은 다시 외쳤다.

　『돛을 올려라!』

　아버지가 없더라도 나는 이렇게 크게 되었지, 농민으로서 사냥꾼으
로서 누구에게도 승부에 지지 않을 정도로 크게 되었지라고 하는 강
렬한 반발이 그를 그렇게 시켰던 것이었다. 그런데도 지금이야말로
그는 마음의 유일의 의지할 만한 곳이었던 어머니로부터도 버려져,
정진정명(正眞正銘)의 고아(孤兒)가 되어버렸지 않은가.

　『나는 그 이래 여자라는 것을 모두 믿을 수 없는 것 같이 되었다.
이제 남자도 여자도 나에게 악마의 모양으로밖에 생각되어지지 않았
다. 인간이란 것을 싫어하게 되어 버렸다』

　미륵은 그렇게 탄식하고 손으로 코를 풀었다. 자기를 낳아준 아버
지랑 어머니조차 자기를 버리고 가는데, 더한층 다른 누구를 믿을 수
있을까.

　그러나 순이만은 그가 부재중인 반년 사이, 낮에 밤을 이어 자수
일이랑 직물(織物)을 하여 일가의 생계를 도우면서 그의 돌아옴을 특
히 기다렸다. 초봄의 기경(起耕)을 앞두고 미륵이 무사히 돌아왔을 때,
그녀는 벌떡 일어나 기쁘게 맞이하고, 한편으로는 불행에도 불구하고
외고집인 이 애인을 진정으로 위로하려고 했다. 그러나 그는 순이라
도 믿으려 하지 않았다. 그는 말했다.

『자네가 나와 정말로 부부가 되기 위해, 어느 놈도 살지 않는 물오리섬으로 이사 가서 살거다』

순이는 미륵의 마음을 이해할 수 있었으므로, 어린애같이 머리를 꾸벅 끄덕였다. 그가 20, 그녀가 18의 때였다. 이리하여 두 사람은 마침내 관계를 맺고, 무인고도에서 두 사람만의 행복한 생활로 들어가는 것 같이 되었다. 그의 소(牛)에 대한 것 같은 열정은 이번은 이 아름다운 떨어진 작은 섬이랑 순이에 대해서 곧장 집중되었다. 바다에서 가지고 돌아온 돈으로 사서 차지했으므로, 섬 전체가 완전히 자기의 것이고, 그녀도 또 자기 한 사람의 것이었기 때문이다. 작은 초가집을,

『꼭 여기 어디에 짓고, 순이는 희거나 빨간 들장미를 찾아내어 와서는 근처에 옮겨 심었다.』

그것은 곧 바로 꽃이 피어, 보동보동한 향기를 방의 가운데에 보내주었다. 매일매일 아침 일찍부터 농우(農牛)에 가래를 메고, 그는 뒤에서 가래의 손잡이를 쥐고, 처는 소의 멍에를 끌고 이랑들과 섬 전체를 개간하기 시작했다. 그리고 작은 새가 노래 부르는 버드나무의 아래에서 점심을 열고, 다시 밭에 돌아가면, 멀리 대보산(大寶山)에 낙일(落日)이 비치기까지 흙의 넉넉한 냄새를 맡으면서 진흙땀투성이가 되었다. 해질녘이 되어 서늘한 바람이 불기 시작하자, 미륵은 투망을 가지고 작은 배가 매어있는 물가에 나아갔다. 순이는 순이대로 부엌의 일을 시작한다. 때때로 작은 어선이 이 섬의 근처에 숭어를 잡으러 올 정도로, 누구 한 사람 방문하러 오는 자도 없는 날이, 이렇게 해서 나날이 계속되었다. 밤이 되자 처는 호롱 아래에서 모양도 변함없이 자수랑 기타의 바느질에 늦게까지 부지런히 하고, 미륵은 또 미륵대로 발을 고친다거나, 새끼를 꼬거나 하면서, 때때로 별이 내리는 것 같은 밤하늘을 쳐다보고는, 아주 좋은 상태의 일기다라든가 구름이

나오니, 내일은 비가 내리려는가라든가, 바람이 맑아지니까 옥수수와 수수가 쑥쑥펴진다든가 청개구리가 저렇게 서로 노래하니까, 금년은 큰 비가 아닌가라든지 근심스러운 표정을 하기도 했다. 외계(外界)와의 교섭은 그가 일체 떠맡고 있었다. 섬을 나가는 것의 기회는 거의 봉쇄되어져 있는 순이는, 그래도 무엇 하나 불평을 늘어놓지 않음에, 자기들의 섬을 아름답게 보호하고 기르는 것에만 몰두하고 있었지만, 어째선가 그즈음은 매년같이 홍수가 계속해 났다. 최초의 해는 음력 7월말 경부터 큰 비가 내려 계속해 강이 범람하고, 어디 섬도 수공(水攻)을 만났지만, 그 중에도 비교적 수위가 낮고 게다가 면적도 작은 이 물오리섬은, 통째로 수침(水浸)이 되어, 집을 남겼을 뿐으로, 작물을 전부 잡혀 버렸다. 두 사람은 그래서 조 한 알 거둬들이는 것도 할 수 없었고, 그날그날의 살림에도 곤란한 것 같이 되었다. 바다에서 가져온 돈은 섬을 사기위해 전부 다 써버려, 아주 무일푼(無一文)이 되어 있었던 것이다.

제4절

『자 가자. 저렇게 달이 높으니까, 밀물도 꼭 좋은 상태고, 이 바람이면 단숨에 (속도를 – 역주) 낼 것 같아. 선원은 아 너무 물의 신(水の神樣)에 대한 불평은 늘어놓지 말어요』
라고 말하면서, 뱃사공은 냄비랑 그릇이랑 술병을 껴안으면서 재촉했다.
『나리는 작은 배로 왔지요. 처음의 장소에 되돌려 놓고, 우리들의 돛단배로 함께 성내에 돌아가는 것이 좋지요. 자, 큰 애기도 일어나, 일어나』

미륵의 뒤를 따르는 낭도 일어나고, 이슬이 함초롬히 내린 떨기랑 갈대의 수풀의 가운데를 헤치고 그들의 돛단배를 타러 안으로 들어갔다.

둥근 달이 동쪽 하늘에 두둥실 쑥 뜨고, 섬이랑 물의 위에 아름다운 빛의 악보를 연주하고 있었다. 멀리 기슭이랑 섬들은 묵화 같이 달이 밝은 가운데 흐릿하고 조용히 가라앉아 있다. 때때로 멀리서 개 짓는 소리가 희미하게 들려온다. 늙은 뱃사공은 돛을 올리고, 돛은 바람을 안고 배를 섬에서 떼어놓고 본류 쪽에 나아갔다.

『작은 배는 어디에다가 두었지』

라고 묻길래 가르쳐주자, 배는 그 쪽을 향해서 물가를 따라서 이동하며 빠르기 시작한다. 늙은 뱃사공은 구성지고, 야무지고 힘찬 어떤 소리를 내고, 돛을 손으로 조종하면서 혼자 노래를 부르기 시작했다. 서쪽 하늘에는 검은 구름이 밝은 달빛이 비추어 꽃이 핀 것 같이 뭉게뭉게 움직이기 시작하고 있다. 침묵을 지키고 큰 눈만을 번뜩이었던 미륵은 다시 입을 열었다.

『꼭 이 근처다. 나는 구름도 없고 바람도 없는 것 같은 새벽녘에는, 곧잘 순이와 함께 오리(オーリちう) 낚시질을 하러 나왔다.』

그리고 다시 독백 같은 설명이 이어지지만, 그의 체구랑 기질로 보아, 이 하류지방에만 또는 독특할지도 모르는 오리(オーリ)라 하는 낚시질이 가장 좋았던 것 같이 생각된다. 그것은 수월하게 만든 두 개의 큰 갈고리를 낮은 곳에 던져두고, 거기에다가 굵은 끈을 비끄러맨 긴 장대를 손에 쥐고 물가에 서서, 구름 그림자도 떨어지지 않은 잔물결도 서지 않는 정도의 때, 두 척 세 척의 긴 큰 숭어의 무리가 끈의 위를 통과하기 시작하는 것을 헤아려 보면서 장대를 양손에 힘차게 낚아 올려 어깨에 메고, 모래땅에 힘차게 전속력으로 달려올라 큰창자 근처에 갈고리가 찔린 숭어를 원시적으로 잡는 쾌적한 낚시질이다.

순이는 멀리서부터 숭어의 행렬을 찾아내서는 조용하게 뒤를 좇아
서 오리 낚시질의 쪽에 데려다 준다. 숭어의 무리는 반드시 선두에
큰 것이 있고, 양좌우와 그리고 중앙에도 큰 것이 붙고, 새끼 숭어의
무리를 보호하면서 진군하는 것이었다. 그것들이 자러 돌아가는 때에
는 흰 배가 인광(燐光)과 같이 또는 유황 연기로 표면을 그을린 은
같은 빛깔이 반짝거리며 번쩍이고, 그 장려한 모양은 그 어느 것과도
비할 바 없을 정도였다. 때로는 네 척 정도의 것도 걸리고, 그것이
미쳐 죽게 버둥거리는 것을 잡아당기고 전속력으로 달리기 시작하는
중에 끈이 끊어지는 것도 있었다. 그러자 그는 갑자기 전속력으로 달
려 되돌아가 물의 가운데에 숨어들어, 숭어의 뒤를 좇으면서 끈의 끊
어진 것을 쥐고, 서로 물의 가운데서 격투하는 것이다. 그러한 때 순
이는 손을 두드리고 발을 동동 굴리면서 성원(聲援)했다.

또 비라도 내리기 시작하고 물이 흐려져 있는 때는 곧잘 두 사람
이서 초망의 한쪽씩을 잡고, 물이 잠겨있는 백양의 아래에서 끌어당
기고, 발로 버드나무의 뿌리를 흔들어 움직여 입으로 슛슛 위협하면
서, 망둥이, 은어, 모래무지8) 등을 풍부하게 잡기도 했다. 그는 이것
들을 등에 지고, 순이의 수예품은 가슴에 끌어안고 평양성 내에 팔러
나갔다. 그런데 다시 이 같은 즐겁고 아름다운 생활을 한꺼번에 뒤집
어 버린 것은, 저 저주할만한 홍수의 습래(襲來)였던 것이다.

『그렇다, 우리들이 초망을 갖고 돌아다닌 것은, 이 근처가 된다』
라고 말하면서, 그는 낭이 타고 온 작은 배를 찾아내자마자 늙은 뱃
사공에게 소리를 내어 배를 멈추고, 스스로 노를 잡고 작은 배의 닻
을 잡아 올리고 선미(船尾)에 비끄러매었다. 그리고 돛단배는 비스듬
한 방향을 잡고, 밀물인데도 불구하고 유리하게 바람을 이용하고 추

---

8) 원문은 砂もぐり인 바 '모래무지'로 번역해 보았다.

자도 쪽으로 내려가기 시작했다.

　소나무 잎을 산더미 같이 쌓은 3척의 배가 중류의 밀물을 타고, 긴 노의 물을 치는 소리도 한가롭게 평양성으로 향하고 있다. 밤새가 두세 마리 천(川)을 건너면서 노래를 불렀다. 이윽고 돛단배가 추자도의 기슭에 도착하자마자 미륵은 작은 배의 닻을 그 기슭의 모래에 냅다 던졌다. 작은 배는 그 세력에 머리를 흔들면서 물가에 남겨두어졌다. 그 다음에 점점 돛단배는 중류로 돌아와 일로(一路) 평양을 향해 달리기 시작했지만, 그 사이에, 그는 말없는 채 아무 것도 말하지 않았다. 어느 사이에 만경대의 앞을 지나가면서 소나무 잎을 쌓은 배들을 좇아 지나기 시작한 무렵부터는, 바람도 황금빛을 안고 돛에 가득 밀어닥쳐 점점 속도를 빠르게 할 뿐이었다. 달빛은 수면에 떨어지고, 금이랑 은이랑 보석이 겹친 것처럼 보이면서 춤추고 있다. 미륵은 천천히 일어서서 배 밑의 작은 방에 들어가서, 술병과 함께 마른 명태를 가지고 나왔다. 컵으로 철철 넘치게 따른 술을 쭉 한 잔 들이키자, 나리도 한 잔 어때요라고 컵을 (앞으로 — 역주) 쑥 내밀었다. 낭은 묵묵히 그것을 손에 잡았다.

　『자네 오늘밤은 또 이 노인을 곤란하게 할 거냐. 너무 마시면 순이의 혼이 슬퍼하니까. 저어 조절하고 자려무나……』

　『잠자코 있어요, 노인!』

이라고 미륵은 다시 컵에 술을 따르면서 다시 노한 것 같이 지껄였다. 아아 순이는 물에 빠져 죽은 것일까.

　『아, 좋아, 좋아, 잠자코 있지. 얼마든지 마셔도 좋아. 나처럼 늙어버리면 이제 무엇이라도 잊어버리고 무엇 하나 말하는 것도 없는 것 같이 되니까』

　그리고 노래를 부르기 시작했다.

어허야차, 어어야차 / 대동강은 백오십리 / 평양성은 칠십리나 /
임 그리는 마음은 세치 / 어갸죠차, 어어야차 / 순풍에 돛 올려라[9]

『섬이 물의 공격으로 농작물이 떠내려가 버리고 보자, 우리들 부부
는 우선 그날부터 음식물에 어려움을 겪었다. 우리들은 이를 악물고
생각했다. 송아지를 빼앗긴 한(恨み)이 뼈에 사무치고 있는 이전의 지
주가 있는 곳에, 또 빚이라도 신청하지 않으면 안 된다. 그것은 죽는
것보다도 괴로운 것이었다. 굶어죽을지언정 저 놈의 앞에 다시 머리
를 숙이지 않으려고 몇 번이나 서성거리다가 발을 몰아대는 것 같이
하여 저 만경대를 넘어, 평천리(平川里)의 외성(外城) 곁을 빠져 나가
서, 대동문 안의 저 지주네를 방문하러 갔지요』
　그리고 그는 눈을 감고 깊은 한숨을 쉬었다. 눈에서, 흰 것이 멈출
새 없이 흘러나오고 밝은 달빛에 옥같이 빛나면서 떨어졌다. 그는 그
것을 한두 번 주먹으로 닦았다. 이윽고 그의 목소리는 비통한 울림을
가지고, 불가사의하게도 낭의 가슴의 가운데를 도려내는 것 같이 먹
혀들어 왔다. 차차 미륵은 취기가 돌게 됨에 따라 감정도 흥분하고,
더욱더 자기의 슬픔 마음을 다루기가 힘겨운지 자는 모양이었다.
　그런데 그가 옛 지주의 저택의 사랑(客間)에 불려 들어갔을 때, 누
구보다 그의 눈을 놀라게 한 것은, 산양 같은 턱수염을 기른 삵 얼굴
의 지주 본인의 곁에 뜻밖에도 베기섬의 어린 한 여자 친구인 봉구네
가 앉아 있는[10] 것이었다. 예의 큰 가뭄이 있었던 해, 그녀는 이 지
주의 장소에 식모 봉사라 하는 명목으로 불려 의지하게 되어, 지금은
제3의 부인으로서 이 노인의 사랑을 한 몸에 받고 있었던 것이다. 그

---

9) 빗금은 번역자, 행 구분 표시.
10) 이 부분의 원문을 보이면 다음과 같다. ぽよこなんと坐つてゐる.

녀는 부끄러운 듯이 쓸쓸한 웃음을 지어[11] 보이었다. 섬의 밭이랑 소를 빼앗는 것도 부족하여, 자기들의 여자 친구들까지 빼앗아 가져 왔던 것인가라고 생각하자, 미륵의 마음속은 부질없이 차가워졌다.

그러나 한편 또 태평스럽게 자기들의 원수라고도 말할 수 있는 이 지주의 첩으로 들어 앉아, 비참한 자기의 앞에 나타나 감히 얄밉게 웃을 수 있는 그녀까지가 저주스러워 마음이 떨렸다. 그는 그녀가 자기에 대해서 모멸의 미소를 보냈던 것이라고만 생각하고, 놀람과 노함의 눈을 번쩍 떴다. 그런데, 누가 알리요, 봉구네는 지금 오히려 미륵을 열렬히 생각하고 있는 것이었다. 지주와의 교섭은 역시 잘 행해지지 않았다. 돈 한 푼 없는 사람에게 담보 없이 일 년의 양식이랑 비료대를 마련해 줄 수 있는 것은 아닌 것이었다. 그는 이를 으드득 으드득 깨물며 소리를 내면서, 저 물오리섬 2만5천 평이 자기의 소유인 것을 진술하고, 그것을 저당하여 빚은 겨우 성립했지만, 무슨 까닭도 없이 두렵게 된 몸을 두려워하였다. 그런데, 이미 하는 수 없는 일신의 처지. 다시 봄이 찾아오기까지, 천렵을 일심불란하게 하자, 그래서 지금부터 약간씩 돈을 모아 빨리 섬을 되찾자. 빼앗겨서야 되겠느냐, 결코 빼앗겨서는 안되라고 마음속에서 큰 소리로 외치면서, 사랑(舍廊)을 허둥지둥 뛰어나갔지만, 봉구네는 뒤쫓아 나와, 마침 포도 목책의 아래까지 왔을 때 그의 소매를 끌어 멈추었다. 미륵은 지주와 그녀에 대하여 중오의 생각에 불타 소매를 뿌리쳤다.

『그렇게, 노하지 말아요, 저도 전연 돕지 않은 것도 아니에요. 기가 죽은 것도 아니야. 당신의 섬을 돌려주는 것 같은 돈은 얼마라도……』

『필요치 않다. 더럽다!』

그는 딱 가래를 내뱉아 버렸다.

---

11) 이 부분의 원문을 보이면 다음과 같다. 淋しい笑ひをあやかに作つて.

『제가 여기에 와 있으므로, 당신은 노하고 있는 거죠, 저도 일부러 좋아하여 와 있는 것은 아니에요』

『아, 어이없어. 더럽다! 나의 소를 탈취하고, 그 다음에 섬의 사람들로부터 밭이랑 돈을 다 빼앗고, 이번은 또 나의 섬까지 몰수하려 한다. 자네들 두 사람이 얼마나 군침을 흘리는지, 나의 섬을 결코 탈취당하지 않는다. 그래, 탈취당하지 않는다!』

『당신은, 소랑 밭이랑 돈의 일이 분할 뿐이야? 나까지 탈취당한 것은 아무 것도 아니야? 아 그래!』

봉구네는 날카롭게 눈초리를 치켜 올렸다.

『순이는 건강해?』

『그것이 어때서!』

미륵은 어깨를 젖히고 뽐내었다.

『그렇게 두려운 얼굴을 하지 말아요. 찾으면, 뭐, 바람직스럽지 않아? 노하는 것을 보면, 지금도 몹시 사이가 좋군. 저는 이제 당신을 한번이라도 그렇게 생각한 것 따윈 없으니까, 순이에게도 안심하라고 말해요. 저 늙은이는 저기서도 나에게 홀딱 반한 것이니까, 그럼에도 불구하고 아무렇지도 않아?』

『그것이 어째서?』

미륵은 큰 소리로 지껄이자마자, 빙글 등을 돌리고 거절하는 것 같이 하여 대문을 나왔다. 이제부터 생명이 없는 물건처럼 미친 듯 일하는 것이다라고 하는 생각이, 그의 가슴을 강하게 잡고 있을 뿐이었다. 내년 가을까지 먹는 것만은 걱정 않는다. 내년은 그런대로 하느님도 한패가 되어 수확을 허락해 줄테니, 섬은 다시 완전하게 자기 것이 되리라.

그들 부부는 다시 각각의 기술에 유의하여 일하기 시작했다. 그럼에도 불구하고 한 밑천 잡기 위해 바다로 나가려고는 하지 않았다. 외고집으로 의심이 깊은 그는 처의 일이 역시 걱정이었기 때문이다. 그러나 그녀가 자수물을 팔러 평양시로 나가는 정도의 일은, 자기가 바쁘기 때문에 허락하기도 하였다. 숭어라든가 작은 물고기를 잡을 때마다 그는 스스로 짊어지고 팔러 평양에 와서는, 3원이라도 4원이라도 돈이 생긴 만큼만을 바치러 지주의 곳에 올랐다. 처음 지주는 푼돈 번 것으로 갚는 것을 받아들이지 않았지만, 그것을 봉구네가 사이에 들어서 드디어 승낙하게 되었던 것이다.

봉구네는 그가 나타나자 공공연하게 기뻐하면서, 빈틈을 만들어서는 창녀(娼女)와 같이, 미륵의 마음을 끌어당기려고 힘쓰는 것이었다. 때때로 돈을 몰래 넣어주려고 하기도 한다. 미륵은 그것을 떨쳐버렸다. 그녀가 자기에게서 소를 빼앗은 지주의 첩이라 하는 것만으로도, 그는 도저히 용서할 수 없었다.

『저 늙은이는 두려운 짐승이야, 저를 구하는 것은 당신뿐이야. 저를 어딘가로 데려가 주세요』

『아! 혼자 도망가, 도망가!』

『어디로 가면 좋아요? 곧 뒤쫓아 와 잡힐 것, 정말로 저는, 당신을 지금까지 잠시도 잊었던 적이 없어요..』

『짐승이야 죽이면 좋아』

『당신이 도와주면』

『흥……』

『당신 생각을 끊을 수 없어, 응, 당신, 저도 그렇게 나쁜 여자가 아니에요』

어깨에라도 늘어지려고 하는 봉구네를, 박정하게 미륵은 언제나 흔들어 떨어뜨렸다. 그러나 이 우직 때문에 완고한 그의 마음에도, 차차

로 수상한 봉구네의 미소를 받아들임에 따라, 금이 가기 시작한 것을
어찌하랴. 그는 그것을 스스로 확실히 의식할 수 없었던 그녀에 대해
증오가 이윽고는 동정으로 바뀌어, 이윽고는 호의로 바뀌어 갔다. 이
리하여 겨울도 가고 봄이 찾아오고, 여름으로 향했다. 그렇다 하더라
도 그와 봉구네의 사이는 결코 규범을 밟고 넘어서는 것 같은 것은
없고, 모양도 변함없이 순이와의 괴로운 중에도 즐거운 생활이 계속
되었다.

여름에 들어서자마자 수수랑 조랑 고구마가 혹은 지붕의 높은 정도
에, 혹은 키 정도에, 혹은 지주(地主)12)를 가린 것 같은 덩굴을 붙이
고 밭의 위에 가득 차서 넘치는 것 같이 되었다. 이번에야말로 드물
게 보는 것 같은 풍작으로, 이번에 나머지의 비료대도 갚아 섬을 자
기들의 손으로 되찾을 수 있다는 것도, 두 사람은 서로 기뻐하며 서
로 격려하였다. 이 하류지방의 어느 섬에도 기쁨의 색이 가득차고 가
득차 있었다. 그러나, 슬프도다, 우리들은 이 무렵 저 소화(昭和) ×년
의 두려운 대동강의 범람을 생각해 떠올리지 않으면 안 된다.

음력 6월도 말경이 되자 답답한 저기압이 이 평남 일대에 복잡하
게 드리워, 오류일 큰 비가 계속 내렸다. 갑자기 섬들은 어두운 근심
하는 기색에 싸였다. 섬의 사람들은 물가에 나가 비에 젖으면서, 차차
로 거품이 내뿜어 부풀어 가는 강을 망연히 바라보고 있었다. 이 상
태로 후 삼일도 계속하면, 지난해 같이 또 섬들의 농작물이 떠내려가
는 것은 필정(必定)이다. 강은 점점 물이 불어나 섬을 핥기 시작했다.
중류를 돼지우리가 떠내려가고, 기둥이 떠내려가고, 지붕이 떠내려가
고 있다. 미륵은 온 몸이 기대어 설 만큼 두렵게 되었다. 만약 이번
도 농작물을 다 잃고, 기한의 날짜까지에 갚을 수 없어서, 이 자기들

---

12) 支柱의 오기 또는 오식으로 보임.

두 사람의 섬을 저 고리대에 탈취당한다면 어떻게 되는가 하는 생각
이 번개 같이 뇌리를 스쳐갔다. 아 섬을 빼앗겨 다시 소작(小作)으로
떨어지면, 이제 일생 늘 눌려 있어 두각을 나타내지 못한다. 이번에
저 구지주(舊地主)네에 가서, 일단 기한을 연장시켜 받지 않으면 안
된다. 그는 순이만을 섬에 남겨 두고 작은 배를 조종하여, 두 구획도
세 구획도 파도가 흐름을 거슬러 소용돌이치는 탁류에 (물의 힘으로—
역주) 흘러가게 되면서 겨우 기슭을 향해 저어 도착했다.

　그의 작은 배가 폭우의 가운데를 이리저리 마음대로 놀려지면서 떠
내려 갈 때, 기슭을 따라서 사물(死物)처럼 미친 듯 전속력으로 달려
오면서, 빨리 돌아와, 빨리 돌아와[13]라고 소리를 한껏 외치고 있었던
순이의 필사적인 모습이, 눈앞에 떠오른다. 그는 우중 4리 길을, 앞으
로 넘어질 듯 빨리 달려 옛 지주의 저택에 겨우 도착했다. 지주는 안
방에서 봉구네에게 부채질하게 하면서 누워 있었다. 그는 맨발인 채
모서리 곁까지 뛰어 올랐다.

　『주인나리, 도와 주세요』

　거만함 때문에, 누구에게도 겸양하게 도움을 청하는 것 같은 말을
입으로 한 적이 없는 미륵은 그렇게 외쳤던 것이다. 이미 반 광란의
그였다.

　『기한이 지나더라도 섬을 취하지 않는 약속을 해주시면 좋을텐데!』

　고리대 영감은 봉구네에게 다리를 꼬집혀, 일어나자마자, 에헴이라
고 한번 기침을 하고나서,

　『무엇을 그렇게 당황하고 있는 것이야, 어딘데 맨발로 올라와!』

　『섬이 떠내려가? 떠내려갈 것 같은 섬을 담보로 돈을 빌려주었으면
당연히 감사할 것인데, 돈까지 늦추라는 것은 뭐냐, 저, 떠내려 갈 것

---

13) 김재용 외 편역, 위의 책, 337면 참고.

같은 섬 따위가 자네에게도 필요하지 않겠지!』

그리고는 홱 일어섰다.

『주인나리! 한번만 들어주세요!』

라고 그는 방의 가운데에 발을 들여놓아 왔다. 봉구네는 그때 한 마디의 가세도 해주지 않고, 눈만 희번덕거리며 번뜩거리고 미소를 흘리고 있는 모양. 주인나리는 미륵이 맨발인 채 뛰어 들어오는 것을 보고, 재빠르게 곁의 출구(出口)로 빠져나가 허둥거리는 모습을 감추어 버렸다. 미륵은 방의 가운데 격분해 서서 이빨을 꽉 문 채 우뚝 섰다. 봉구네는 일어나서 그를 격정적으로 뒤에서 꽉 껴안았다. 그의 손은 와들와들 떨리고, 두툼한 입술이 뜨끔뜨끔 경련을 치고 있었다. 불가사의하게도 그때 비는 적게 내리기 시작했다.

『미륵씨, 뒤쫓아가더라도, 때려죽이더라도, 저 짐승은 들어주지 않아요. 돈이라면 얼마든지, 쌀자루에 얼마든지, 제가 마련해 드릴께요……』

『놓아! 놓으란 말야!』

라고 그는 큰 소리로 외치면서 그녀를 흔들어 넘어뜨리고, 돌연 벽에 걸려 있는 장경(長鏡)을 잡았다. 봉구네는 놀라서 그의 발밑에 달라붙었다.

『낙심말아요, 미륵씨. 그저 지금이라도 좋으니까, 백량이라도 백량이라도 필요한 만큼 드릴테니까, 섬의 일은 걱정하지 말아요』

그녀는 그로부터 거울을 잡아 떼고, 정면으로 돌아 껴안으면서 애원했다. 그러나 그 말이라고, 그녀의 두려운 마음의 몸짓이라고, 그의 타서 끓는 증오의 생각, 넘치는 분노의 불길을 확 끌 수 없었다.

그것보다 지금 비가 작게 내리기 시작했다고 하는 것이, 그에게 희미한 대로의 안도의 빛을 주었던 것이다. 아-, 그쳐 주어, 그쳐 줘[14], 그렇게 된다면 나는 이 악마네의 돈도 돌려줄 수 있고, 이제

두 번이나 이러한 곳에 오지 않아도 돼.

『게다가, 미륵씨, 이제부터 꼭 맑게 개요, 섬 따위가 떠내려 갈 듯 하지 않아요. 당신은 저것을 죽였다하더라도 복수로는 안돼요. 네 알아요? 당신도 꼭 반대로 복수를 당해요. 그래요. 둘이서 도망가요. 저를 도와주는 것은 당신 밖에 없는 것, 저것은 거머리 같이 착 들러붙어 저를 빨면서, 떨어지려고 하지 않는 것, 몸의 털이 일어서는 것 같아서 한 시도 굽히지 않아, 응, 제가 준비하고 있었던 돈이 매우 많이 있어요. 그래서 당신의 섬도 돌려줄 수 있고, 저도 도와요, 알아? 빨리 도망가요, 빨리 어딘가 깊은 산 속에라도 데리고 가요, 비도 작게 내려요, 도망가는 것은 지금이요, 응, 응』

이라고 말하고, 그녀는 그의 목덜미에 안기어 매달린 채, 아래로 늘어뜨려졌다. 여기서 미륵은 또 툭 말을 끊고, 급격히 슬픔에 사로잡힌 듯, 얼굴의 근육을 일그러뜨리며, 손에 쥐고 있었던 컵을 똑 떨어뜨렸다. 나즈막히 신음하였다.

『나의 마음에 그때 마(魔)가 들었다』

신음하는 듯한 젊은 여자의 요염한 애소(哀訴)가 이 남자의 마음을 움직였다고 말하려는가, 아니, 결코 그렇지는 않았다. 그의 마음의 가운데에는 점점 이 고리대에 대한 복수의 생각이 높아졌던 것이다. 그 순간 그를 붙잡은 복수의 수단이란 무엇일까? 그렇다!고 그는 자기를 향해 외쳤다. 내가 일찍이 소를 사랑하고 있었던 것 같이, 그리고 지금 물오리섬을 사랑하고 있음 같이, 저 놈은 이 여자를 둘도 없는 것으로 사랑하고 있는 것이다. 좋다, 그렇다면 이번에야말로 내가 빼앗을 차례지라고 하는 생각이 문득 번뜩였던 것이다. 빼앗고 말테다! 여자도 돈도! 그는 갑자기 여자를 힘껏 꽉 껴안고,

---

14) 김재용 외 편역, 위의 책, 338면 참고.

『그래, 돈을 가득 처넣고 도망치자. 가득 처넣을 만큼 가득 처넣어!』

봉구네는 벌떡 일어나서 안방에 뛰어들었다. 그리고 지폐를 산 같이 자루 가운데에 밀어넣고, 남자의 옷을 두 세 옷 꺼내어 보자기에 싸자마자, 허둥지둥 그를 뒷문에서 잡아당겨 바깥으로 뛰어 나갔다.

미륵은 이미 정신이 돈 것 같이 되어, 전후를 살필 경계도 없이 이성도 잃고 있었다. 두 사람은 우중을 역(驛)으로 냅다 달렸다. 봉구네가 요량하여 가리키는대로 그는 따랐다. 그래서 그들은 곧 출발하는 진남포행(鎭南浦行) 기차에 타기까지 했다. 그러나 기차가 출발하고 머지않아, 다시 장대 같은 큰 비로 변하여 낮인데도 근처는 비로 어둡게 되어 버렸다. 번개가 간단없이 냅다 달리고, 우뢰가 움직여 구를 정도로 울려 퍼졌다. 이 빛, 이 울림에 미륵의 제 정신은 되돌아왔다.

그는 깜짝 놀란 것 같이 일어났다. 작은 배도 없이 작은 섬에 홀로 있는 순이! 물은 더욱 높이 뻗어나고 있음에 틀림없다! 섬은 점점 휩쓸려지기 시작하고 있음에 틀림없다! 아 나는 또 무슨 일을 하고 있는 것일까. 그는 무서워서 경직되어진 찰나, 갑자기 출구 쪽으로 뛰쳐 나갔다. 봉구네는 비명을 올리면서 뒤를 좇아 달렸다. 폭풍이 어수선하게 땅바닥을 치고 파괴할 정도로 내리고 있는 가운데, 멀리 희미한 대동강의 범람한 광경이 환영 같이 어른거려 보인다. 봉구네는 미륵에게 매달리려 했지만, 순식간에 맥진하는 기차의 가운데에서 미륵은 바깥쪽에 내동댕이쳐지는 것 같이 전락했다. 그가 의식을 소생하여 다시 일어섰던 것은, 그로부터 2, 30분도 후, 폭주하는 우중의 밭의 한 모퉁이였다. 팔뚝을 삔 듯 왼손이 자유롭지 않다, 뺨은 찢어져 피가 흘러나오고 있다. 비척비척 걸어 보았지만, 발도 자유롭지 않아 쑤시는 것 같이 아팠다. 그러나 그는 악몽에서 깨어났다. 한 발이라도 빨리 물오리섬에 가서, 순이를 구출하지 않으면 안 된다고 하는 생각이 그의 전신을 재촉하고 있었다. 발을 잇달아 선로의 위에 올라 와서, 비로 흐려 보이는 사방을 조망해 보면, 무엇하나 알아차릴 수 없지만, 의외로 만경대에 가까운 태평역(太平驛)의 근처 같다. 일 리 정도의 거리다라고, 그는 자기에게 외쳤다. 마음은 조종(弔鐘) 같이 급하고, 불길한 예감이 때때로 그를 질식시키려고 하는 정도지만, 몸은 생각처럼 움직이지 않는다. 그런데, 그는 우중을 기는 것처럼 하여 한 시간 정도 뒤에 만경대의 위에 다다랐다. 탁류를 이루고 무엇이든 다 삼킬 정도로 도도하게 함성을 울리고 흐르는 대하. 그것이 비안개의 아래에 바다 같이 넓어져, 곤유도, 별잔섬 같은 작은 섬들은, 푸른 나무숲을 수면의 위에 어른거리게 하고 있을 뿐으로, 중류에는 흰 거품이 구토같이 거품이 일고, 뗏목에서 끊어진 목재가 때때로 생물 같이 머리를 밀어 올리면서 무수히 흐른다. 돼지가 떠내려가면서 기분 나쁜 째지는 외마디 소리로 비명을 올리고 있다. 두로도의 작은 지붕들의 방은 죽음 같이 침묵을 지키고 있다. 얼굴을 때리는 빗방울을 자꾸만 주먹으로 흔들어 떨어뜨리면서, 애타는 가슴을 약간 참고 자기의 섬의 방향을 바라보지만, 물오리섬은 멀기 때문에 비안개의 가운데에 사라져 흔적조차 찾아낼 수 없을 정도.

해 뜰 무렵 그가 섬을 나온 때보다는 비도 더욱 심히 계속하고, 또 상류의 쪽이 여기보다 불어나서 연일(連日)의 폭우인 듯, 훨씬 늘어난 물높이를 높이고 있었다. 그는 그것이 한번에 자기의 깨닫지 못함이라든가 순이에 대한 두려운 죄, 그것들에 대한 용왕님의 분노다라고 생각했다. 그는 자기야말로 그 분노의 가운데에 몸을 던져, 죄를 빌지 않으면 안 된다고 생각했다. 죽음을 무릅쓰더라도 그녀를 구해내고, 그 다음에 자기야말로 사죄를 받지 않으면 안 된다고 생각했다. 다음 순간 그는 산의 언덕에서 구르는 것 같이 기어 내렸다. 마침 가까이에 작은 배가 한 척 버드나무에 매여 있으므로. 그는 거기에 뛰어 타고 그물을 끌어내었다. 뚝 끊어지자, 동시에 배는 뒤집히는 모양이 되면서 흘러가기 시작했다. 왼손이 말을 잘 안 들으므로, 그는 혼신의 힘을 다해 한 팔로 뱃머리를 상류의 쪽으로 향하면서 중류로 젓기 시작했다. 용왕님, 도와주세요라고, 소리를 내어 부르짖었다. 다만 중류를 가로질러 좋이 물오리섬의 기슭에 도착하려니까 마음도 팔도 급하지만, 흐름은 두렵게 빨랐다. 쭉쭉 흘러가게 되었다. 곧 중류에 다다랐던 때는 이미 두로도의 아래끝 낙덕동(落德洞)의 수풀이 빛과 같이 사라져 갔다. 그는 이를 악물고, 점점 팔에 혼신의 힘을 다해 저으면서 일어났다. 일어나서 저으면 일층 밀어내어 건너는 힘은 나왔지만, 때때로 급류를 선복(船腹)에 정면으로 받아서 뒤집어지는 것 같이 되어 쓰러질 듯하다. 일층 비는 억수 같이 퍼부어, 이미 적당한 섬이 보일 것 같은데 지척의 사이도 분간할 수 없다.

『순이! 순이야!』

라고 그는 소리를 한껏 질러 보지만, 그것은 비의 시끄럽고 어수선함의 가운데에 꼬리도 끌지 않고 소실되었다. 그때 배는 소용돌이의 가운데에 들어온 것으로 보여, 빙빙 돌기 시작했다. 그는 찌르듯 등을 구부리고 들어가 앉고, 노를 홱 뒤에 푹 찔러 전신의 힘으로 거기를 탄 채로 끝까지 가려 했다. 여울이다, 이제 곧 거기다!라고 부르짖었다. 언제나의 빠른 흐름의 여울, 물오리섬의 상단, 거기가 홍수로 소용돌이를 이루어 콸콸 흐르고 있는 것이다. 운 좋게 그는 거기를 탄 채로 끝까지 갈 수 있었다. 그래서 최후의 필사의 힘을 쥐어짜듯 소리 지르고, 물오리섬이라 깨달은 방향에 뱃머리를 향했다. 의연(依然) 눈의 앞이 보이지 않는다. 팔로 한 번 눈을 문질렀다. 곁을 두세 개 호박 넝쿨이랑 잎이랑 열매를 실은 채의 지붕이 뒤이어 살과 같이 흘러간다. 그 순간 뱃머리가 무언가에 부딪는 것 같은 반응을 느끼고, 그는 몹시 놀라 기뻐하고 손을 쑥 내밀어 그것에 닿으려고 했다. 그렇지만 배는 그 박자에 홱 흘러가게 되었고, 손에 버드나무의 끝이 두 세 개 만져질 뿐이다. 아아 섬 가의 백양의 나무끝까지 침수하고 있는 것이다. 그는 그래도 뭔가 큰 나무라도 잡으려고, 섬의 위에 배를 탄 채로 들어가려고 발버둥치면서,

『순이! 순이야』

라고 부르짖는다. 그러나 그것도 또한 배는 어느사이엔가 섬을 빠져나간 느낌이 들게 다시 탁류의 가운데에 들어버렸던 것이다.

『순이! 순이야』

라고 부르짖어도 헛되어, 소리 하나 대답해 오지 않는다. 비의 내려 두드리는 소리와 깊은 이슬과 지독한 추위의 맛이 대기의 가운데에 (가득— 역주) 차 넘치고, 그의 작은 배를 압도해 싸버렸다. 이미 섬 전체가 물에 다 삼켜져 있음에 틀림없었다. 그리고 순이는 물에 빠져 떠내려가게 되었던 것이다.

그는 푹 그대로 배의 가운데에 쓰러져 정신을 잃고, 흐름에 이리저리 마음대로 노는 작은 배의 가운데에 몸을 맡겼던 것이다. 그는 남포의 바다의 가운데에까지 흘러가, 그래서, 증기선에 의해 구해졌다. 두려운 채 섬에 돌아와 보니, 집도 떠내려갔고 돼지도 떠내려갔고 담도 유실되어, 솥과 가래 그리고 주춧돌의 돌멩이밖에 남아있지 않았다. 그 이래 그는 배를 타게 되어 이 늙은 뱃사공과 같이 돛단배를 타고, 평양과 진남포의 사이를 소금이랑 바닷물고기를 싣고, 매월 몇 번이나 대동강을 오르내리고 있었다. 그리고 이 물오리섬을 통과할 적마다, 그는 이 섬에 배를 대어서는 옛날을 그리워하고, 순이의 망령과 잠깐 사이 속삭임을 주고받는 것이었다. 하늘은 고리대의 지주에

대해서도 미륵의 복수의 역을 맡아, 그 홍수 이래 물오리섬은 모래로 뒤덮힌 것 같이 되어, 농작물 하나 열매 맺지 않게 되었다.

이 같은 슬픈 이야기가 한 번 지나가고 있었을 때는, 달도 중천에 차디차게 뜨고, 돛단배는 이미 봉래섬의 곁을 지나가고 있었다. 섬의 아름다운 무성한 숲이랑 덤불의 가지와 잎이 불꽃과 같이 달빛을 흠뻑 쬐고 춤추고 있었다. 물 위에는 작은 몇 척의 천렵선이 등을 켜고 닻을 내리고, 나뭇잎 같이 요동하고 있었다. 잠시 참기 어려운 고통스러운 침묵이 있었다. 늙은 뱃사공도 대머리를 커다랗게 번쩍이면서, 쓸쓸하게 콧노래를 부르고 있다. 낭은 순이의 슬픈 최후랑 이 사내의 불쌍한 일신의 처지에 대해 가엾게 느껴졌다. 그야말로 지금은 정진정명의 천애고독한 신상(正眞正銘の 天涯孤獨な 身の上)이 되어 있는 것이었다.

미륵은 또 컵에 술을 따르기 시작했다. 그러려니 생각해서인지 그 손은 와들와들 떨리고 병 주둥이가 컵에 닿아 딱딱 울렸다.

『그 이후 어머니는 한 번도 만나지 못했나요』

라고 낭은 온화하게 물었다.

『그만』

이라고, 미륵은 과격하게 그를 매섭게 쏘아보면서 소리쳤다. 늙은 뱃사공은 곤란한 것 같이 머리를 긁었다.

『나는 만나지 않는다! 어머니란 것도 아버지랑 나의 나가고 있는 바다가 그리워서, 그런 바다사내와 도망간 것에 틀림없다, 그러나 바다는 쓰레기가 있는 곳이다. 인간쓰레기가. 나는 바다를 저주한다! 물을 저주한다!』

그리고 급히 그 큰 눈에 확 불을 켜고, 스스로 감정이 막혀 답답해진 듯, 싸움을 걸 듯 반신을 앞으로 쑥 내밀었다.

『에, 나는 당신을 알지요! 헹, 순이를 생각하러 왔죠! 당신의 얼굴에 확실히 그것이 쓰여 있다. 그러나, 순이는 내 사람인데요 그렇지요, 내 사람인데요! 지금도 나는 순이와 함께 살고 있는 것이다. 용궁에서 그 사람이 언제나 미소를 눈에 띄면서 나를 부르고 있다! 그리고 이 대동강 위에 언제나 그 사람이 발소리를 내고 나타난다』

그리고 급히 푹 고개를 숙여버렸다. 낭은 잠잠한 채 끄덕이고 있었다. 늙은 뱃사공은 그때 한 쪽의 돛댓줄을 끌어 방향을 비스듬하게 잡으면서, 혼자 웃었다.[15]

『자, 이제 성내(城內)야』(『국민문학』, 1942.1. 원문은 일본어)

---

15) 이 부분의 원문을 보이면 다음과 같다. ひとりにたつと笑つた.

氷 原

李北鳴

　최호(崔浩)가, 사수(泗水)역에내렸을 때에는, 저물기쉬운겨울해가, S
저수지건너산봉오리우에 두어발남아있었다.[1] 겨울의 발간태양이 차디
찬 광선을 S저수지어름우에, 잠북퍼붓고있다. 최호는, 차에서내리자
수하물로 붙인 침구를 찾아들고, 역기동에 걸린한난게를드려다보았다.
수은주가 바로 영하이십일도를 가르치고있다. 마중나온다든만수노인을
뒤살펴보았지만 아모데도 보이지않았다. 최호는, 노인의집을찾아갈양
으로정거장을나섰다.

　그때 산등으로부터 눈을실은 고초가루같은 바람이 전선을 울리면서
내려치드니바로 정거장앞길에서, 회오리바람을 이르켰다. 구풍권내든
최호는, 아모저항도없이 무맥하게 트렁크와 수하물을 내던지고 어름
판에딩굴었다. 재바르게 일어서 랴고 버둥거리다가 또한번 보기좋게
모로늘졌다. 길바닥이온통어름판이다. 최호는 고무장화를신었으나 몹
시미끄러워서 발을옮겨 놓는대신 질질내밀면서 올라간다. 털 내복우

---

1) 띄어쓰기 및 맞춤법은 원문을 따름.

에가죽쟘버-를 그우에오-버를입고 마스크에방한모를 푹눌러썼으니 속통은 훈훈했으나 볼다구지와 수갑낀손끝이 쓰라리고 아펐다. 최호는 딱딱드러붙는 속눈섭의 어름알을 오－버소매로 가로닦그면서 언덕길을 조심스럽게올라간다. 언덕길막바지를굉장히큰 널집이가로막고있다. 그널집앞에는 널판환대 각재가 산처럼 쌓여있다. K회사사수제재소다. 안에서기계톱이 나무를켜는소리가쎄룽쎄룽들려온다. 제재소동쪽컨 넓은빈터에는 톱밥이 산덤이 처럼쌓여있다.

최호는 갈길을잃고 엉거주춤하고서 S저수지건너를바라다본다. 지기쉬운겨울해가 산등에걸려서 나울나울한다. 저무러갈수록, 바람은점점 세차게 휘모라치고 추위는 그럴때마다점점 더강해진다. 나올텐데— 최호는중얼거리면서 제재소뒤ㅅ언덕에 층층올려지은 널집들을 바라본다. 꼭나온다든 만수노인이 마중안나오는것이 마음에다소서운하였다. 바로그때다. 제재 소윈쪽모통이로부터 수염덥석부리늙은이가 나타났다. 그늙은이는 우두머니서있는 최호를보더니 허둥지둥달려와서 최호의손에서 트렁크와수하물을 잡아챈다.

『하지천수전회사에서오시는 최선생님이시지우?』

최호가 그렇다고 대답도하기전에

『미안하우다. 어떤정신인지. 아, 깜작잊었지우 극한이우다.』

『만수노인입죠?.』

『예, 내가지만수우』

노인은뒤도도라보지않고 고불고불한 언덕길을 올라간다. 꼬불꼬불한모통이길이끝나는데서 만수노인은 소리를질른다.

『야, 금순아 손님오신다』

노인의소리와거이동시에, 문을열어제치는 소리가들리더니, 널대문 한집에서 뚱뚱한 시골처녀가, 뀌어진미투리를질질끌면서나 왔다. 그처녀는 최호는본숭만숭 노인에게서 짐을받더니 앞서집안으로 드러가버렸다.

『자 어서들오시우 방이대단추허우다.』

『날세가대단추운데요.』

최호는, 방한모와마스크를, 벗어들고집안에들어섰다. 확근확근한 단기가 순간 최호의 몸을휘감는다. 최호는부르륵 부르륵하고 거퍼두번식이나 몸살을쳤다. 방웃목구석에, 백노지로도 배한궤짝하나가놓여있을뿐, 방안은텡텡비었다. 뒤ㅅ벽한쪽구석에 사방일곱치나되는유리가박혀있어저수지의 광경을 방안에앉은채 내려다볼수있다. 그러나 지금은 유리에 어름이 문을도처서 밖은 통뵈지않는다. 최호는 오-버를벗어서 벽에걸자고하다가 깜작무엇을생각했는지 도로입고 방한모를눌러쓰고 밖으로 나간다.

『어데루 가시오』

만수노인이 뒤따라 나온다.

『아니이 뒤ㅅ일터에 잠간올라가보자구요.』

『저녁이다됐우다』

최호는 만수노인의말을 귀ㅅ등으로몰으면서 언덕에올라섰다, 그곳은 제일바람마지다. 편편하게얼어붙은 황혼의저수지를 최호는 정기있는두눈으로 유심히내려다 보고섰다. 그때 문득최호의 머리속에는 두만강의 겨울 풍경이 아롱아롱 떠올랐다. 두만강의 겨울풍경과 지금내려다 보는S저수지의풍경이 어덴지비젔한데가있는 듯싶다. 최호는 작년겨울 방학에 남양에살고 있는 자기고모의 병황이중하다는 전보를받고 급거 남양으로갔다. 그러나고모는 최호가당도하기십분전에 세상을떠났다. 고모의장사를 필하고 최호는 사흘동안을 남양의거리 세관의 풍경 두만강의 겨울풍경…도문구경을하고녔다. 땅땅얼어붙은두만강 강건너 만주쪽에 솟아있는눈쌓인산사람의 그림자하나볼 수 없고 날짐생한마리뜨지않는,

무기미한두만강의겨울풍경… 이까지는 어덴지흡사한데가있었으나 그러나 그풍경에 서받은 바인상은 정반대였다. 두만강에서는 무시무시 한 살풍경 가운데서 마적과밀수입자를 상기하였을 뿐이다.

그러나 지금최호가내려다보는 세기의 대인 조호에대한첫인상은 몹시쓸쓸하나마 어덴지강하면서도 부드러운데가있고 활동의에 네르기-를, 자아내주는데가있다. 그때최호는 저수지어름우를 감안덩어리가굴러가는것을보았다. 최호는 눈을부비고 똑똑히내려다본다. 그것은 썰매다. 그때 공중을 차디찬 하늬바람이 씽씽울면서 지나친다. 그바람소리를듣더니, 최호의명랑하든기분이 갑작이우울해지고, 쓸쓸한감정이 가슴에떠오른다. 빛갈없는산이 연쇄 질펀한어름의광야 죽은대지 오직 짜고매운바람뿐인 S저수지의 전부를삼켜버리라는 이 쓸쓸한 산골에 온 자기의 존재가, 퍽으나조고 맣게생각되는것이다.

그러나 그다음순간에는 최호는자기의못생긴마음을 온통부정하야버린다. 아니다─ 내가지금무슨망상을하고있나 우리나라기술의 결정인S저수지를 하필두만강의 풍경에다비길것이 무엇이냐. 이 S저수지야말로 건설의저수지다. 나는내일부터 이저수지의빙원(氷原)을 정복하고 위대한건설공 사를시작할사명을 질머지고온 기술자다. 어데든 지좋다. 내게는오직 『일』이있을뿐이다. 최호는 오─버포켓트에 찔는주먹을 불끈 쥐어본다.

『선상님 게서뭘허우. 어서 저녁잡수시우』

만수노인의 재촉하는 소리를 등뒤에 듣고야 최호는 비로소언덕에서 내려왔다. 그때 최호의머리에 오늘아츰 사무소를 떠날 때 소장이하시든말슴이 불현듯이떠올랐다.

『최군군에게 이번공사전부를 잘부탁하네. 군도알겠지만 우리들은 기술자라는것을 잊어서는 않되네. 기술자에게는 명예나 지위같은것은 부지럽슨장해물이네. 우리들에게는 오직 수력발전에대한 위대한건설이 있을뿐이야.』

최호는 소장의 말슴이 과연옳다고 생각한다.

방에 들어서자 밥상이들어왔다. 반찬이 없다는 노인의 말과는반대로 꽤성찬이다. 이밥한사발에 감자한대접 두부를넣고 끄린소고기국, 삶은게란 한접시 김치 고사리무친것 도야지고기 — 어데흠할데없는 저녁상이다. 최호는 먼저감자한개를 젓가락에 집어서 한입비어먹는다. 달고맛있기가 고구마같다. 장진감자가 유명하게 맛있다는 소문은 들었으나 먹어보기는처음이다.

『감자맛이 대단좋습니다.』

『이곳백성들은 그감자덕에 살아가지오. 그걸루 녹마를내서 국수두 눌러먹구 엿두다리구 떡두해먹는다우』

최호는 주먹같은 감자를 거퍼세개를 녹이드니 해무던했다. 젓가락을놓고 상을물리라다가 하도만수노인이권하는바람에 순가락을들어 이밥을 서너숫가락뜨고 소고기국을마셨다. 게란도민작짚어먹었다. 그러면서도, 김치에는암만해도 젓가락이가지를않는다. 실오리같은 무에다가, 너덜너덜 한배추잎사구가 섞여서 물에 둥둥떴는데 그모양 을보고는 좀처럼구미가동 하지않는다. 최호는 망서리다가 입사구하나를짚어 입에다 넣었다. 그렇게천대했든김치가, 유달이맛있다. 최호는 맨입에 세번식이나 집어먼는다.

『이게 무슨김칩니까?』

『그게 갓나물로 담군갓김치라는게우. 맛좋습넨다.』

『갓김치 갓김치 처음먹어 보는데요』

역시산에는 산의 생활이있구나 — 최호는 상을물리고나서 위산한숫가락먹고, 일지를 쓰는데 언덕에서내려다본저수지의 일상과 저녁상에오른

반찬의 일흠과맛을, 될수있는대로 자세하게적었다. 원체나무가흔한데라 불을얼마나 때였는지 방바닥이이글이글하다. 배가불로고 얼었던몸이 녹기시작하더니 온몸이 노곤해지면서 조름이 눈덕에쏟아진다. 최호는 누어서 기계학을 펼처들고 읽다가 두페―지도채 못읽고 꼭잠이들었다.

*   *

작년봄에 우수한성적으로 K고공 기계과를 졸업한최호는 특히선발되어 C수력발전사무소 기계계에 사원으로서 입사했다. 사람됨이 착실온후하고, 사상이 온건하고 일에충실하기 때문에 최호는입사한후 얼마않되어서부터 소장의신임을 받았다. 최호에게흠이라면 건강이 좋지못한것이다. 후리후리한키에길숙 한얼골만본다면 그렇지도않은것같으지만 늘상혈색이좋지못하고 여름에도 까딱하면 감기에걸렸다. 힌수건에싼 약병이 그의손에서 떨어지는 날이 적었다. 선조대대로의 약질이라 최호는 몸을 그이상튼튼하게맨들어보겠다는 욕망보다도 병에걸리지않기에힘쓰겠다는것이 그의 건강법이다. 이번출장에대해서도 소장은 최호를 파견하는데, 대단히망서렸다 최호에게 맡겨야할일이면서도 그의 좋지 못한건강을 생각할 때, 소장은얼른 명령을내리지도못했다. 이눈치를 채린 최호는 결연히소장실문을열고들어갔다.

『제가 가겠습니다』

『군이가주어야겠지만, 군의 건강은어떤가?』

『괜찮습니다. 보내주십시오.』

『그럼건강에 주의해서 가주게』

소장은 책상설합에서 청사진에 구은 설게도를 내주면서 약을준비해가지고 가라고 하였다. 최호는 자기로 조제한약외에, 부속병원에가서 위산 노―싱, 아스피링 가제피링, 요―도홈, 기침약등을 마련하고 그

밖에 또 한약국에가서 보페탕 패독신등을지어 트렁크밑에 간직하였다. 조수를 두어데리고 가라는, 기게게장의 권고도물리치고 최호는 단신이 떠났든것이다.

최호의 결심은 컸고 이번공사야말로 자기가 기술자로서의 력량을 뽐내보는 최고의 시련이기 때문이다. 사실상 최호는 자기의기술자로서의 력량을 자기자신도 알지못하고있다. 학교에서 배운기게학을 이C 발전사무소에 들어와서도 역시책상우에서 연구하고 설게하였을따름이지 실지 로현장에나가서 노동자들선두에서 자기기술이 이렇다고 뽐내본일은 아직없다. 있기야있었지만, 그것은 이렇다고 자기의 기술을 자랑할만한 그런큰일은 못되었다. 이번일이야말로 기술자로 서의 최호가 일생을두고 잊을래야잊을수없는 감격의 건설공사다.

지금최호가 감격에 넘처 시작하는 공사라는것은 바다와도같은 S저수지제이언제(堰堤)일수문(溢水門)의개조공사다. 저수지의 생명은언제에달렸다. 언제라는 것은 하천으로 말하면방축과도같은 것이다. 그러나 하천의 방축은 물줄기를막은것이아니지만, 언제라는것은 흘러내려가는 물길을 가로막은방축이다. 만약 이언제가터저보라 저수지안에는 한방울의물도남지않을것이며 그하류의전답과 인가는 순시에 전멸이될것이다. 이, 언제를언제든지 무서운물의 압력이 내밀고 있다. 겨울에는 수위(水位)가낮어서 압력이주러들지만 여름철에는 비물이 사방에서 모아들어서 수위가 훨신높아진다. 따라서, 언제가받는 물의압력도 일년중에 이때가 제일크다. 언제는비록 최고기술로서 절대안전하게맨든 콩크리─트의방축이지만 그렇다고 얼마든지 압력을 가중식히는것은대단위험한일이다. 그래서 이 언제에는 십수개의 일수문이있다. 물이뿔어일수문까지 올라오게되면, 일수문을열고 물을빼어버린다. 물이높이팔십메─터나되는일수문에서 날아떨어지는 광경은 참으로 장관이다. 『나이아갈라』

폭포보다도 오히려장관이라하겠다. 이렇게해서, 저수지밖에 떨어지는물은 제멋대로 그냥낮은데로 흘러가는냐하면 그런것이아니다. 그곳에는 또 제이의언제가 가로 막고 있어서 제이저수지가되여있다.

지금최호가온목적은 그제이언제의 일수문－이제까지의것은 목조의 불완전한것이였다－를 철재로완전히 영구설비를하기때문이다. 여름장마전에 마처야할 공사이기 때문에 엄동설한 이월인지 금부터 착착준비를 해야한다. 일수문재료는 발서 전부가 경평철도로 사수역에와있다. 길고넓고두터운철판. 앙글, 찬넬, 리벳트－모도합한다면 총중량이 이백톤이나된다. 이가운데서 리펫트한개가 모자라도이공사는완성되지 못한다. 최호가제일먼저할일은 재료의검수(檢收)다. 재료검수가필하면 다음에는 사수에서부터 메물리제이언제까지 팔십리를 운반해야한다. 이운반이 제일난사중의난사다. 사수에서 육로로 메물리까지가는 길은 있기는있으나 저수지된후에 새로산중허리를 끊고맨든 길이기 때문에 몹시 험하고 고카로운데가많아서 우차로서는 도저히 운반할수가없다. 트럭은있지만 대용연료를 사용하기 때문에 이렇게추운곳에서는 엔진 이얼어서 운전할수가없다. 그래서 최호는 적은비용으로서 가장능률적인 빙상수송법을 취했다. 빙상수송을 하자면 이월한달동안에 해야지 삼월에들어가면 경찰당국에서 위험하다고 허가해주지않는다. 최호는 하기천발전사무소를 떠나기 며칠전에 사수리역사에 밝은 박이라는 자기부하에게서 만수노인의이야기를 듣고 숙사교섭을 식혔든것이다. 최호는자기가 생각하고 온것보다도 만수노인네방이 깨끗하고 음식이맛있고 친절스러운데 대단만족한다.

           *   *

여전히 극한이게속된다. 그러나최호는 마음이조마조마해나서 날세가 풀리기를 기대릴수없었다. 만수노인을 내세워가지고 인부여들명을모았다. 그가운데는 만수노인도 한목끼었다. 이튼날점심때부터 최호는 인부들을데리고 일수문재료의검수를 시작했다. 권척(卷尺)으로 척수를자히고 개수를세고 도면과대조해보고 대판출하주에게서 보내온『인보이스』에 첵크하고한다. 검수를 필한재료는 소발구에실기 편한장소까지 운반을해놓는다. 한 개의중량이 이백관이상짜리가 띄글띄글 하다.그것을 혹한과 싸우면서 운반하는것은 용이한일이아니다. 인부들은 일하는쨤쨤에 제각기 도라다니면서, 나무를한아름씩해다가, 불을 질러놓았다. 일하다가 손끝 발끝이시려나면 불을가운데두고 동그랗게모아선다. 그중에는 번번히 최호도끼운다. 송곳같은 바람이획하고 내려칠때마다, 불틕가하늘하늘올라간다. 바로바람머리에서 등을 디려밀고섰든한인부는 바지에불이단겨 펄펄붙어올라오는줄도몰르ㅡ고 어ㅡ뜻뜻하군ㅡ하고 선소리를치다가, 동무의황겁한소리에 그만질겁해서 후닥닥 키넘는 눈구덩에 뛰어든것을 목도채로 겨우끄집어냈다.

최호는 일주일안으로 천하없이해도 이백톤의 철재검수를 끝마칠작정이다. 시간이 다소걸리드라도 용도가 달은데 비젔한것이나 후에 틀릴염려가 있는재료에는 먹이나백묵으로 일일이표를한다. 이렇게 일심정력으로검수를 하면서도 최호는 자기의 약한몸에대해서 어떤순간일지라도 세심의주의와 준비를 게을리하지않는다. 자채기를 한번만해도 발서 아스피링이나 가제피링을 끄집어내서먹는다. 검수를 시작해서 이틀째되든날 석양부터 갑자기 날새가흐려지기시작하드니 찬바람이 쌀악눈을실고 펑펑쏟아진다. 볼다구지에 떨어저녹은 눈물우를 찬바람이 스칠때마다 칼로싹싹어이는듯이 아프고 쓰라리다. 당금 무슨천변

이 일어날듯한시산하고도 무서운날세다.

『선생님 눈이톡톡히 오겠우다.』

만수노인이 자기눈으로본 천기예보를 최호에게 알려준다. 최호는 노인의 천기예보에 얼골을찡그리면서 연거퍼 세 번자채기를했다.

『그럼 오늘은 그만둘가요?』

『그만둡세다. 이런날일해두 일이일같이되지않수다.』

최호는 부르륵하고 몸살을쳤다. 자채기나고 몸살치우고―최호는 이것을 또무슨병이 자기를 찾아오는 징조라고 직각한다. 최호는 뒤ㅅ걸음을 만수노인에게 맡기고 자기는먼저 집으로갔다.

오―버와 방한모를벗고 홀가분한몸이되어 뜨끈뜨끈한 방에앉어서야 비로소 자기몸에 열이있는것을 깨달었다. 이마를짚어보아도 역시열이 있다. 최호는 기분이우울하다. 체온기를 겨드랑에 찔렀다내니 삼십칠도 구부다. 몸이 오싹오싹 춥다. 최호는 감기에 틀림없다고 단정하고 이번에는 가제피링을 열다섯알을 단번에 먹었다. 어느새 잠이들었는지 달게 한잠자고나니 땀이흘러 털내복이축축하다. 만수노인이 방웃묵 에앉어 담배ㅅ대를 가로물고 그물을 뜨고있다. 노인은잠이깬 최호를 보더니 정주에나가서 밥상을 들고 드러왔다. 최호의 몸이불같이달다. 입맛을 갑자기 잃었다. 밥을댓숫가락뜨는 용하고는 인차밥상을 물렸다.

『아 어째 않잡수시우』

만수노인이 손을부비면서 민망스러워한다.

『아마 감기가 왔나봐요』

최호는 이번에는 아스피링한첩을입에물고 숭능으로양치질해넘겼다. 날세가 고약해서― 노인은 또 그물을뜨기시작한다.

『그물은 어데다 쓰는 그물이요?』

최호는 그물을 펴본다. 한발쯤되게 떠놓은 그물코는 자름자름하다.

『앞바다(저수지)에서 고기를 잡아먹어야지우.』

『고기가 많아요』

『많구말구요 손벽같은 붕어 대구같은 자치곤돌모기 모래쟁이…고기야많아요』

『잘잡히나요』

『고기떼를 바루만나 그물을 펴면야 펄펄뛰는 붕어사리가 단번에 오륙십마리식건닐때가있서요』

『호－오 륙십마리식요?』

최호에게는 노인의말이 진기한옛말같이 들린다. 산에서 듣는 바다의 옛말같다. 생활에 대한강렬한욕구라던가 부자유하고 부족한생활을어데까지던지 꾸준히 극복하고 해결지어 나갈수있는 인간들이있다면 그것은 만수노인과 같은 그런종류의 인간들이 아닐가? 최호는 이렇게 엄숙하게생각해본다. 최호는 이야기주머니 끈을풀랴는 만수노인에게 실례하고 방아래목에 누었다. 체온게를 겨드랑에끼어보니 삼십팔도삼부다. 열은점점높아간다. 몸뎅이로 뒤통수를 맞은사람처럼 골속이뻥하고 쿡쿡하고 마른기침이난다. 몸이불덩이 같이단데다가 방까지확근확근 다니 가슴이 갑갑하고 땀이 물퍼없은것처럼흐른다. 만수노인은 최호가 괴로워하는양을보고 자기의 갈퀴같은 손을 최호의이마에 얹어본다.

『이게 열이대단하군』

만수노인은 자기머리에 동였든수건을 벗겨가지고 최호의이마의 땀을씻어준다. 그때 금순이가 찬물담은 함지에다 수건을 띠어서 방에디러놓았다.

『이물은 어쩨는거냐?』

만수노인의 치열법에는 찬물을쓰는데가 없었기 때문이다.

『수건을짜서 머리를 식혀듸라시우다』

『못쓴다. 못써 열은 열루다스려야지』

『괜찮아요. 금순이감사하오.』

『아니우다. 열이속으루들어가면 못쓰는법이유·』

만수노인은 벽을문이라고 욱여댄다.

『일없우다』

정주에서 금순이가 아버지고집 에는 어찌할수없다는듯이 얼굴을 찡그린다.

『글세 괜찮아요』

최호와 금순의 일치된의견에는 고집불통한만 수노인도더욱일수가 없어 무뚝뚝한표정으로 수건을짜서 머리에얹어준다. 만수노인은 수건이더워지면 찬물에적셔 짜서 이마에얹어주군한다.

『미안합니다』

최호는 찬수건이이마에 놓일때마다 감사를 듸리군한다. 밖에서는 눈보라가 시작이 된모양이다. 바람이 문을 흔들어줄때마다. 쌀악눈이 문짬을 새어뽀ー얗게들어온다.

『야 금순아 네좀들어와서 시중해라. 내 그물을마저떠야겠다·』

금순은 망서리다가 새치마에 새저고리를 갈아입고야 방에들어왔다. 아버지곁에 한쪽무릎을 세우고 얌전하게앉아서 최호의이마에다 찬수건을 바꾸어낸다. 최호는잠결에 비스듬이눈을 떴다. 발갛게 충혈된두 눈에도 금순이의얼굴만은 똑똑히보인다. 금순은 고개를푹숙으린다.

『금순이 곤할텐데 나가시오』

『일없오』

금순은 최호의 신열이 자기의 얼굴에까지 감지되는것을 깨닫자 웬일인지 가슴이울 렁거린다. 금순의 고개는 더욱숙으려지고 얼굴에는 발간 홍조가흐른다.

이튿날도 몹시추었다. 최호의신열은 조곰내린편이다. 금순이가 정성
을 다해 끓인미음을 최호는 억지로라도 모도 마서야할 책임을가졌다
고 생각한다. 만약 자기가입맛이없다고 미음마저안마신다면 그 얼마
나금순이와 만수노인이 섭섭하게 생각할것인가―최호는이렇게 생각해
보니 그성심에 보답하는 의미에서라도 미음을 마서야겠다. 최호는 눈
을꺽깜고 할사발의미음을 단숨에 되려마셨다. 그날 석양에는 열이살
심칠도 팔부까지내렸다. 패독산 한첩을 다 려먹었드니 그한첩이 바로
정통을 찔렀든것같다.

저녁때 최호는 금순에게 돈일원을 주면서 술사오라고하였다. 금순
은식히는 대로 술일원어치를사왔다. 웃마을에갔다가 조곰늦게도라와서
저녁상을 받은만수노인에게 최호는그술을 되렸다.

『아 술은 무슨술을…』

만수노인은 도리혀 최호의 행동을 나물하는듯이말하고나서 따끈하
게 데운소주를 주바리뚜껑에부어서는 굴컥굴컥목을울리면서 마신다.
물탄술이지만 그래도 일원어치를 마시고나니 어지간히 혀가꼬불었다.
노인은 저녁상을 물리기가바뿌게 담배한대를피고나드니또그물을뜨기
시작한다.

『고기잡는데 허가는없나요?』

『별루허가는 없우다만 재작년꺼정은 몹시시비하더니 이근래는 아무
말이없어』

『배도있나요?』

『쪽배가 하나있우』

『제법 어촌입니다』

『그게모두 반갑지않소』

노인은 후유―하고 한숨을 길게내뿜는다.

『무슨말슴인지요?』

최호는 몰으겠다는듯이 늙은이의 얼굴을 처다본다.

『선상님 이늙은 늚의기맥힌 이얘기를 한번들어보겠우?』

노인은 곰방대에다 장수연을 꼭눌러담아붙여물고 다음같은 서글픈 이야기를 최호에 게돌녀주었다. 이야기의 실마리는 지금으로부터 십년전으로 올라간다. 즉 사수일대가 화전민 그대로의 생활을 지속하고 있을때다. 그때만수노인네집은 통지수리라는 깊은 골작에 있었다. (그 골작은 지금저수지속깊이 잠겨버렸지만). 그때 노인네가정에는 노인부처 아들윤식의부처 금순이ー다섯식구가 집뒤에는 밀림이막아있고 앞에는 갠이흐르고 갠건너에 화전이옌일곱뙈기가있었다. 봄이오면부자간은밭을 갈아 씨를뿌리고 시어머니 며누리는 산에올라도라지를캐고 고사리 산나물을뜯었다. 산중에다닻을놓아 토끼뫼ㅅ되지 노루를잡아 기름지게먹고 아름드리나 무를찍어번저서함지등속을 맨들어 한달에 두어 번식 부자간이번더지게 지게에지고 하가루장에 가서 아팔가지고는 옷감물감 바느질실반찬감 소곰…을 사다가 평화롭게생활했다.

그러다가 그해늦은여름이다. 어데서떠온소문인지는물라도통지수리깊은 골작에물을채운다는소문이퍼졌다. 처음에는 노인은 코웃음을 쳤다. 그러나 그해음력구월초순이다. 산넘어첫마을에 있는 문구장이, 양복쟁이 셋을 데리고 통지도없이찾아왔다. 마당에들어서는 그사람들을 마루에앉아서내다 보았을때 노인의가슴에서는 천근같은 돌덩이가 덜렁 내려앉었다. 구장의말은 내년늦은 가을쯤해서는 통지수리의 십여동리 전체가 큰호수 에잠기겠으니 이전비를 받는대로 속히사수에 이전해달라는 것이다. 노인은 담배를피면서가타나 부타나통말이없었다. 양복쟁이는 집수컨 생활정도화전의 소유면적등을 자세히 조사해가지고 가버렸다. 노인은 아들윤식을 내띄어 각동리의 동정을 살피이게하였다. 아

들의 보고도역시 늦어도 후년봄부터는 어데어데없이물이찬다 는것이
다. 근심중에서도 그이듬해는 그럭저럭 그대로 지낼수가있었다. 그다
음해 오월에 노인일가는 이전비 이백오십원을 받고 지금터전으로 이
사했다. 이때부터 간전리언제공사장에는 십삼도에서 노동자가 물밀듯
했다. 화전민의자제들에게는 크다란생활의변동기였다. 화전엄금 벌목
금지ㅡ이리하여 그들은 약속이나한듯이 공사장으로 공사장으로몰려갔
다. 노인의아들윤식이도 그가운데 한 젊은이였다.

  윤식은 어느새술과 게집에 빠지게되었다. 집에다두고온 자기마누라
보다 백배나 천배나 더아름다운색시들이 공사장에는 욱실욱실했다.
윤식은 뼈빠지게일해서번돈을 꼬박꼬박술집에다. 바쳤다. 그래도 돈이
모자라서 쩔쩔매였다. 하로는 윤식은표연히 집에도 라왔다가 이틀째
되든날 아츰에 공사장으로 간다고떠났다. 가마귀날자 배떨어진다는격
으로 윤식이 가떠나자 궤짝속깊이 간직했든이전비 이백 오십원이 간
데온데없어졌다. 노인은 두주먹을 바로쥐고 아들을 쫓았다. 그러나
며칠을두고 찾아도 아들의 자최는 없었다. 일설에는 어떤술집색시를
백팔십원에 때내가지고 다른공사장으로 가버렸다 고도하나 오늘까지
그생사가불명하다. 윤식의 안해는 도라오지않는 남편을 기대리고 오
년동안이나수절하다가 드디어 개가해버렸다. 며누리가 개가 해간이듬
해봄에 노인마누라는 딸금순을데리고 고사리동으러갔다가 그만왼쪽발
목을 독사한테물렸다. 물린다리를 그즉석에서 달바로 동이고 입술대
고 독을빨아냈으나 다리는 점점점점붓기 시작했다. 제독할약도 많이
써보았으나 별로효 과가 없었다. 그렇게 시름시름앓더니 사십일만에
그만세상을 떠났다. 그리하야 지금남은 것이 노인과딸금순이 둘이다.

  『선상님 이만하면 이늙은눔의 신세두 기막히지우?』

  노인은 천근같이무거 운한숨을 내뿜고나서

『윤식인놈은 어데가서죽었는지 꿈에는드믄드믄 뵈우두구만…』

노인은 저고리고름에다 눈물을 찍는다.

『돈을많이 벌어가지고 오겠지오』

최호는 노인을 위로식혀주려다가 가슴이 메여서 머리를 돌린다.

『그까지돈은 소용 없우다. 사람이제일이지』

노인은 곰방대를 쥐드니 어데론지나 가버렸다.

최호의 머리는 여러 가지생각에 몹시허크 러지기시작한다. 그렇다 – 위대한건설뒤에는 희생도많을 것이며 비극도있을 것이다. 그렇다면 나는최호는? – 머리를 흔든다. 물론나는 희생이나 비극을 원하는자는 아니다. 그러나 나도 이번공사에대하야 어느정도의 희생과 비극을 각오하지않으면 않될것이다. 큰희생을 내겠느냐 적은희생으로서 끝막겠느냐는 것은 나의 기술문제보다도 마음과마음의 단결이 절대로 필요한조건이다. 일심정력으로 국가를 위한건설에 참가해야만될것이다. 그러자면 나의 전기보국이 참된뜻을 노동자들에게 이해식혀주도록 힘써야 한다. 최호의 흐리멍텅한머리에는 건설에 대한 위대한정열이 부글부글용소슴친다.

최호는 아스피링을 한첩마시고나서 축축한 수건으로 뒤ㅅ벽에 끼어있는 유리의어름을 닥고 밖을 내다 본다. 그러나 밖은 캄캄해서 자기얼굴외에는 아무것도 보이지 않았다. 북풍이 유리를 때리고 지나치는 소리만이 무기미하게들려온다. 최호는 어둠속에 서무엇을 찾아내려는 듯이 이마를 유리에부치고 캄캄한 밖을한참내다 보다가 끊어지는 듯이 도로자리에 누어버린다. 건설을 위하여서는 명예도 소용없고 지위도집어치자 필요하다면 생명까지라도바치자 – 최호는 유리를바라보면서 입술을 깨물어본다.

　　　　　　　*　　　　　　　　　　　*

　오십대의 소발구가 철재를 실고 장타진을 처서 광막한빙원을 행진
하기시작한 것은 최호가 사수에와서 열이틀째되는날 늦은아츰때다.
최호는 발구대가떠나기전에 오십명의 발구꾼을 한자리에 모아세우고
간단한훈시를 주었다.

　『여러분 삯전도 삯전이겠지만 우리에 게는 돈보다도 더값있고 성스
러운 단결의 정신이있어야할것입니다. 우리나라는지금 남에서북에서
강적을 물리치면서 싸우지않습니까! 총후의국민인 여러분은 제일선
에서싸우고있는 용감한장졸들의 마음을 본받어서 『나』라는것을버리고
이번이공사에 일심합력해주시기를바랍니다.』

　최호는 나오는 기침을 참아가면서 높은소리로 오십명에게부탁했다.

　『이삼들 잘들었는가 그럼어서떠나세』

　만수노인이 만저 챗죽을들어 소궁뎅이를 갈겼다. 만수노인의발구가
제일선두다. 두어간식 사이두고 오십대의발구가 쭉일렬로느러저서 어
름우를 행진을 시작했다. 최호는 중측에서거렀다. 장화밑에다는 전공
들이 전주에 올라갈때신는 뾰족한 『승주기』를 신었다. 승주기끝이어
름에 박힐때마다 와삭와삭 어름쪼각이튄다. 최호는 만수노인이 특히
자기를위하야 담요를펴서 앉을자리를 꾸며놓은 발구에 지금이상으로
몸이불편 하기전에는 앉지 않기로 결심했다.

　차디찬하늬바람이 드믄드믄 빙원을 휩쓸고 지나간다. 어름! 어름!
지금질펀한 어름의 광야를 오십대의발구대가 한짐을실고 찬바람과 매
운 추위와 싸우면서 천천히 행진하고 있다. 소와사람이내뿜는 코ㅅ김
이 몹시히다. 가마귀조차나 뜨지않는 아득한 빙원은 쓸쓸하기짝이없
다. 최호는 발구따라거르면서 몇번식이나몸을 바르르떨었다. 볼다구지
가 째어지는것같이 쓰라렀다. 그러나최호는 이까지추위쯤이야하고 입

술을깨물었다. 와사삭와사삭―소신이 어름에박히는 소리다. 삐―쭉 삐―쭉―한짐을 실은발구의 트집가는소리다. 이모든정경이 쓸쓸한 북 국의정서를 여실히낱아내고 있다. 솜놓은 짧은 두루지에 방한모를 눌 러쓴 발구꾼은 팔장을 끼고 소옆에 붙어거르면서 드믄드믄 생각나는 듯이 끼랴―끼랴―하고 추운소리를낸다.

최호는 거르면서 생각해본다. 자연을 정복하는 기술자의 위대한 정 신속에도 명예나 지위같은 안까(安價)한생각은 꼬물도없어야할 것이 다. 이심산에서 몇해를 침식을잃고 『나』를 버리고 악전고투하야 세기 의 대저수지를건설한 기술자 선배들의 위대한뜻을 나는 계승해야만 할것이다. 그것이 총후국민으로서의내가 나라에 바치는 유일한충성일 것이다.

그때 자기곁으로 만수 노인이 어슬렁어슬렁나아왔다.

『아무걱정말구 날래 발구에 들어가앉으시우』

말하는 만수노인의 수염에서는 고드름이흔들거린다.

『괜찮습니다』

『하 저런 글세만사를 내가볼테니 어서들 어가앉으시우』

만수노인의 강권에따라 젊은 발구꾼들도 권한다. 최호는 더 욱일수 가없었다. 그는 좁은 발구안에 담요를 돌돌감고 앉었다. 가제피링을칠 팔개 가올모양으로 입안에서녹이면서 설게도를 무릎우에 펴놓았다.

그때최호는 뿌지직뿌지직 하는 상서 롭지못한소리를 듣고 눈을 어 름판으로돌렸다. 앗? 저쪽으로부터 어름이깨어저들 어오지않는가. 최 호는 당금어름장이 내려앉을 듯한 공포심을이르켰다. 질겁해서 어름 우에뛰어내리다가 되싸게어름우에 딩굴었다. 발구꾼이뛰어와서 부축해 일으켰다.

『저 저 어름이깨어지오.』

최호는 눈을 휘번덕거리면서 그쪽을손질한다.

『일 없우다. 너무꽝꽝하게 언찰어름이 되어서 이리저리루깨어지는 거유.』

『아 대자 예자루되려언 어름인데 저쭘해서물앉겠오. 저거는 어름의 작난이오. 허…』

발구꾼들이 너털웃음을웃는 것을보고야 최호는맘을 놓고 다시발구안에 들어가앉았다. 최호는파란어름판을 건너다본다. 그러자문득 만수노인이 어느날밤에 자기에게 들려주든신세타령이 머리에떠올랐다. 지금 이어름밑쯤에 만수노인의 집터가 있지않을가 주추돌밑이 붕어의 잠자리가되였을 넌지도몰은다. 희생과 비극! 이두가지 조건이없이는 건설은 불가능한것인가? 불가능한것일것이다. 그렇다면 희생과비극은 오로지 기술자의 책임으로만 돌릴것인가? 그렇지않을것이다. 만약책임이있다고 가정해도 사회는 그책임을 관대하게처분해줄것이다. 나는 가장 적은 희생과비극으로 가장큰건설을 완성하는데 힘써야겠다.

최호는 하늘을 처다본다. 차듸찬 공간에 일수문의설계도가 뚜렸이 날아났다. 그것은 최호의 건설에 대한정열의 반영이다. 질펀한 빙원을 극한과 싸우면서 행진하는 자기의정열이 자기로서도 대단이믿음성있게 생각되었다. 그때뒤에서 발구꾼이부르는 노래소리가들려왔다. 최호는 픽하고 쓴웃음을웃다가 무엇을 생각했는지 웃음을걷우고 심각한표정으로 노래소리에 귀를 기우렸다.

최호는 발구에서 어름우에 내려섰다.

『몇리나왔오?』

『이십리를 오나마나했오』

『이십리밖에……?』

최호는 해를처다보았다. 그리고 팔둑시게를 듸려다 본다. 시게는 열두시반을가르키는데 해는석양해같다.

『해와같이 가겠지오?』

최호는걱정이되어 또한번 무러본다.

『걱정 마시우 우리거름은 시게보다두 딱딱허우다』

최호는 시게보다도 정확하다는 발구꾼의 말에 철석같은 신임을 둔다. 하늬바람이 점점 눈보라를 이르켜가지고 발구대를 세차게내려부시기시 작한다. 그러나 그렇게 세찬하늬바람도 최호의정열만은 단연코빼았을수가없었다. 최호는 태연자약하게 휘몰아치는 눈보라 속을 뚫고 앞으로 앞으로 힘차게 거러나아간다.(끝)(『춘추』, 1942.7. 원문편집 - 수록자)

乳 房

朴啓周

남원공략전(南苑攻略戰)을 비롯하여 태원성함낙(太原城陷落)에 이르기까지 혁혁한 무훈을 세운 김석원(金錫源) 부대장은 북지전선에서 첫번 돌아왔었을때, 이러한 이야기를 들려준것을 여기에 옮겨 쓰기로 한다.

내가 인솔한 부대에는 조선인 병정이 한명 있었소. 누구나 전지(戰地)에 나가면 그렇겠지만, 죽엄을 일보(一步)앞에 놓고 사는 사람-아니, 죽엄과 함께 전진하는 사람들에게는 「나」라는것이 있을수 없는것이여서, 그 조선인 병정 역시 「나」 없는 투혼(鬪魂)에서 격렬히 싸우며 전화(戰火)속을 헤염쳤던것이오. 사실, 물욕이라는것, 명예욕이라는것, 지위욕이라는 것… 등등의 사욕은, 위대한 「죽엄」 속에 나를 바쳐서 제물이 되려는 자에게는 이미 작별된것이 아니겠소.

그런데 낭자관(娘子關) 전투에서 그 조선인 병졸 ○○군은 그만 부상을 입고, 다른 부상병들과 함께 후방 ○○키로에 있는 야전병원으로 호송되게 되였었소. 그로부터 여러날 뒤이었소. 낭자관이 함낙된 뒤에, 나는 병상(病床)에서 신음하는 부상병들을 위문하기 위해서 야전병원을 찾게 되었었소. (낭자관 전선에서 악전고투하던 부상병들이 낭자관이 함락되었다는 소식을 듣는다면 얼마나 기뻐하랴.) 나는 이러한 생각을 하면서 한시가 급하게 야전병원으로 몇 명의 부하와 함께 말을 달리었던것이오.

그러나 야전병원에 이른 나는 ○○군을 병실로 방문하고 놀라지 않을수 없었소. 그는 두 눈을 붕대에 싸매인채, 내가 들어서는것도 몰라보고 신음하며 있지 않는가.

『○○군!』

이윽고, 나는 그이곁에 가까이 가서 무거운 입을 열어 그의 이름을 낮윽히 불렀었소. 그러나 그는 나에게 아무 대답도 던져주지 않았소.

『○○군!』

좀 더 목소리를 높여 그를 부르는 때, 옆에서 군의(軍醫)가,

『눈만 아니라 양편 귀의 고막도 찢여저서 듣지 못합니다.』

하는 말에, 내 놀람은 한층 더 컸던것이오.

나는 말 없이 한 자리에 못 박힌채 한참 서서 ○○군을 나려보다가, 그이곁에 앉으며 손을 잡아주었소. 그는 놀라듯, 몸을 좀 움칠하더니,

『누구시오? 누구야요?』

하고, 흥분된 어조를 계속시켜서,

『어머니가 아니우? 응?』

몹시 괴로운듯, 몸을 일으키려다가 말고, 내 손에 잡히지 않은 다른 손을 내밀어 내 손을 더듬어 어르만져 보고는 여자손이 아닌것에 그는 일쫑의 실망을 가지며 엷은 한숨까지 지었었소.

『날세. 김부대장일세.』

으레이 듣지 못할줄을 알면서도 내 입은 그렇게 대답하지 않고는

가만히 있을수가 없었던것이오. 과연 그는 동문서답으로,

『어머니가 오신다는 전보가 아직두 안왔는가요? 웨 대답이 없어요? 아이 답답해! 어서 어머니를 오시라고 또 전볼 처주십시오. 어머니를……어머니를……내 죽기 전에 어머니를 만나게 해주십시오.』

신음에 가까운 그의 목 메인 소리는 더 들을수가 없었소. 어떻게 보면 그것은 미친 사람의 모양과 같기도 했었으나, 역시 지순(至純)한 애정의 부르짖음임에 내 눈은 뜨거워 나기까지 했었소.

○○군은 고막과 두 눈의 동공(瞳孔)이 파열된것 외에도 어깨 밑과 옆구리에 받은 관통총상(貫通銃傷)으로 인하여 ○○군 자신도 생명을 더 길게 가질수 없는것을 깨달았음인지 그는 매일가치 어머니를 부르며 죽기 전에 만나게 해달라고 한다고, 군의는 나에게 말해주었소. 군의는 말을 계속해서,

『접대 ○○사령관께서 오셨을 때에도 어머니냐고 물으며, 어머니를 자꾸 찾는 가긍한 정경에 사령관으로 하여금 눈물을 먹음게 했죠. 어떤 때는 간호부의 손을 어머니의 손으로 알고, 어머니 어머니, 하며 부르는데는 차마 볼수가 없어요. 그럴 때마다 간호부들은 자기 감정을 제어못하고 막 느껴 우는걸요.』

그는 말을 좀 끊었다가,

『그래서 지금은 될수 있는대로 간호부들이 머리를 짚어주거나 손을 잡아주는것을 금하지요. 언젠가 한번은 약을 쌌던 종이를 들고 어머니에게서 온 전보냐고 하며 어서 읽어달라고 하는데는 아닌게 아니라 주위의 사람들의 눈에 이슬을 맺혀놓고야 말았었죠.』

나는 군의를 따라 병실을 나오면서, (죽엄을 앞에 놓은 자식에게는 역시 어머니의 애정보다 더 그리운것이 없구나.) 속으로 중얼거렸었을 뿐, 한마디의 의사도 통케 못하고, 따뜻한 위문의 말도, 그리고 자기

부대장이 찾아 왔다는것도 알게못하고 돌아서는 내 걸음은 무거운것
이었었소.

『그래, ○○군의 모친께 전보는 쳤는가?』

나는 나와 나란히 서서 걷는 군의에게 머리를 돌리며 물었었소.

『네, 쳤습니다.』

『회전은?』

『회전은 아직 없어요.』

그 날, 점심 뒤에 야전병원앞에는 군용 「트럭」이 한 대 와서 머물
었었소. 그 화물자동차에서는 식량과 약품외에 몇 명의 군인이탔었는
데, 그 중에 아래 위를 하얗게 입은 조선부인이 끼워 앉았다가 내리
는것이 우리의 시선을 집중케 하였소. 내나 마찬가지로 그 여인을 보
는 사람은 다 그가 병석에서 신음하는 ○○군의 어머니리라 직감했
었을것이오.

나는 ○○군의 어머니에게, 먼 길에 고생이 많았을것을 인사 드린
뒤에, 전선에서 당신의 아드님은 용감히 싸왔던것과, 그리고 명예의
부상을 입게 된것등을 이야기 하여 그의 마음을 위무(慰撫)해 주며,
군의와 간호부들과 함께 그를 인도해 가지고 ○○군의 병실로 들어
갔었소.

병실에 들어서는 어머니는, 두 눈을 싸매인채 자기를 몰라 보는 아
들을 바라보자 철퇴에 어더맞은 사람모양으로 한 자리에 머엉하니 서
서 말 없다가, 이윽고,

『○○아!』

하고, 목 메인 음성으로 아들의 이름을 부르며, 두 손을 내밀어 아들
의 손을 덤석 잡았었소. 그것은 실로 감격의 일순간이었었소.

『⋯⋯⋯.』

그러나 아들의 입에는 대답이 있을 리가 없었소. 이를 모르는 어머니는,

『○○아, 내가 왔다. 어미가 왔다!』

하고, 떨리는 음성으로 불렀으나, 아들은,

『누구애요?』

하고, 반문할뿐, 역시 어머니로 깨달을 리는 만무 했소.

『내가, 네 어미다!』

씰룩거려지는 입술을 억지로 깨물며, 뒤이어 솟아오르려는 눈물을 눈을 꾹꾹 감아서 가까수로 삼키는 그는, 터질듯 터질듯 하는 통곡을 애 써 누르고 있는것이 그의 얼굴에서 역력히 읽혀졌었소. 만일 이 경우를 내가 당했다면 통곡했을지도 모르겠다고 생각하니, ○○군의 어머니는 군인의 어머니다운 굳은 의지의 여인이었었소.

군의는 더 참을수 없다는듯이, 차마 열려지지 않는 입을 열어 두 귀까지 상한것을 ○○군의 어머니에게 들려주고야 말았소. 이때의 어머니의 놀람은 여러분의 상상에 맡기오. 어머니와 우리들은 여러 가지로 ○○군에게 어머니가 왔다는것을 알리려 노력했으나 모두 효과 없는 노력이 되고말았을뿐이오.

어머니의 손을 더듬어 만져보는 ○○군은 또 간호부의 손이거니 생각하고,

『우리 어머니는 언제 오신대요? 아직두 전보가 없어요? 어서 오시라고 전볼 처줘요. 어서 죽기 전에 한번 만나게 해줘요 어서요.』

이 애원을 듣는 어머니는 미칠듯이,

『내다, 내가 왔다. 여기 이것이 네 어미 아니냐. 응? 얘, ○○아! 내가 네 어미다!』

어쩔줄을 모르며 연신 울음 섞인 음성으로 말 했으나, 아들은 여전히 어머니를 몰라보고만 있었소. 손을 잡아주어도, 뺨을 만져주어도, 별줏 다 해도 아무 효과가 없었소. 어머니만이 아니라 둘러선 우리들도 어찌 할바를 모르고, 같은 안타가움과 같은 초조(焦燥)와, 같은 답답함에 가슴을 설례이게 하였을 따름이오.

그리자 어머니는 문득 무엇을 생각했는지, 자기 가슴을 헤처더니 젖(乳房)을 꺼내여 아들의 입에 물려주었었소. ○○군은 처음에는 무슨 영문인지 몰라서 가만히 있드니, 이윽고, 손을 내밀어 자기 입에 물려진것을 만져보고 그것이 젖이라는것을 깨닫자, 깜작 놀라며,

『어머니!』

하고, 두 팔을 내밀어 어머니의 목을 끌어안고는 감격한 남아지 흐느껴 우는것이었소. 어머니 역시 방그레 웃는 자기 두 뺨에 눈물을 막 쏟으며,

『○○아!』

하고, 아들의 목을 껴안고, 아들의 뺨에 자기 뺨을 대고 부비며 어깨에 그냥 파도를 일으키는것이었소. 둘러선 간호부들은 두 손에 얼굴을 파묻고 돌아서서 흙흙 느껴 울었으며, 군의와 나도 눈물을 금할수 없었소. 이윽고, 군의가 아들에게서 어머니를 떼여 일으키려는것을, 나는 눈짓하여 가만 두라 하고는, (울대로 내여버려두어라. 세상에 눈물처럼 정직한것도 없으려니와 눈물처럼 진실된것도 없는것이니, 하물며 어머니의 눈물에 있어서랴. 어머니의 눈물이야말로 사랑의 극치(極致)요, 정화(精華)니라. 어서 울고싶은대로 실컨 울어라.)

속으로 중얼거리며 나는 발길을 돌리었었소. (一月九日밤) (朝鮮憲兵隊點檢濟)(『조광』, 1943.2. 원문편집 - 수록자)

그   늘

黃順元

언제나 여인이 앉았는 목노상 안쪽이며 각색 안주ㅅ감이 들어있는 진렬창하며 구석구석 그늘이 깃들어 있었다. 한가운데 느리운 십륙촉짜리 전등불 하나로는 어쩌지못할 그늘이었다. 숫불을 피워노와 큰 화로가 붉어우리해 있으나 이 숫불도 그늘은 태운다기보다도 그늘을 피워놓기나 하듯이 화롯불 체두리에는 도리어 짙은 그늘이 서리어있었다.

목노상 밖알 그늘속에서 청년은 강끼의 술을 마시기전에 풍기는 냄새를 맡고 있었다. 언제 맡아도 향그러운 술향기 곧 술냄새는 술냄새가 아니고 없은 하라버지의 냄새다. 없기 바로전에는 아무래도 독작이 외로우섰든지 번번이 자기에게 잔을 붓게 하시든 하라버지. 사실 그때껏 눈물을 모르시든 하라버지 아버지가 당신의 손으로 당신의 상투를 잘랐다고 저런자식은 내자식이 아니라고 몽둥이를 들고 쫓든 하라버지자 아버지가 서울로 도망을 갔다. 불시에 송장이 되여 내려왔을때도 눈물을 흘리시는법없이 불효막심한 자식 잘 뒈졌다고 노하시기만 한 하라버지. 이 하라버지가 외로우신듯이 손주인 자기에게 잔을 붓게하든 술냄새. 이 냄새는 자기가 잔잔에 술을 부을적마다 언제나 하라버지와 함께 있었고 늦은저녁 불 켤것도 그만둔 이 선술집 보다도 더 어두운 그늘이 깃들인 저녁과 함께 있는 냄새. 청년은 사실 언제나 늦저녁처럼 그늘진 이 목노집에서 술을 마시기보다도 술강끼에서 풍기는 술향기를 맡으면서 없은 하라버지의 냄새를 생각해 내는 것이었다. 그러다가 여인이 화롯불에 나와 숯둥걸을 헤길고 새 숯을 집어넣고 입술을 오무려 입김을 부는 숯불에 붉게 비최인 여인의 얼굴을 보고서야 청년은 정신이 들어 잔을 드는때가 많았다. 그리고 청년은 또 이번에는 숯불이 이는걸 잠깐 지키고섰는 여인과 사나이들이 사냥해온 즘생을 불에 굽느라고 불앞에 섰는 원시여인의 환영과를 착각해 보며 하라버지를생각할때와는 달리 저도모르게 가슴을 울렁거리는것이었다. 이런 환영과 여인의 육체를 그림으로 그려보리라.

그러는 동안에 청년은 이 선술집 당골이 되었다. 다른당골이래야 온몸에 검댕이 칠을 해가지고 있는 굴뚝 소제부 사내와 언제나 신소리 거짓소리를 주고 받기 잘하는 회사원 사내 둘과 언제나 조개귀을 화롯불에 구어 안주하는 다님을 묶지않고 바지가랭이를 걷어올리고 단니는 사내와 그리고 막걸리 한잔 아니면 두잔을 마시고 들어올때처럼 사분히 어데로인지 없어지는 남도사내. 이중에서 제일 오랜 당골이 나이도 제일많은 굴뚝 소재부 인듯했다. 그리고 남도사내가 그중 갖으는 당골임에 틀림없었다. 이 남도사내가 이 곳에 처음 왔을때 여인이 새로 부은 대포강끼를 자기옆으로 내미는것을 보고야 자기옆에 누가 와있는것을 알게 그러케 이 남도사내는 조용히 들어왔고 이 남도사내가 자기앞에 온 대포잔을 가만이 내려다보며 조심이, 탁주 주이소 하자 여리사람의 시선이 이 말세 다른 남도사내에게 몽었고 그러자 이 삼십이 갖넘을듯한 남도사내의 얼굴이 빨개지는 것을 이곳에 단니기 시작한지 얼마되지않는 청년까지가 다 알고 있는터이니까.

다음부터 남도사내가 조용히 들어왔을때는 여인은 어김없이 꼭꼭 막걸리를 부어주었다. 막걸리 사발을 들고 한목음 마시고 나서는 조용히 지금 마신 막걸리의 맛을 음미하는듯한 자세. 그러나 남도사내는 한번도 낯에 그 음미한 결과같은것을 나타내본적이 없었다. 그것은 도리어 막걸리의 맛이 그저 평범하다는지 해서가 아니고 전에 자기가 마셔온것보다 분명히 못한 경우일지라도 단념하고 마는 그런 성미탓임에 틀림없는듯 했다. 그러나 기름한 얼굴에 그러케 고생으로해 생긴 주름살같지 않은 잔주름이 몇 개 가로 건너간 이마와 노라개우리한 수엽발이 잡힌 코밑과 턱은 어딘가 뒷날에 소홀치 않은 지체속에서 생활해 왔다는 위엄을 발산하는듯도 했다. 그것은 고독하고 사라리기까지한 위엄임에는 틀림없었다. 이 남도사내는 남선의 어떤 몰락한 양반의 하나이 아닐까. 상투를 갓 자른듯한 치거슬레뵈는 머리털과 망건지리가 잽혔든듯이 다른데보다 좀 힌듯한 머리의 아랫도리사실이 남도사내의 머릿도리보다 더 분명하든 아버지의 상투자른 머릿도리와 자기의 머리채. 당신의 손으로 당신의 상투를 자르고 저런 자식은 내자식이 아니라고 몽둥이를 들고 따르는 하라버지에게 쫓기든 아버지, 좇기다 서울로 도망간지 얼마않되여 무슨 학당엔가 단닌다는 소식이 있었고 그런지 불과 달포도 못되어 송장이 되여 돌아온 아버지. 그런일이 있은지 또 얼마않되여 이번에는 손주인 자기의 머리채를 손소 잘라주신 하라버지. 머리채가 당기를 물고 떠러질때 속이 섬뜩하든 일과 저녁맛을 잃고 앉었노라니까 무심중 네 애비가 장하다 하는 말을 한번하시고 몇번이고 담배를 피우시든 하라버지.

하로는 청년은 그늘속에서도 분명히 얼마전부터 씻어내지않은 남도사내의 귀속에 낀 때를 바라보며 문득 이 귀옆을 지났을 갓끈 생각과 함께 자기 집의 옛날 坤殿에서 下賜가 게섰다는 珠纓구슬이 떠오름을 어쩔수 없었다. 여러차례 화재를 격고 나려왔으면서도 한알도 상치는 않고 그저 변색했음에 틀림없는 노라우리하게 빛나는 수정 구슬알들과 화재를 당할적마다 새끈을 갈군했는데도 몰닭은 끈 하라버지가 없으신뒤로 그러케 꺼내보지 못한 새에 구슬알들과 끈은 또 얼마나 변했을까. 그리고 보면 갓끈이 옆을 지났을 남도사내의 귀속과 얼굴도 퇴색한것이다. 막걸리 사발을 마시고 음미하는듯한 자세도 퇴색한것이다. 그리고 조용히 걸어나가는 거름거리도. 청년은 저도모르는새 이 남도사내에게 관심이 감을 어쩔수 없었다. 남도사내가 접시에 언제나 같이 멸치 한놈을 남겨놓고 돌아가는 일까지에도.

하로는 남도사내가 전처럼 접시에 멸치 한놈을 남기고 이제 언제나 처럼 소리없이 이러설참인데 굴뚝소제부가 자기의 내인 대포잔을 남도사내 앞에 내밀며, 자 대포한잔 하시소 했다. 남도사내는 곧 귀밑으로해서 목과 얼굴을 붉히고있었다. 여인이 술을 부었다. 자한잔 드시소. 쇠주가 술이지 막걸리두 술인가요 자아, 하며 굴뚝 소제부가 전에 없이취기로해 몽롱해진 얼굴에 호이의 웃음을 지으면서 남도사내에게로 가까이 가져갔다. 그러나 남도사내는 얼굴과 목을 붉힌채로 언제나처럼 사분히 일어나 돌아서드니 그대로 밖에로 나가는것이었다. 그러자 굴뚝소제부는 대포잔을 들어시 획 남도사내의 뒤를 향해 뿌렸다. 그냥 남도 사내는 여느때보다 좀 빠른 거름이었으나 언제나 처럼 가만한 거름으로 한번도 뒤를 돌아보는범없이 나가 버렸다. 굴뚝소제부가 분연히 남도사내를 따라나가려는것을 여인이 얼른 목노상안에서 나오면서 붙들었다. 이거 노라우, 그넘의 할락꿍기 새끼 애전에 혼내와 놓구말게스리, 경우가 무슨 넘의 경우란 말이노 글세, 좀치라우 애전에 본땔 뵈야지, 하면서 여인에게 비키라는 손짓을 했으나 언듯 여인의 오늘따라 미리 손의 취한 정도를 짐작못한 후회를 띄운 낯색을 보자 굴뚝소제부는 자기 자리로 도루 갔다. 그리고 목노상에 의지하며 이번에 뒤로 고개를 돌렸을때는 굴뚝소제부의 낮은 또분노같은것은 다 없어지고 그저 좀전에 자기가 뿌려버린 술이 아까운듯이 입맛과함께 군침을 삼키고나서 여인에게 잔을내 밀었다. 그러나 여인은 술을 붓지 않었다. 굴뚝소제부는, 꼭 한잔만, 하였으나 여인은 종내 술을 붓지 않었다. 굴뚝소제부도, 내가 지금 췬줄 알아, 내가 여기몇해를 두구 단니문서 술먹구 실수라군 해본적이 없어, 하였으나 그것은 자기가 이 선술집에서는 제일 오랜당골이라는걸 말해보는것 뿐임에 틀림없고 이제 다시 여인이 자기의 잔에 술을 부어주리라는걸 바라는 눈치는 아니였다. 사실 여인은 이 자기의 주량을 자기가 알고 마서오는 제일 오랜 당골한테도 이제부터는 정도를 보아서 술을 줘야 하겠다고 맘먹고 있었다. 바지가랭이를 걷고 오는 언제나 안주로 조개귀를 구어먹는 사내에게는 넉잔 정도 회사원 사내들에게는 헐은 소리가 나오기까지 그리고 청년에게는 두잔정도로 주듯이.

다음날부터 남도사내는 오지 않었다. 굴뚝소제부는 자기 때문에 이 집 당골손이 하나 준게 않됐다는듯이 여인에게 그때 내가 실수했어, 하였으나 술을 먹고는 그때 자기가 한 태도에 대해서 남도사내가 너무나 용렬한게 못맛당한듯이 할락꿍이야 했다. 그러나 몇날이 않가서 굴뚝소제부는 잠잠해 첬다. 여인도 사실 당골손을 한사람 잃었다는데남도사내가 뵈지않는걸 여간 서운하게 여기는 눈치가 아니였다. 그래 여인은 굴뚝소제부가 술을 마신뒤에 할락꿍이가 할락꿍이야 남도사내를 나둘때마다, 영감 어디 그사람만큼 점잔아 보지 하군 하였으나 굴뚝소제부가 잠잠해지자 여인도 잊은듯이 말없이 되였다.

이런속에서 청년은 처음에는 굴뚝소제부가 남도사내의 뒤를 향해 술을 뿌린것을 통쾌하게 여기고 남도사내의 태도를 용렬스럽게 생각하면서 남도사내가 뵈지않는걸 아무러치도않게 여기고 있었다. 그러나 날이 갈수록 청년은 이상하게도 남도사내가 뵈지않는데 어떤서운함을 느끼게 되었다.그것은 자기의 그림자같은 것을 잃고 문득 깨달으면서 느끼는 그러한 서운함이었다. 그늘숙에 소리없이 들어와앉었다. 소리없이 이러나 나가든 남도사내. 청년은 문득 남도사내가 자기 옆에와 앉는것같애 돌아다보면 갈비뼈를 주으러 들어온 거지기도 하였다. 그늘속에서 어룽진 자기의 그림자기도 하였다 했다.

그러한 어떤날 그날은 좀 늦은때여서 벌서 회사원의 한사내가 집에 쥐한마리두 없이 하는법 아노냐는 말을 꺼내가지고 건 이러케 하문 되거든, 쥐 한마릴 잠아서말야, 독속에 넣구 아무것두 먹을걸 주지 않거든, 그래 정 굶어죽게된담에 쥐새끼 한마릴 넣주면 그걸 잡아먹지 않겠어? 그담에 또 지영굶겼다가 또 쥐새낄 잡아 넣주거든, 그러케 몇번 해가지구 놔주거든, 하문 이넘이 쥐구멍마다 찾아단니문서 쥘 다 잡아, 먹지않아? 괭인 암만 쥘 잘 잡는대두 쥐구멍엘 들어가선 못 잡거든 어때?하자 상대편 사내는 또 맞받아 닭이 쉽게 잡는법 알아? 괘니 숨차게 딸라댕기문서 잡을게 없단말야, 그저 인단이나 가오루 몇알이문 된단말야, 모이를 주면서 인단몇알만 뿌려주면말야 이넘이 먹구서는 옴짝 못한단말야, 거저 한알만 먹게되는 날이문 당장 그 자리에서 간들간들 졸면서 옴짝못한단말야, 사람이가 쥐두 모르구, 참 묘하단말야 하는 말을하다가 돌아가고 바지가랭이 걷어올린 사내도 대포 넉잔을 마시고 돌아가고 굴뚝소제부도 자기의 정도껏 마시고 돌아가고 청년도 자기에게 부어진 마지막잔을 거이다 마시고 났을 때였다. 청년이 자기옆에 어떤 그림자같은게 소리없이 와 앉는듯해서 그리로 고개를 돌린것은 그리고 청년은 그곳에 뜻밖에 자기의 그림자도 갈비뼈를 주으러 들어온 거지도 아닌 남도사내 그사내를 발견하였다.

청년은 놀람때문뿐만 아닌 가슴의둘렁거림을 느꼈다. 곧 남도사내의 앞에 막걸리 사발이왔다. 여전히 조용히 막걸리 맛을 음미하는듯한 자세. 그러나 역시 막걸리의 좋고 나뿐 결과를 나타내보지 못하는 그러나 어떤 자존심같은게 깃들인듯한 얼굴. 곁을 않주는 몸가짐새. 남도사내는 막걸리 한사발을 마시고 곧 들어올때처럼 나가버렸다. 남도사내가 남기고 간 접시의 멸치를 내려다보다가 남도사내의 귀속과 거름거리처럼 퇴색한 이런 습관은 역시 자기의 어느 한 구석에도 같이 물림받아있다는것을 느끼자 어느새 가슴의 둘렁거림도 멎은 청년은 몇날동안 남도사내가 뵈지않을때마다 느끼든 서운함 대신에 이번에는 갑자기 불쾌해짐을 어쩔수 없었다. 그것은 자기의 오랜 습성의 초라한 그림자를 깨달으면서 느끼는 그런 불쾌함이었다. 그러자 청년은 저도모르게 술! 하고 불으짖었다. 여인이 청년의 얼굴을 드려다보면서, 낯색이 나빠요, 했다. 그러나 청년은 강끼를 여인의 앞으로 내밀어 술붓기를 재촉했다. 여인은 또 청년에게 이 이상 술을 부어서는 않되리라는걸 생각하고 있는듯이 가만이 있기만하였다. 그러나 오늘만은 한번 기어코 술을 한잔더 먹고야 말리라. 그리고 청년은 이번에는 일부러 강끼를 거칠게 머츠러쳐 여인에게 더 가까이 가저갔다. 여인은 여전히 가만이 있었으나 청년의 심상치않은 얼굴빛에 그만 눌리듯이 술을 붓고야 말았다. 청년은 강끼를 끌어다 단숨에 드리키기 시작하였다. 술에서는 전의 향기대신에 그저 입에 역하기만 하였다. 청년은 작고찡그러지는 얼굴을 애써 필랴다가는 지금 마신 술이 역하여 다시 찡기고 하면서 그곳을 나왔다 그리고 남도사내가 오기 시작한 이 선술집에를 다시는 오지않어야겠다는 말을 거이 입밖에 내이다 싶이 중얼거리는것이다. 사실 청년은 다음부타 여인의 선술집에 가지 않었다.

그러자 청년은 너무나 오래동안 그림과 떠러저 있든것을 깨달으면서 습작첩을 펴들었다. 그러나 그림이 되는게 아니였다. 벽에 붙은 하라버지의 갓과 감투와 담배대의 그림과 그리고 하라버지의 초상화를 바라보다간 다음에는 고개를 떨구고 입속으로 하라버지 하라버지 하고 몇 번이고 불러보다간 하다가 문득 지금 습작첩 속에 끄적이고 있는 연필 끝에 정신이 가자 놀래여 손을 멈추고 말었다. 자기도모르는 사이에 어떤 여인의 뎃상이 그려저 있는것이었다. 어딘가선술집 여인에게 닮은데가 많다는 느낌에 다시 한번 놀래일밖에 없었다. 그러나 또 그림에는 선술집 여인의 생기가 도무지 들어있지를 않었다. 그리고 자세히 뜻어보면 그림에는 어딘가 지금 바로 앞벽에 붙어있는 하라버지의 얼굴모습이 들어있어도 보였다. 청년은 이번에는 습작첩을 탁 접어버렸다.

다음날 다시 습작첩을 펴다가 청년은 어제의 뎃상우에 연필자국은 아닌 무슨 적은 점같은걸 발견하고 눈을 멈추었다. 그것은 어떤 적은 버레의 찍히워 죽은 혼적이었다. 적은 한점의 점으로 밖에못남긴 버레의 시체자죽을 순톱으로 긁다가 문득 이 버레의 시체자국은 어제 자기가 습작첩을 접을때 찍히운것임에 틀림없다는 생각이 들자 청년은 오늘도 습작첩은 탁 접어버리고 말었다. 그리고 청년은 이러서다가 마츰 마즌벽에 붙인담뱃대그림이 사실 담뱃대나 처럼 눈을 찌를듯한 착각을 이르켜 되 주저앉었다. 그러나 다음순간 저도모르게 벌덕 이러서는 청년의 손은 어느새 벽의 담뱃대 그림을 찢어내고 있었다. 그리고 청년의 얼굴은 지금 자기가 찢어낸 도화지처럼 창백해지 있었다. 청년은 발밑에 흐터진 그림조박지를 아무러케나 주어 웅켜쥐고 밖에로 나섰다. 그리고 저도 모르는새 청년은 대동강에로 갔다. 청년은 생각난듯이 쥐고온 그림조박지를 아무러케나 강물에 던졌다.

그런뒤로는 아무래도 하라버지의 담뱃대그림이 있든곳이 허룽하다. 다른 그림을 하나 붙여야겠다. 빈 자리에 선술집 여인의 화롯불을 부는 그림을 그리는대로 붙이면 어떨까. 청년의 가슴은 잠시간에 가뿌게 두근거림을 느꼈다. 그러자 문득 남도사내가 뷘 자리에 떠오름을 느꼈다. 청년은 그대로 몸을 던지듯이 뒤로 누어 버리며 아니다 아니다 하고 자기로 서도 무엇이 아니다 인지 모를듯한 아니다를 수없이 외우는것이었다. 그러는새 청년의 눈에는또 저도 모르게 눈물이 떠올라 눈에 차 넘처 뺨을 흘러나렸다.

그날은 청년이 담뱃대 그림이 붙었든 벽을 등지고 누어 있었다. 갑자기 어디선가 역한 냄새가 풍기여 왔다. 하기는 그 냄새는 지금 갑자기 풍기여 온것같으나 역시 얼마전부터 안악에 차 있은 냄새이고 그것을 지금에야 느낀듯 하기도 한 냄새였다. 그리고 결코 밖에서 들어오는 냄새가 아니고 온 안악에 젖은듯한 역한 냄새였다. 무슨 냄새일까 윗몸을 이르킨 청년은 바로 머리맡에 놓여있는 책상우에 있는 어항에 눈이가자 어항속에 떠있는 죽은 금붕어새끼를 발견하였다. 역한 냄새는 이 어항에서 나댔는 생각과함께 벌서 얼마동안을 어항에에 물을갈아넣지 못한 생각이 지나갔다. 사흘? 나흘? 아니 닷새째다. 자기는 닷새동안 여지껏 때를 따라 갈아넣든 어항의 물조차 갈아넣지 않고 무엇을 했나, 청년은 다시 몸을 던지듯이 뒤로 누어버렸으나 곧 이러나 어항에로 갔다.

그새 물도 썩은듯이 물이 잠겼든 어항벽은 파아란 물이끼가 붙어 있었다. 역한 냄새는 단지 썩은 고기새끼에서 풍기든것만이 아니고 이어항속물전체에서 나는것일지도 모른다. 청년은 어항을 들어죽은 고기새끼를 물과함께 뜰악에 내 쏟아 버렸다. 그러나 그냥 냄새가 난다 혹은이파아란물이끼가 붙은 어항전체가썩은 고기새끼처럼 역한 냄새를 풍기는지 모른다. 청년은 들고 있든 어항을 그대로 뜰악을 향해 내던지고 말었다. 그래도 냄새가 난다. 문을 전부 열어제쳤다. 그래도 냄새는 쉽사리 살아질것같지 않다. 다른 냄새로 이 안악을 채우리라. 담배대로 하라버지의 담뱃대로.

　청년은 웃목에 놓여있은 헌 상자로 갔다. 뚜껑을 여니까 상자속에서는 먼저 하라버지의 냄새가 나왔다. 하라버지의 냄새. 저녁과함께 있는 냄새. 지금도 날은 저녁때다. 이맘때로부터 하라버지와함께 있은 술냄새며 짬짬이 붙이시든 담배냄새. 어서 하라버지의 대를 찾자. 청년은 손을 넣어 상자속 각색 잔가구들을 헤치기 시작하였다. 손에 거칫거리는 헝겊조박이 있었다. 꺼내니까 靑紗團領이있었다. 주영과함께 곤전에서 하사가 게셨다는 이 청사단령. 그리고 주영과함께 여러차례 화재를 겪는사이 주영구슬알은 한알도 상하지 않은 대신 이것만은 지금 청년으로서는 앞쪽의 한 부분인지 뒤쪽의 한 부분인지 조차 분간치 못하는 한조각만 남은 청사단령. 이 한조각의 옛 옷도 그새 더 물이 낡은듯 하다. 다시 상자속을 뒤지는 청년의 손에 다은것이 주영구슬께미였다. 이것도 그새 구슬을 께인 끈과함께 구슬알들이 더 퇴색한것 같다.

　그리고 다음에 담뱃대인줄로알고 꺼내니까 붓이었다. 붓 토갑을 떼고 청년은 일전에 그림의 담뱃대처럼 착각을 이르킨것처럼 이 하라버지가 쓰시든 큰 붓 인듯 하라버지의 상투처럼 착각됨을 어찌할수없었다. 삼작으로 언제나 밴밴이 쓸어 올리든 하라버지의 상투. 그럴때마다 신체발부는 수지부모니 불감훼손이니라를 외우는 자기. 하라버지가 자기의 머리채를 떨굴때 느낀 섬뜩함은 신체발부의 어느 한부분이 떠러지는것이 아닌 온 몸동이가 높은데서 한순간 떨어지는 듯한 섬뜩함이있고, 그런 섬뜩함이 당신손소 자른 당신의 상투가 떠러질때 아버지에게도 느껴졌을까. 이 섬뜩함만은 모르고 돌아가신 하라버지. 없는날까지 밴밴히 쓸어올린 하라버지의 상투. 그러면서도 언제나 몇오락 머리카락이 이러케 날리든 하라버지의 상투. 지금 이 붓도 오랜동안 먹과 하라버지의 침을 먹지 못한 탓일까 털이 이러섰다. 청년은 전에 하라버지가 하시든대로 붓을 입술에 넣어침으로 끝을 세워가지고 토갑에 꽂아 상자속 깊이 도루 넣었다.

　담백대는 담배지갑과함께 있었다. 지갑이 담배를 대통에 눌러 담았다. 불을 붙였다. 한목음 깊이 빨아 내뿜었다. 그리고 눈을 감고 담뱃대를 맡아 보았다. 하라버지의 마시고 내뿜든 담뱃대와 꼭 같지를 않다. 또 빨아 내뿜는다. 아무래도 다르다. 빨아 삼켰다. 내뿜는데서 달라지는 가부다 담배목음을 빨때마다 큰 목젖이 한번 움지기고 그것을 삼킬때 다시 한번 목젖이 크게 움지기고, 그리고나서 이따큼 눈역여 보는 청년에게는 숫대 오래처럼 느껴진뒤에야 서서히 코로 내를 내뿜으시든 하라버지. 청년이 어렸을때 몰래 담배를 붙어 하라버지처럼 삼켰다.사래들려 혼난일이 있는 그 역하게 쓴 담배를 한결같이 오래 삼키군 하시든 하라버지 돌아가실때만해도 담배를 찾는 눈치시기에 대에담배를 담아물려드렸드니 여전히 속깊이 빨아 삼키시다가 종내 한 대가 다 못탄 담뱃대를 입에서 떨구시며 운명하신 하라버지. 청년은 몇 대를 피워도 하라버지처럼 담배를 삼켰다. 내뿜을수가 없었다. 그러나 아까의 고기새끼 썩은 냄새만은 없어졌다. 그리고 어느새 하라버지가 앉아게실때처럼 저녁이 깃들어 왔다. 잔잔한 조수처럼 밀리어 들어오는 저녁그늘, 청년은 조용히 담뱃대를 내려놓았다. 그리고 저녁그늘속에서 어두어가는 청사단령의 조각과 히미한 수정구슬 알들과 담뱃대를 내려다 보았다. 그러나 오늘은 청년의 눈에는 눈물이 내배는법이 없었다.

그날은 또 담뱃대 그림이 붙었든 뷘자리를 처다보며 습작첩을 펴며 하다가 대동강에로 나왔다. 강물은 한창 밀물이 오르는 때여서 검은 석탄배가 힘드리지않고 우로 오르고 있었다. 강기슭에는 아직 푸지못한 솔나무며 장작을 가득가득 실은 배며 독과 각색 항아리를 실은 배가 들어와 닿 있었다. 언덕 한곳에 서서 청년은 눈이 가는대로 강에로 쏟아저나리는 큰 하수도 아가리 앞에서 어떤 사내가 지금 열심히 무었을 건저내고 있는것을 내려다보고 있었다. 무슨 양철 조박지같은 것으로 밑의 모래를 긁어내면 모래속에 묻혀 못이 몇 개 나왔다. 뚝에는 벌서 건저놓은 못이며 쇠줄조박이며 간즈메통같은것이 쌓여있었다. 다시 긁어내려고 물속에로 잠그는 사내이 손이 뜻밖에적고 맵시 있는것을 발견하고 연달아 사내의 얼굴을 살핀 청년은 놀래고 말았다. 틀림없는 남도사내인것이다. 노라꺼리한 수엽발이 잽힌 뒷날에 양반스러운 속에서 생활해 온듯한 얼굴에는 지금 하수도 아가리에서 쏟아저 나오는 검은 물방울이 여기저기 뛰여 매친다. 그러나 남도사내는 얼굴을 닦을렴을 않는것이었다. 그것은 남도사내가 막걸리를 음미하고도 그 음미한결과같은것을 얼굴에 나타내지않는 그런 단념비슷한 것임에틀 림없는것도 같다. 이것도 지금 하수도 아가리 밑에서 건졌을 백동전 한닢이 끼워있는 귀. 청년은 문득 때가 앉은 남도 사내의 귀속이 생각나면서 갑자기 터저나오려는 웃음을 느꼈스나 어쩐지 막상 웃음을 웃을수가 없었고 청년은 곧 그곳을 떠났다.

그날저녁때 청년은 주영 구슬께미를 주머니에 넣고 여인에 선술집을 찾었다. 언제나 같은 그늘. 저편에 낯선 사내가 지짐을 뜯고 있었고 당골들 속에는 남도사내도 와있었다. 여인이 부채를 두고 입 김으로 화롯불을 불고 있었다. 숯불이 어리운 여인의 타는 볼. 이 그림을 그리리라. 여인이 화로아근에 더 어두운 그늘을 만들어놓고 목노상안

제 그늘자리로 가며 청년에게, 낯색이 못됐슈] 다. 네, 왜 어찌 알았소? 했다. 술을 못먹어서. 멀먹는 술 개구 그래요? 내오늘 먹는거 볼라우? 청년의 잔에 술이 부어졌다. 피여나는 술향기 하라버지와함께 있은 냄새. 저녁그늘과함께 있은 냄새. 지금도 이곳은 전등불아래서 저녁 그늘이 짙어가는때다. 청년은 강끼를 들어 단숨에드리켰다. 그러자절로 크으해지면서 한번 얼굴을 찡겼으나 오늘은 이상스레 과히 쓰지않다. 여인에게 강끼를 내밀었다. 여인은 얼굴에 어울리지 않은 불안한 빛을 잠깐 띄웠으나 다시 청년의 잔에 술을 부었다. 다시 피는 술향기 하라버지와 저녁그늘과함께 있는 술향기. 강끼를 든 청년은 문득 저도 모를 기분으로 강끼를 옆의 남도사내에게 내밀며, 자 한잔 듭시다 했다. 여러사람의 시선이 청년과 남도사내에게로 몰렸다. 그러고 여인의 놀래인 시선도. 남도사내는 이곳에 처음 왔을때 소주잔을 받고 탁주 주이소 하고 온 얼굴을 붉히든것 처럼 빨개지면서 잠시 머뭇거렸으나 고맙습니다. 하는 말과함께 청년의 강끼를 받았다. 그러고 한목음 마셨다. 평양온지 얼마나 됩니까?하고 청년이 물었다. 한 이삭 돼었습니다. 평양이 어떻습니까. 좋습지다 펴양의 대동강 모란봉의 좋은맛을 알래면 먼저 쇠줏맛을 알아야해요하고 청년은 어울리지않는 불안한 빛을 한 여인에게 자 나두 한잔 주소, 술두 받는 날이 있대지요, 했다 여인은 오늘은 청년에게 이 이상 더 술을 붓지않는게좋지않을까하는걸 생각하는듯한 눈치였으나 청년의 어떤 기세에 못견디듯이 새로 술을 부었다. 청년은 한목음 크게 마시고 나서 남도사내에게, 실례지만 고향이 어딥니까? 했다. 경상도요. 저 친한사람끼리 서루 맞나문 이 문둥아 하고 쓸어 안는다는 곳 말이지요. 하긴 노형두 이곳와서 첨에 우섭지요, 던차 던차 하는게, 그러치만 건 원틀은 전차두 아니라우 던차라우 던차, 하고 청년은 지금 마신 술 때문뿐만 아닌 홍분으로 남도사내의 얼굴가까이로 자기의 얼굴을 가저가며 노형 상투는 언제 자르셨소! 했다. 남도사내는 이 당돌하고 무례스러운 물음을 하는 청년을 한순간 못마땅한듯이 처다보고 있었으나 곧 빨개저있는 얼굴에 이번에는 또 단념하고 마는듯한 웃음을 띄웠다. 흡사 늙은이의 웃음이었다. 노형 손수 자르셨소. 누구한테 잘라달랬소 상투가 떨어질때 어드러습디까 속이. 그냥남도사내는 늙은이의 웃음을 띄우고만 있었다. 청년은 저도 모르는새 주머니에서 주영구슬을 꺼내고 있었다. 그러고 청년은 구슬께미를 남도사내 앞에 들어보이며, 이게 먼지 아우 노형이야 이게 먼지 아시겠지요. 그제야 남도사내가, 이게 주영구실이 아니요? 하고 부르짖듯 했다. 예 맞았쉐다, 달렸든 구슬이 우리 십대조 정 꼭 에누리없이 십대조 웨다 그십대조 하라버지께서 곤전에서 하사받은 갓끈에 달렸든 구슬이웨다. 그 하라버지께서 太傳를 지나섰는데 그때황태자님을 가르치신 공이 많으시다구 청사단령과 함께 곤전에서 하사가 게신 갓끈이지요, 끈은제끈이아니웨다만 이 구슬만은 지금꺼지두 이러케 한알두 상하지 않구 있쉐다. 했다. 남도사내는 이번에는 홍분으로 더한듯한 빨개진 얼굴로 그저 청년의 손에서 구슬께미를 조심스러히 받아들었다.

그러나 다음순간 남도사내의 손이 가늘게 떨렸는가 하는데 그만 구슬께미를 떠러트리고 말았다. 그리고 구슬께미는 떨어지면서 끊어저 구슬알들이 흐터젔다. 남도사내가 따에 엎디여 돌아가며 구슬알을 줍기 시작하였다. 같이 따에 엎디여 남도사내가 주는 구슬알을 받아들고 청년은 구슬알이 깨지지않고 온전함에 그만 저도모르게 소리를 내여 웃기시작하였다. 그러고 청년은 웃음사이사이, 아 너무 웃더니 눈물이 다 난다. 눈물이 다난다, 하고 혼자 중얼거렸다 사실 청년의 눈에는 눈물이 그여 있었다. 그러다가 청년은 문득 주서주는 남도사내를 보고 노형은 웃지도 않았는데 웬 눈물이요, 했다. 남도사내의 눈도 눈물로 빛나고 있었다. 아마자기의 화려했든 과거를 추억하는 게라고 청년은 생각 했다.

청년은 그늘속에 히미하게 빛나는 온전한 구슬알을 남도사내에게서 받아들고는 저도모를 웃음을 웃군웃군 하였다.(『춘추』, 1942.3.)

山　峽

李孝石

　공재도가 소금을 받어오든날 마을사람들은 그의 자랑스럽고 호기로운 모양을 보량으로 마을위 세ㅅ길까지들 줄네줄네 올라갔다. 세참때는 되었슬까 전노리가 지난후의 개나른한 육신을 잠시 쉬이고싶은 생각들도 있었다. 마을이라고는해도 듬성한 인가가 산허리 군데 군데에 헤일정도로 밖에는 들어서지않은 펑퍼즘한 산ㅅ골이라 이쪽 저쪽의보리밭과 강낭밭에서 흰 그림자들이 히끗히끗 일어서서는 마을위로 합의나 한것같이 모여들갔다.

　『소가 두필에 콩 넉섬을 실구갔었겠다. 소곰인들 효북이 받어 오지 않으리』

　『반반으로 바꿔두 두섬일테니 소곰 두섬은 바위보다두 무겁거든. 창말 장에서 언젠가 한번 소곰ㅅ섬을 저본일이있으니까 말이지만』

　『바다ㅅ물루 만든다든가. 바다가 멀다보니, 소곰은 비상보다 귀한걸 공서방두 해마다 고생이야.』

　봄이되면 소곰바지의 먼길을 떠나는 남안리 농군들이 각기 소등어

리에 콩ㅅ섬을 실고 마을ㅅ길에 양양하게들 늘어서는 습관이든것이
올에는 거반 가까운 읍내에가서 받어오기로한 까닭에 어쩌다 공재도
한사람이 남어버렸다. 원주땅 문막은 서쪽으로 삼백리나 떠러진 이웃
고을의 나루였다. 양구덤이를 넘고 횡성 벌판을 지나 더딘 소를 몰고
는 꼭 나흘의 길이였다. 양구덤이를 넘는데만도 넉근이 하로가 걸리
는데다가 굼틀굼틀 구부러들어가는무인지경의 령은 깊고 힘준해서 울
창한 참나무숲 에서는 대낮에도 도적이 났다.썩은 아람도리 나무가
정정히 쓸어저있는 개울ㅅ가의 검게 탄자리는 도적이 소를 잡아먹은
곳이라고 행인들은 무시무시해서 머리털을 속구면서 수군거렸다. 문
막 나루강ㅅ가에는 서울서 한강을 거슬러올라온 소곰ㅅ섬이 첩첩이
쌓여서 사ㅅ골에서 나온 농군들과의 거래로 북작거리고 떠들썩 했다.
대개가 콩과 교환이되여서 이 상류지방에서 바뀌여진 산과바다의 산
물은 각기 반대의 방향으로 운반되는것이였다. 홍정이나 잘돼서 후하
게받은 소곰ㅅ짐을 실고 다시 양구덤이를 무란히 되돌아넘어 멀리
자기마을의 산골작을 바라보게될때 재도는 비로소 숨을 길게 뽑았다.
내왕 열흘이나 걸리든먼길에서는 번번히 노독을 얻었고 육신이 나른
히 피곤해졌다. 소곰받이는 수월한 노릇이 아니였다.

　강낭밭에서 풀을 뽑고있든 안중근이 삼촌의 마중을 나갈랴고 호미
를 던지고 골작으로 나려와 사람들틈에 끼였을때에는 산넘어 무이리
까지 마중갔든 재도의 사촌아우 공재실은 한거름 먼저 산ㅅ길을 뛰
여나려오면서 얼마간 흥분된 낯빛이었다.

　『자네들두 놀나리. 내 세상에 원―삼백리나 되는 문막 길을가서 재
도가 무얼 실어오는줄늘아나』

　『소 두필에 산ㅅ덤이같은 소곰바리를 실구오겠지 별것 실구오겠나.
소 등어리가 부러저라구 무거운 소곰ㅅ섬으로야 일년을 먹구두 남겠지』

『두 두필이었겠다 확실히. 그 두필의 소가 한필이 됐다면 이건 대체 무슨 조화 일건가. 그리구 그 한필의 잔등에 두 무엇이 타구 오는 줄 아나』

『소금ㅅ섬 대신에 그럼 금항아리나 실구온단 말인가』

『금항아리. 또 똥항아리 래라. 사실 똥든 항아리를 실구오는폭바께는 더돼. 열흘 동안이나 왼처를 건들거리구 제일 밧분 밭일의 고패를 버리구 떠나서 원 그런놈의 소갈머리라니』

대체 무슨곡절이길래 재실이 이렇게설네누 하구들 있는판에 바로 당자인 재도의 자태가 산ㅅ길위에 표연히 나타났다. 음―옳지―들하고 입을 버리면서 사람들은 눈알을 굴렸다. 한필 소의 고삐를 끌고 느실느실 걸어오는 재도의 모양은 자랑스런것인지 낙심해하는것인지 짐작했든것보다는 으젓한데다가 끌고오는 소 허리에는―한사람의 여인이 타고있는것이다. 먼눈에도 부여스럼하게 흰 단정한 자태이다. 가까워옴을 따라 얼굴 모습이 차차 뚜렸이 들어날 때 사람들은 모르는 결에 수선들거리며 소군소군짓거리기들 시작했다. 재도는 여인을 위로나하는듯 연해 처다보면서 무언지 은은히 말을 던지는꼴이 가깝게 보니 낙심해하는것이 아니라 역시 자랑스러워해함을 알수있었다. 조그만 소곰ㅅ섬이 여인의 발아래에 비죽이 내다보인다.

『새로 얻은 색시라나. 사십 중년에 두번 장가라니 망녕두 분수가 있지 암만해두 마을사람을 웃길증조야.』

재실은 좀 역여들으라는듯이 좌중을 휘둘러보면서 눈에 피ㅅ대를 세우고 빈정거린다.

『그럼 기어쿠 소원성취네 그려. 첩첩 하구 잠고대같이 외이드니. 자식없는 신세가 돼보면 무리는 아니렸다. 송씨의 몸에서나 생긴다면 몰라두 후이없는것같이 서운한일은 없거든.』

이렇게 재도의 편을 드는것은 가튼 자식없는 서름의 강령감이였으나 그런 심정은 도대체 재실의 비위에는 맞지않었다.

『지금부터래두 큰댁의 몸에서 늦내이로 생길지두모르는일이거니와 첩의 몸에서라구 어김없이 있으리라구는 누가 장담하겠나. 생겼댔자 그게 자라서 한몫을 볼때까지 애비가 세상에 붙어나있겠나』

『중근이 너 삼촌댁 하나 더생겼다구 좋은 모양이지. 너두 올에는 장가들 나히에—네색시하구 젊은삼촌댁하구 까딱하면 박꿔 잡을라』

『삼촌댁이구 쥐뿔이구 내 소는 어떻게된거야. 남의 황소를 끌구가드니 지저먹은 셈인가』

씨름으로는 면내에서 중근을 당하는사람이 없었다. 단오ㅅ날 창말서 열리는 대회에서는 해마다 상에서 빠지는 적이 없었고 지난해에는 황소 한 마리를 탔다고 일흠이 군내에 떨쳤다. 그 황소를 빌려가지고 떠날 때 애걸복걸하든 삼촌이 지금 터무니없이 맨손으로 돌아오는것이다.

『황소와 색시와 박꿨단 말인가. 그럴법이. 그게 어떤 황손데. 나와 동무하구 나와 잠자구 내가 타구 하든것을 갖다가—지금 어디서 내 생각을 하구있을구』

『이런 말버릇이라니. 삼촌댁을 그렇게 소홀히 역이면 용서가 없어. 소가 다 무어게. 씨름에서 이기면 또 얻을걸. 사내자식이 언제면 지각이 들꾸』

핀잔을 받고 중근은 쑥 들어갈수바께는 없었으나 삼촌이 사람들과 짓걸짓걸하고있는 동안 슬멋이 소 잔등에눈을보냈다가 구슬같이 말간 색시의 행동에 그만 마음이 휘황해지면서 눈이 숙여졌다. 저렇게 젊은 색시가 웨 삼촌댁이되는구 생각하니 이상스런 느낌에 공연히 마음이 송송거려저서 이게 여간한일이 아니구나 얼른 삼촌댁에도 일러주지않으면 하고 총중을 빠저나와 단거름에 집으로 달려갔다.

뒤안 베틀에서 베를 짜고 있든 삼촌댁 송씨는 곡절을 듣고 뜩금해 놀라는눈치드니 금시 범연한 태도로 조카중근을 듬짓이 나려다 보았다.

『삼촌은 입버릇같이 언제나 나를 둘소 둘소 하구 욕주드니 그예 게집을 데리구 왔구나. 내가 둘손지 삼촌이 병신인지 뉘 알랴만 나두 자식을 원하는 마음이야 삼촌에게 지겠니. 아무리 속을 태워두 삼신할머니가 종시 원을 들주지 않는구나. 첩의 몸에서 자식이나 생기는 날이면 나는 이 집을 하직하는 날이야. … 앞대 여자는 인물두 좋다는데』

『그렇게 고은 여자두 세상에 있나싶어. 달같이 희멀건게…』

『어디 보구나 올까. 마중 안나왔다구 또 삼촌게 책을 듣기전에』

한숨을 지으면서 송씨가 틀에서 나려서 앞뜰까지 나섰을때 골방에서 삼을 삼고앉었든 늙은 시모는 무슨일이냐고 입을 벙긋벙긋했다. 중근이 큰소리를 질러 곡절을 말해도 귀도 안들리고 말도 못번기는 노망한 노파는 안타까워서 손만 휘휘 내저었다.

논ㅅ길을 걸어나려오는 행렬을 보고 송씨는 휘황한 느낌에 눈이 숙어졌다. 소를 탄 색시의 자태는 사람들 위로 우뚝 솟아서 높고 그 발아래편에 남편과 마을사람들이 줄레줄레 달려서 누구나가 슬금슬금 색시의 모양을 우러러보는것이었다. 소 목에 단 방울소리가 떨렁떨렁 울리는 속으로 사람들의 말소리가 짓걸짓걸 들리는것이 흡사 잔치집 행렬이였다. 내 혼려때에두 저렇게 야단스럽진 못했겠다 눈을감구 가마를 탔을뿐이지 저렇게 자랑스럽지는 못했겠다. 송씨가 그런 생각에 잠겨있을때 중근은 또 제생각에 잠겨 내가 씨름에서 황소를 타가지구 돌아올때두 저렇게 야단스러웠든가 마을의 젊은축들이 뒤에서 떠들석하고들 따러왔을뿐이지 저렇게 의젓하지는 못했든것 같다―고 작년일을 생각하고있었다. 따뜻한 볕을 잠뿍 받으면서 흔들 흔들 가까워오는 색시의 자태를 바로 눈앞에 바라보았을때 그것이 꿈이 아니고 짜장 생시의일임을 깨달으면서 송씨는 앗질해짐을 느꼈다.

이튿날은 잔치라고 마을의 여자란 여자는 죄다 재도의집에 모여들었다. 인가가 듬성한 마을 어느구석에 사람이 그렇게도 흔하게 박혔든지 마당과 부엌과 방에 그득들 넘쳤다. 급하게 차리노라고 대단한 잔치도 아니였으나 그래도 국수그릇과 떡조각에 기뻐들하면서 사내들은 탁주ㅅ잔에 건아해지면서 각씨의 평론으로들 와자지껄 했다. 송씨는 어제날의 놀람과 탄식은 씻어버린듯 범상한 낯으로 부즈런히 서둘렀다. 큰댁 앞에서 새각씨의인물을 한정없이 출수도 없어서 여자들은 기연미연한 말솜씨로 그 자리를 얼버무려 넘겼다. 저녁 무렵은되여 외양깐에 집과 멍석을 펴고 신방이 차려질때까지도 돌아가랴고들은 안하고 외양깐 빈지틈으로 첫날밤의 풍습을 엿보량으로 눈알을 굼실굼실 굴리며들 설렛다. 소의 본성을 본받어 잘 낳고 잘 늘라는 뜻이기는했으나 그 당돌한 첫날밤의 풍습에 색시는 얼굴을 붉히며 서슴거리는것을 여자들은 부끄럽긴 무에 부끄러워서 소같이 튼튼한 아들을 나서송씨일문의 대를 이어야만 장한일인데 라고 욱여서 외양깐 안으로 밀어넣는것이다. 늙은 신랑이 이도 겸연쩍은듯이 고개를 숙이고 그뒤를 따라들어간후 빈지를 닫고나니 사내들은 주춤주춤들 헤여저 혹은 집으로 가고 혹은 다시 사랑으로들 밀렸으나 여자들은 참참스럽게 외양깐 주위를 빙빙돌면서 젊었을시절의 꿈들을 생각해내서는 벙글벙글 웃고 킬킬거리면서 수선들을 떨었다.

『얼른들 와 좀 봐요. 촉불이 꺼졌어』

『공서방두 복있는 사람이야. 평생에 두번식이나 국수를 먹이구 그 둘째 각시는 천하일색이니. 죽어서 다시 저런 일색으로 태여난다면 열두번 죽어두 한이 없겠다』

『여자는 인물보다두 거저 자식내이를 잘 하구야.」큰댁은 웨 색시때 일색이 아니였나』

『큰댁두 속 무던히 상하겠다. 여식이래두 하나 났드라면 이런꼴 안 봤을 것을. —어 어디를 갔는지 아까부터 까딱 자태가 안보이니』

송씨는 남모르는결에 집을나와 뒷골 우물둔지에 와 있었다. 칠성단에 정한 물을 떠놓고 그앞에 무릎을 꿇고요 십년째 아츰저녁 한번도 번긴적이없는 기도를 올리고 있었다. 눈을 감고 합장하고 정성을 다해 치성을 드리는단정한 얼굴이 어둠속에 희꾸무레 솟아보인다.

『아츰이나 저녁이나 이 자리에 무릎꿇고 합장하구 삼신님께 비옵는 건 한톨의 씨를 이몸에 줍소사고 인자하신 삼신님께 무릎꿇고 합장하구 아츰이나 저녁이나…』

웅얼웅얼 외이는 목소리는 산속에 울리는법도없이 샘을 둘러싸고있는 키높은 갈ㅅ대 밭으로 꺼저들어가면서 그소리에 화하는것은 얕은 도랑물 소리 뿐이었다. 집안의 요란한 인기척도 밭 건넌편에 멀고 금시 어둠속에 삼신의 자태가 외렸이 나타날듯도한 고요한 골작이였다. 사시나무와 자작나무 닢새도 오늘 밤만은 살랑거리지도않는다.

『…오늘은 혼인날에 요란히 기뻐하는속에 내마음 한층 쓰라리구 어리럽사오니 가엾은 이내몸에두 여자의 자랑을 줍사 공가에 내핏줄을 전하게 하도록 합소사구 삼신님께 한결같이…』

모았든 손을 풀고 손바닥을 비비면서 조용조용 일어섰다가는 업드리면서 단앞에 절을 한다. 항아리속에 준비했든 백낱의 콩알을 한개씩 헤이면서 백번의 절을 시작했다. 일어섰다가는 업드리고 일어섰다가는 엎드리고 하는 그 피곤을 모르는 가벼운 거동이 점점 지터지는 어둠속에 사라지고는 나종에는 산신령의 속사김과도같은 웅얼웅얼하는 군소리만이 아련히 남었다. 외양간의 첫날밤의 거동보다도 한층 엄숙한 밤 경영이었다.

이렇게 남몰래 마음을 바수는것은 송씨 한사람뿐이 아니라 재도의 종제 재실과 그의안해 현씨도 잔치집 뒷설거질을 대충 마치고 삼밭 하나 사이에둔 자기들 집으로 돌아왔을때 처음으로 조용히 자기들의 처지를 돌보게 되었다.

『꼴이 다 틀린걸. 이렇게 될줄은 몰랐다』

재실은 한숨과 함께 중얼거리면서 일득이놈은 자는가 하고 아랫방을 나려다보고 어린 외아들이때아닌 잔치등ㅅ살에 피곤해 잠들어있는 것을 보고는 다시 안해에게로 고개를 돌렸다.

『일이야 될대루 됐지. 철없는 외자식을 양자로 주군 무얼 믿구 살어간단말요』

『또 덜된 소리. 누구 주구싶어서 주나. 이 살림꼬락신이를 생각해보면 알일이지』

재실의 심뽀라는것은 일득이를 큰집에 양자로 들어보내서 대를 잇게하고 그덕에 어려운 살림살이를 고처보자는 것이었다. 부근일대의 전토와 살림을 독차지하다싶이해서 재도가 마을에서 일등가는 등급인대 비기면 근근 집한채 바께는 지니지못하고 몇자리의 형의 밭을 소작해서 지내가는 재실의 처지는 고달프기 짝없는것이었다. 당초부터 그렇게 고달펐든것이 아니라 조부때에 분재를 받어 두대째 온전히 직혀오든 가산을 재실은 한때의 허랑한 마음으로 읍내에서 노름에 정신을 팔고 창말서 장사를 하노라고 흥청거리다가 밑을 털어버린것이었다. 다시 형의앞에 나타날 면목조차 없었으나 목숨이 원수라 몇자리의 밭을얻어 생애를 다시 고처 시작하는수 바께는 없었다. 마음을 가라넣었다고는 해도 어려운 살림에 시달리노라니 심사가 흐려지는때도 많어서 형에게 후손 없는 것을 기회잡아 외아들 일득을 종가로 들여

보낼 계책이였든것이다.

『형두 당초에는 그요량으로 있었든것이 웬 바람인지 알수가 없어. 인물에 반했는지 원, 소 한필과 바꿨다니 소금 대신에 계집을 사온셈이지. 젊은 대장쟁이의 여편넨데 그녀석 소가 탐이나서, 여편네를 팔게됐다나』

『뭐 뭐요. 소와 여편네를 바꾸다니. 계집두 계집이지 아무리 살기가 어렵기로 원 세상에 별일두 다 많지』

『후일 시비가 있어두 해서 사내는 쪽지를 다 써주었다니까 정말두 거짓말두 없어. 대장쟁이 여편네래두 앞대 여자는 인물이 놀랍거든. 녀석 지금쯤은 필연쿠 후회가 나렸다.』

『숫색시가 아니래두 핏줄만 이으면 그만이야 그만이겠지. 양자를 드리긴 제발제발 싫다구 하든판에』

『그래 이집꼴은 무어람. 일득이를 준다구해두 아래윗집에서 영영 못 보게될 처지두 아니구 내년봄에는 창말 사숙에나 읍내 학교에두 넣어야할텐데 — 일 다틀렸지. 남의밭을 평생 붙이면서야 헤여날 재조 있나』

재실이 밤패이는줄을 모르고 궁리해보아야 할일없는노릇 재도의 속심은 처음부터 빤한것이었다. 큰댁몸에서는 벌서부터 글른줄을 알고 첩의 몸에서래도 자식을 얻어보겠다고 벼르든것이 이번 거사로 나타났든것이다. 만약에 혈통이 끊어지는일이 있다면 선조에 대해서 다시없는 죄를 지는셈이되는 까닭이였다.

조부의 대에 어딘지 북쪽땅에서 이 산꼴로 옮아왔을때에도 아무것도 가지지못한 맨주먹에 족보 한권만은 신주같이 위해가지고 있었다. 족보의 계도에 의하면 공문일가는 근원을 멀리 중국 창평땅에 두고 만고의 성인을 그 선조를 받들고있다고 기록되어있었다. 기록한 옛 성인의 후손이라는 바람에 마을사람의 공경과 우대를 한몸에모고 부즈런히 골작과 산허리의 땅을 일구기시작한것이 자수성공으로 당대에 수십일가리의 밭과 여러섬지기의 논을 작만하고 부근일대의 산까지를 손안에 잡아서 마을에서는 일등가는 거농이 되었다. 한번 일군 가산은 좀해흔들리지 않어서 두아들을 낳고 이고을에서의 삼대째재도의 대에 이르게되매 집안은 더욱 굳어졌다. 불미한 재실만이 두대째 잘 이어온 재산을 선친이 없어진것을 기회로 순식간에 탕진해버리는것을 종형 재도는 아픈 마음으로 바라보고 있었다. 아니나다를까 재실이 알몸으로 마을에 돌아왔을때에는 전토는 발서 남의손에 들어간 후였다. 비위좋게 외아들의 양자봉양을 궁리해왔으나 재도는 처음부터 마음이 댕기지않었다. 삼대나 걸려 알뜰히 작만한 토지를 길이길이 다스려가랴면 아무래도 제핏줄이 필요하다고 생각하고있었다. 자기 한 몸이 없어진후 행여나 재산이 다른사람손으로 넘어가게되여 선조의 무덤을 돌보는 자손도 없이 그 제사를 게을리하게 된다면 사람의 자식된 몸으로서 그보다 죄스러운 일은 없다고 생각하고있었다. 일정한 땅에 목숨을 박고 그곳을 다스리게됨은 그것을 다음대에 물려주자는 뜻이라는 것을 굳게 믿고있었다. 될수만있으면 먼 타관에서 인연을 구해왔으면 하고 해마다 봄이되여 소곰바지를 떠날때마다 그궁리이든 것이 문막 나루터는 산에서 자란 그의 눈을 혹하기에 넉넉했다. 어쩌다가 올에는 바로 그 소원이 이루워진것이였다.

혼례가 지나 며칠이 되니 새각씨는 집일이 익어서 서름서름해하는 법도 없이 부즈런히 일을 거들었다. 부엌에서 큰댁과 나란히서서 심상하게 지꿸거리며 거짓말같이 화목해하는 모양을 남편 재도는 만족스럽게 바라보았다. 시모와 남편을 섬김에 조금도 소홀이 없도록 하랴고하는 조심성스러운 마음씨도 그를 기쁘게하기에 넉넉했다. 누가 부르기 시작했는지 원주ㅅ집 이라고 불리우게 되여서 이 칭호는 마을사람들에서 일종 그리운 느낌을 주었다. 원주는 근방에서는 제일 개화한 읍이였다. 문명의 찌께기가 원주집을 통해서 이 궁벽한 두메에까지 튀여온것이다. 원주ㅅ집은 세수를할 때 팟가루 대신에 비누라는것을 썼고 동그란 갑에든 향내나는 분가루는 창말 장에서 파는 매화분 따위는 아니였다. 무명지에는 가느다란 쇠반지를 꼇고 시모의눈 닷지않는곳에 숨어서는 뒤안같은데서 흰 권연을 태웠다. 엽초마끼는 모르는 마을사람들에게 그향기는 견딜수없이 좋와서 사랑에 머슴을 살고 있는 박동이는 중근을 추켜서는 그 하아얀 권연 한 개를 제발제발 빌곤했다.

재도의 누이의아들 안중근은 삼십쯤되는 산넘어 마을에 출가했든 누이가 죽은후 남편 마저 그뒤를쪼차 떠나게 되니 의지가지없는 신세에 하는수없이 삼촌의집에 몸을붙이게 되었다. 가까운 혈육이기는하나 성이다른 조카를 내자식으로 드릴 의사는 없었으나 송씨가 물을찌워 기른 보람이있어 어느결엔지 름름한 장정으로 자라나 머슴과 함께 밭일을 할때에는 어른 한몫을 넉넉히 보았다. 안씨문중의 몇대조 이든지 조상에 산속에서 범을만나 등어리에 발톱자욱을 받었을뿐 맹수의 허리를 안어서 넘어트린 장골이 있었다는 이야기를 어릴때부터 들어온 중근은 자기도 그 장골의 피를 받었거니 하고 팔을 걷어 힘을 꼰아보군했다. 어릴때부터 익어온 송씨를 백모라고 부르기는 당연하고 자연스러웠으나 생판 초면인 젊은 원주ㅅ집을 향해서는 쑥스러운 생각이 먼저들면서 아무리해도 가튼말이 입으로 나오지않을뿐더러 자기가 황소와 바꾸어왔다는 생각을하면 화가 나는때 조차 있었다. 날이 지낼수록 송씨는 기운을 못차리면서 진종일 안방에 박혀있거나 그렇치않으면 베틀에 올라서 북을 덜거덕어리면서 질삼내이로 날을 보내군했다. 그 쓸쓸한 자태가 중근의 가슴을 에우는듯도해서 원주ㅅ집 잔소리나 삼촌의 책망을 받을때마다 백모를 막어주고싶은 생각뿐이였다.

어느날 저녁무렵 중근이 나뭇짐을 지고 돌아와보니 부엌에서는 백모와 원주집이 한바탕 겨르고있었다. 저녁준비로 그릇들이 어지럽게 놓인 부엌바닥에 산발한 머리채를 마주잡고 떠들썩하고 노려댔다. 아츰저녁으로 시중을들러 오는 현씨는 어쩔줄을 모르고 서성거리면서 아궁밖게 기여나온 불끝으마리도 건사하지못하고 일득아 얼른가서 삼촌들을 데려오지못하구 무얼하니 하며 쉰 목소리로 어린것을 꾸짖을뿐이었다. 누가 소처럼 일하랴구이 두메로 왔다든 넌 종일 베틀에만 올라엎드리구 있으니 물을 긷구 여물을 끄리구 부엌설거지를 하구 혼잣손으로 이 큰살림을 어떻게 보란말야 하고 원줏집이 입술을 파랗게 털면서 소리를 치는것을 보면 일이고되다는 불평인듯 싶었다. 호강하자는 첩이드냐 잘란체말구 너두 좀 시달려봐야 두메맛을 아느니라 나두 놀구만있는게 아닌데 일끗마다 남의맘을 콕콕 찌르는 이 가살이 같으니 하고 백모도 대ㅅ구하면서 한데 얼려서는 함께 나무검불위에 쓸어졌다. 찬장을 다친 바람에 기명들이 왈그렁 뎅그렁 바닥에 쏟아젔다. 년이 돌소면서 심술은 고작이지 큰댁이라구 장한체 나둥그러진건 너지 누구야 이럴줄 알았으면 누가 이 산ㅅ골로 올까 삼백리나되는 이 두메 산ㅅ골로. 이말에 백모는 불같이 발끈 달어서 잇몸에서 피를 뱉으면서 무엇이 어쩌구 어째 또한번 짖거려봐라 또한번 그 헛바닥을 빼버릴테니 소리소리 지르며 법석을 치기는 했으나 제분에 못니겨 제스스로 탁 터지고야 말었다 둘소 라는 말같이 그에게 아픈 욕은 없었다. 더 싸울 기력도 잃어버리고 자기 서름으로 흑흑 느껴우는 소리를듣고 시모가 방문턱까지 기여나와 그 아닌꼴들에 놀라 입을 벙긋벙긋 열면서 손을 내저으나 홍분된 두사람에게는 발서 어른의 위엄도 헛것이였다. 중근이 쪼차들어가서 두사람을 헷첬을때에는 널려진 부엌바닥도 볼만은 했지만 산발하고 옷을 찢고 피를 흘린 두사람의 꼴은 참아 보기 어려운것이였다. 현씨도 덩다라 울면서 코를 훌적거렸다.

그날밤 송씨의 자태가 없어진채 늦도록 나타나지 않었다. 원주ㅅ집만을 달래고있든 재도도 비로소 웬일인가하고 집안은 또 설레기 시작했다. 베틀에도 없고 방아간에도 없다면 대체 어디로 간것일까 하고 재도와 중근은 물론 재실 부부와 박동이까지도 나서서 초롱에 불을 켜들고 샘물둔지로부터 뒷산을 더듬어도 않보인다. 점점 불안해저서 패를 논아가지고 묘지 근처와 골작 개울ㅅ가를 삿삿이 찾어보기로 했다. 중근은 혼자서 어둠속에 초롱을 휘저으면서 행여나 나무가지에 드리운 식은 시체를 만나면 어쩌누 겁을 잔뜩 집어먹고 슬금슬금 동물방아깐 안을 엿보았을때 기픈 구석 벼ㅅ섬 앞에 웅크리고앉은 백모의 모양을 보고 주춤 뒷거름질을 쳤다. 마음을 다구지게먹고 달려가보니 나무가지에 목은 안맷슬망정 꼼작 요동 안하고 눈을 감은채 숨결이 가쁜 모양이다. 조그만항아리가 굴으고 독한 간수 냄새가 코를 찔렀다. 소금ㅅ섬 아래에 바처두었든 항아리의 간수를 먹은것임을 알고 중근은 끔직한짓두 했지 하고 황망히 설레면서 무거운 몸을 일으켜 등에 업고 급히 방아깐을 나왔다. 건넌편 뒷산 허리에 번쩍번쩍 움즉이는 초롱불들이 보였으나 소리를 걸지않고 잠잣코 논뚜덩길을 걷고있으려니 몸더위로 등어리가 후꾼해오면서 그 무릎아래에서 이십년동안이나 양육을 받어온 백모를 이제 자기 등어리에 업게된것을 생각한즉 이상스런 느낌이 생기면서 알수없이 잔자누룩해지는 마음에 엉엉 울고도 싶었다.

『…그게 즈 증근이냐』

밤바람에 얼마간 정신을 차렸는지 백모는 가느다란 목소리로 간신히 짓거렸다.

『웨 아직 목숨이 안끊어 졌을까. …둘소 둘소 하지만 난 둘소가
아니야. 아무게두 말할수는 없지만 알구보면 삼촌이 불용이란다. 무이
리 무당이 내게 가만히 뙤여주었어』

『아주머니야 웨 나뿌겠수. 원죽ㅅ집의 속알머리가 글렀지. 앞대서
왔다구 독판 잘난척 하구 툭하면 쌈을 걸군 하면서』

『원주ㅅ집이 아일 날줄 아니. 두구 보렴. 삼촌이 불용이야. 다 삼
촌의 허물이야. 아무두 그런줄 모르니 태평이지. …아이구 가슴이야
배야. 아마두 벨이 끊어졌나 부다. 이렇게 뒤틀린젠. 으으 으응…』

『맘을 든든히 잡수세요. 세상이 다 알게될 일이니』

간수가 과했든 까닭에 송씨는 몹시 복기우고 피를 토하며 자리에
눕게된것이 반달가량이 지나니 차차 눅으러지는 날씨와 함께 의외에
도 속히 늠실하고 일어나게 되었다. 허전 허전 해는하면서도 별일 없
었든듯이 시침을 떼고 원주ㅅ집과 심상하게 짓걸거리면서 일을 거드
는품이 또다시 평온한 날을 돌아가는듯이도 보였으나 뒷동산밤꽃이
피기시작할 무렵은되여 송씨에게는 이로 쇠약한 몸걱정이 아니라 한
거번에 마음을 잡아흔들고 속을 뒤집히게하는 일이 생겼다. 어느결엔
지 원주ㅅ집의 몸이 무거워진듯 음식도 잘 받지아니하고 겨욱질만하
면서 자리에눕는 날이 많어진것이었다. 설마 그럴수야 있을까 하고
마음을 태평히 먹고 있었든것 만큼 송씨는 벼락이나 맞은 듯 정신이
휘둘리우면서 멍하니 한자리에 주저앉어 일어날 기맥 조차 없어지는
때가 있었다. 현씨가 달래면 간신히 일어나서 원망하는듯이 하늘을
우러러보는 그 초췌한 자태는 참아 볼수없어서 재실은 하로는 창말서
용하다는 점쟁이 한사람을 데리고왔다. 반백이된 수염을 드리운 판수

는 정한 상위에 동전을 굴리고 산죽가지를 놓고 하면서 음성을 판단
하고 사주를 풀어 길흉을 점쳤다. 패가 좋소이다 걱정할것이 없어 하
고 한참후에 감은 눈을 꿈적거리고 비죽이 웃으면서 결과를 고했다.
길한날을 받어 동쪽으로 칠십리를 가 백날동안 고산치성을 드리면 그
날부터 서조가 있어 옥같은 동자를 얻는다는 패외다 길사는 빠를수록
좋은법이니 하로라도 속히 내말을 좇으소. 판수는 자랑스런 낯으로
수염을 쓰다듬었다. 지금까지 아무 관상쟁이도 사주쟁이도 안하든말
을 이렇게도 수월하게 쏟다놓을제는 필연코 팔자에는 있나부다고 송
씨는 반생동안 그날같이 반가운적이 없었다. 판수의 한마디로순간에
병도 떠러진듯이 기운이 나면서 기쁜 판에 정성을 다해 판수를 대접
했다. 돈 열량과 쌀 한말을 질머지고 판수는 벙글벙글하는 낯으로 재
실에게 끌려 창말로 돌아갔다.

뜻밖인 길보에 남편인 재도도 반갑지않지도 않은듯 여러가지로 길
떠날 준비를 거든다 택한 날에는 외양깐의거동도 치른후 기쁜 낯으로
안해를 떠나보냈다. 동쪽으로 칠십리를 간곳에는 일흠난 오대산이 있
고 그 중허리에유명한 월정사가 있었다. 석달분 양식에다 기명과 옷
벌 까지도 소등에 실고 중근은 기쁘게 백모를 동무해떠났다.

송씨들이 떠난후 농사가 바뿐때이라 집안은 어지럽고 복작거리기는
했으나 큰댁과의 욱신각신이 뻔짓만으로도 원주ㅅ집은 시원해서 아무
데서나 궐연을 푹푹 피우면서 기할것없이 내로라고 활개를 폈다. 재
실의 한집안이 죄다 오다싶이해서 일을 거드는까닭에 부엌일도 송씨
와 으릉대고 있었을때같이 고된것은 아니였고 송씨 앞에서는 어려워
하는 현씨도 원주ㅅ집과는 허름한 생각에 뜻을 잘 마추어주는 까닭
에 모든 것이 탈없이 되여나갔다. 단지 밭일이 너무 고돼서 조밭에
풀뽑기 삼밭에 손질 논의 갈○기2)등으로 손이 부족해 재도와 박동이

는 죽을 지경이였으나 고대하고있든 중근은 의외에도 빠르게 떠난지 열흘만에 돌연히 돌아와서 장정들을 반갑게 했다. 떠날때보다는 풀이 죽어서 맥이없어 보임은 필연코 노독의 탓이거니 생각하고 어떻든가 먼길이라 되지 막동이가 물으면 도라다보지도 않고 경없는듯이 딴전을 보는것이였다.

『산 산 하니 오대산같이 큰산이 있을까. 아람도리 박달나무와 참나무가 빽빽이 들어서서 낮에두 범이 나올 지경이여. 절에는 불공온 사람들이 득실득실 끓어서 산속이래두 동내와 진배없구. 스님이 여러가지로 돌보와주는 덕으로 방두 한간 얻구 새벽 첫닭이 울때 일어나서 새옹에 메를 지어가지구는 불당에 올라가 부처님앞에 백번절을 한다나. 백번식 백날 백일불공을 드린대. …내가 아는건 그 것뿐이야.』

『타관물 먹드니 너 아주 어른 됐구나. 올때 진부 장터 봤겠지. 강릉 가는 신작로가 나서 창말보다두 크다는데.』

『크구말구. 신작로는 한없이 곧게 뻐친위를 우차가 늘어서구 자동차가 하로에두 몇번식 다라난다네. 자동차 첨보구 뜩금해서 길가에 쓸어졌다네. 돼지같이 새깜안놈이 돼지보다두 빠르게 다라나거든. 우뢰같은 소리를 지르면서. …세상이 넓지. 마당같은 넓은 길을 걷구있노라면 이 산골로 다시 돌아올 생각이 없어저. 어디든지 먼데루 내빼구싶으면서』

『너 말두 늘구 생각두 엉큼해 젔구나. 수작이 아주 어른이야. 어느결엔지 어른됐어. 목소리까지 굵어진것이』

박동이가 어깨를 치는 바람에 정신없이 짓거리든 중근은 주춤하면서 몸을 비틀고 외면한체 밭있는 쪽으로 다라났다. 그 뒷모습을 바라보며 정말 여석이 달러졌어 전에는 저렇게 수집어하구 어색해하지 않드니

---

2) 해독불능.

얼굴도 좀빠진것이 하고 박둥이는 모를일이라는듯고개를 갸웃거렸다.

단오절도 올에는 중근에게는 그다지 신명나는것이 아니여서 억지로 끌려나가 씨름을 해도 해마다 판판히 지우든 적수에게 보기좋게 넘어가 황소를 타기는커녕 신다리에 멍까지 들었다. 박동이는 그꼴이 보기 딱해서 제무릎을 치면서 저런놈의 꼬락선이 봐라 정신이 번쩍나게 좀 때려줄까부다 하고 화낌에 벌떡 일어서기 까지 했다. 이날 중근은 생전 처음으로 장판 술집에 들어가 대중없이 술을 켜고 잠뿍 저무러서야 집으로 돌아왔다. 삼촌 재도가 너 요새 웬일이냐 잔뜩 주럽에 들어 기운을 못차리는 것이 말못할 걱정이나 있느냐고 물어도 대답도 없이고개를 숙인채 어두운 길을 더듬어 뒷산으로 올라가 버렸다. 밤새도록 돌아오지않더니 이튿날 낮쯤은돼서 햇개만한 노루새끼 한 마리를 가슴에 부둥켜안고 너슬너슬 나려왔다. 산에서 밤을 새운것이었다. 한잠을 자랴고 싸리나무 수풀속으로 들어갔을때 마츰 그자리가 노루집이여서 놀란 새끼들이 소리를치면서 껑청껑청 뛰여났다는것이였다. 어둠속을 쫓아가서 기어코 한 마리를 잡어안고 숲속에서 하로 밤을 새웠다는 것이다. 잃어진 새끼를 찾는 어미노루의 우름소리가 밤새도록 골작에 울렸다고 한다. 중근은 그날부터 뜻밖게 노루새끼로 말미암아 얼마간 기운을 채린듯 사람의새끼보다두 귀엽거든 잘 먹여서 기를테야, 하고 외양간 옆에 조그만 울을 꾸민다 싸리닢을뜯어다 먹인다 하면서 반나절을 지우곤했다. 겁을 먹고 비슬비슬하든 노루도 점점 사람을 가리지않으며 저녁때쯤되니 싸리도 잘 받어먹게 되였다.

일에서 돌아온 박동이는 그꼴을 보고 어이없어서 산에서 자는녀석이 어디있니 밤새도록 얼마나 걱정을 했게책망하면서

『씨름에 진 여석이 노루새낀 무어야. 노루 보단 소를 타오진 못하구. 이까짓 노루새끼를 무엇에 쓰겠게』

『짐승을 다쳤다간 그냥두지 않을테다. 네까짓게 열번 죽었다 나봐라 이렇게 귀엽게 태여날까』

『분이 보다두 귀여우냐. 가을에는 잔치를 지내구 임서방의 사위가 될 여석이 언제까지나 그렇게 지각없는 짓만 할테냐. 분이 얼굴을 넌 아직 똑똑이는 못보았겠다. 여름이 되면 건넌산에 딸기를 따러갈테니 밭 이랑에 숨었다가 가만히 역여보렴. 첫눈에 홀짝 반할라.』

『잔소리 작작해. 분이를 누가 얻는다든. 그렇게 탐나거든 웨 네 색시나 삼으렴』

『무○ㅅ[3]놈이 큰소리한다. 욕심만 부리면 누가 장하다든. 그렇지 않으면 맘에 드는사람 따로 생겼니. 너 요새눈치가 수상 하드구나. …어디좀 만저보자. 얼마나 컷나. 언제 색시를 얻게 되겠나.』

『이 미친여석이. 이놈이 지랄이야』

박동이가 데설데설 웃으면서 희롱삼아 손을 벌리고 달려드니 중근은 얼굴이 새빨개저 뒤로 물러서면서 금시울상이었다. 망신주면 이놈 너 죽일테다 떨리는 손으로 진정 낫을 쥐여드는것을 보고는 박동이도 실색해서 이번에는 자기편에서 되도망을 쳤다. 살기를 띄인중근의 눈을 보니 소름이 치고 겁이 났다.

산골의 여름은 빨러서 모가 끝난후 보리를 걷어드리고 나니 골작에는 초목이 울창해지고 산에는 나무가 욱어저서 한결 답답하게 되였다. 옥수수 이삭에서는 붉은 수염이 자라고 삼은 사람의키를 훌쩍 넘게 되여서 마을은 깊은 그림자 속에 잠기고 공씨일가는 밤나무와 돌배나무 그늘에 왼통 덮일 지경이었다. 장마가 저서 큰물이 난후로는 볕이 따겁게 쪼이기 시작해서 마을사람들은 쉴새없는 일에 무시로 땀을 철철 흘렸다. 재실은 피곤할때에는 모든 것이 성가시고 귀치않어

---

3) 해독불능.

서 밭뚝에 하염없이 앉아서는 생각에 잠기곤 했다. 원주ㅅ집이 몸이
무겁다면 발서 일득이에게 소망을 걸수도 없게되어서 앞으로의 건 반
생동안을 어떻게 고달프게 지낼것인구 하고 눈앞이 막막해졌다. 차라
리 다 집어치우고 금전판엘 가든지 그렇지않으면 앞대에가서 뜬버리
를 하든지 하는것이 옳겠다고 박동이와 마주앉어서는 한없는 궁리에
잠겼다. 안해 현씨는 그런 남편의 심중을 헤아릴 까닭도 없어서 큰집
에박혀서는 원주ㅅ집과 부산하게 서두를 뿐이였다. 재도는 장마ㅅ때
터지는 보ㅅ살을 막노라고 덤비다가 흙텅물속에서 가시를 밟은것이
덧나 부은 발로 꼼작 못하고 누어있든것이 바쇠를 달궈서 지진다 풀
뿌리를 익여서 바른다하는동안에 차차 났기 시작해 지금에는 일어나
걸어다니게까지 되였다. 달포동안 방에 번듯이 누어 점점 불러가는
원주ㅅ집의 배를 바라보는것은 더없는 기쁨이기는 했으나 다시 일어
나 근실거리는 두팔로 몰킨 일을 시작하는것도 또없는 기쁨이였다.
밭속에서 혹은 산위에서 멀리 집안에 움즉이고있는 안해의 모양을 바
라보는것도 흥겨운 일이였다.

　홍이 과해서 하로는 아닌변이 생기고야 말었다. 수상한 안해의 모
양을 보고 황겁지겁 산을 뛰여나린것이였다. 건넌산 골작에 칙 넝쿨
을 뜯으러 가있었든 재도에게는 점심이 지나고 사내들은 밭으로 나간
후에 조용한 집안이 멀리 나려다보였다. 문득 안뜰에 조그만 그림자
가 움즉이드니 주위를 살피는듯 슬금슬금 안방으로 들어가는것을 보
고 그것이 박동이인줄을 알었슬때 뒤켠 조이밭에 가있어야할여석이
아닌때 무슨까닭일구 하고 재도는 숨을죽이고 바라보았다. 한참이나
있다가 박동이가 늠실하고 방에서 나오는 뒤으로 원주ㅅ집이 궐연을
물고 따러나오는 것을 보고는 재도는 눈이 뒤집힐듯 노기가 솟아 부
르르 육신을 떨면서 지게도 칙 넝쿨도 내버린채 허둥지둥골작을 뛰여

나렸다.

　안해를 믿고 지내오지않은것은 아니였으나 한번 의심하기 시작하니 환장이나 할듯이 마음이 뒤집히우는것이였다. 둘이 아무리 방패막이를 해도 마음이 듣지를 않어서 물푸래나무 가지로 번가라 물매를 내리나 안해는 청하길래 적삼을 잡아매주고 내친김에 궐연을 한개 주었다는것 이상으로는 입을열지않었다. 나중에는 도리혀 짜증을 내면서 이렇게 욕을 받으랴면 차라리 고향으로 나가겠노라고 주섬주섬 세간을 거두는것이였다. 그래도 재도는노염이 풀리지않어서 기어코 여물을 쓰으는 작두 날에다 박동이의 목을 밀어넣고 다짐을 받을때 박동이는 비로소 손을 빌고 눈물을 흘리면서 고했다. ―사실은 그렇게 허물을 지은듯이 보여서 원주집에다 억울한 죄를 씨워그를집에서 내쫓자는 계책이었다는것 그계책에 재도가 옳게 걸려왔다는것 그 모든 계책은 재실의 뜻과 지칭에서 나왔다는것이였다. 재도는 놀랬지만 원주ㅅ집도 그런 훌책속에 감쪽같이 올켜들어갔음을 알고 어이가없어서 못된 여석을 하고 이번에는 박동이를 책하기 시작했다. 재도는 겨우 마음이 가라앉으면서 밤낮 남모를 궁리에만잠겨있든 재실이여석이니 그럴법도 하겠다고 박동이를 시켜 곧 불러보았으나 재실은 그렇게될 줄을 예료하고서인지 밭에도 집에도 자태가 보이지않었다.

　그날부터 종시 집에 돌아오지 않었다. 아마도 어느 금전판이나 먼 앞대로나 간 것이려니 생각할수밖게는 없었든것이 며칠후 창말로 장 보러갔다온 사람 말을 들으면 술집에서 여러날이나 곤드레만드레 딩굴고있더니 깊은산에 가 치성을 드리고삼을 찾어보겠다고 하고는 표연히 홍정리 심산으로 들어가겠다는것이였다. 삼을 캐서 단번에 천금을 쥐자는 생각이지만 그런 바르지못한 심청머리에 삼신산의 불사약이 그렇게 수월하게 눈에 띠일줄 아나하고 재도는 도리혀 측은히 역였다. 남편을 잃어버린 현씨의 서름은 남모르게 커서 개일줄 모르는 눈ㅅ자위을 버얽케 해가지고는 어린것을 데리고 큰집에 틀여박히다 싶이했다. 박동이는 재실의 입바람에 당치않은짓을 했든것이 겸연해서 이도 여러날동안이나 창말을 빙빙 돌면서 돌아오지않는것을 왕사는 왕사로하고 바뿔때 그대로 둘수만도 없다고 재도가 손수 가서 데려온까닭에 다시 사랑에서 거처하게 되였다.

이 의외의 변에 누구보다도 놀라고 겁을 먹은것은 중근이였다. 삼촌이 박동이의 목을 자르겠다고 작두ㅅ날아래에 넣고 금시 발로 밟으랴든 순간을 생각만해도 몸서리가 치고 무릎이 떨렸다. 일상때에 용하기만하든 삼촌이 그렇게도 담차고 무서운 사람이든가 싶었다. 견디기 어려운 무더운날 백낮이면 나무그늘에 쉬이면서 흡사 재실이 하든것과같이 하염없이 생각에 잠기곤 했다. 한층 마음이 서글프게 된것은 하로아츰 우리속에 길으든 노루가 달아났슴이다. 길이 들었다고만 역이고 우리 빈지를 빼꼼히 열어놓은것이 마당앞을 어정대는 줄만 알았드니 어느결엔지 뒷산으로 날새게 다라나 버린것이였다. 울화가나서 일도 잡히지않는동안에 더위도 가고 여름도 지났을때 월정사에서 송씨가 돌아왔다. 백일불공의 효험이 있어 석달이나되는 무거운 몸으로 나타났다. 중근은 반가운지 두려운지 가슴이 떨리기만하는바람에 이날 부터 산에서 어두어진다음에야 나려왔다.

원한을 풀고 돌아온 송씨의 소문이 마을에 자자해지자 사람들은 창말 판수의 공을 신기하게 역이고 금시에 아들복을 느리게된 재도의 팔자를 부러워들 했다. 아들없음을 누가 한할까 창말 말 판수에게 점치면 그만인것을 하고 여자들은 짓걸거렸다. 재도는 지금같어서는 세상에 더 부러운것이 없어 얼굴에 웃음을 먹음고 사람들의 말시답을 하기에 겨를이 없었다. 마당 앞에서서 터아래로 골짝까지 뻐친 전토

전토를 바라보면서 자자손손이 그를 잘 다스려 먼 후세까지 일가가 번창해 조상의일홈을 날릴것을 생각하면 지금 눈을 감어도 한이 없을 듯 싶었다. 다시 시작된 두 안해의 옥신각신을 말리기는 남편으로서 두통꺼리였으나 큰 기쁨앞에서 그것도 대단한 일은 아니였다. 적은집 이 거만하게 배ㅅ장을 부리면 큰집도 질사람이 어디있느냐는듯 펀둥 펀둥 게으름을 부리면서 앙알거리는 두사람의 자태를 차라리 대견한 낯으로 바라보는때도 있었다.

그해 가을은 예년에없는 풍년이 들어 추수는 어느때보다도 흡족했 다. 마당에는 벼ㅅ단과 조이ㅅ단의 낫가리가 덤덤이 누른산을 이루웠 고 두주깐에는 잡곡이 그득 재여졌다. 날이굵은 콩도 여러섬이 되여 서 내년봄 소곰바지에도 흔하게 실고갈수있슬것이다. 밤 대추의 과실 도 제사에 쓰고도 남으리만치 뜰어드렸고 현씨는 마을여자들과 날마 다 먼산에 가서는 서리마즌 머루 다래 돌ㅅ배에다 동백을 몇광주리 고 따왔다. 집안에는 그 열매 냄새와함께 잘익은 오곡 냄새가 훅군훅 군 풍기고 두사람의 안해는 부를대로 부른 배에 진종일 머루를 먹었 다. 반년동안 신고한 덕이라고는 해도 배를 두드리며 지낼 한가한 겨 울이 온것을 생각할때 재도는 몸을 흐붓이 적시어주는 행복감에 마음 이 개나른해짐을 느꼈다. 이 가장 행복스러울때 불행도 왔다. 그 불행 이 오랴고 그때까지의 행복이 준비되여 있었든지도 모른다. 어이없는 커다란 불행이 재도에게는 그렇게밖게에 역여지지않었다. 안온하든 마음이 뒤집힐듯 번저지면서 한몸의 불운을 통곡하고 싶었다.

밭에서 남은 조이ㅅ단을 묶고있을때 뒷산에 참새모는 소리가 요란 히 나면서 중근이 숨이가뿌게 뛰여와서 전하는말이 웬 타관놈같은 낯 모를 사내가 와서 원주ㅅ집과 호락호락 말을 걸고 있다는것이였다. 그것이 제안해를 찾으러 문막서 온 대장쟁이 일줄야 꿈에나 알었으

라. 마당으로 나려와 행장을한 그 젊은 사내를 물끄럼이 바라보는 동
안에 재도의 안색은 푸르게 질리면서 입까지 더듬어졌다.

재도는 금시에 피가 용솟음치며 앞뒤 분별을 잃고 사내의 옷섭을
쥐여잡는 동안에 원주ㅅ집은 고개를 숙인채 한마디도 없이 안으로
뛰여들어가 버렸다. 이게 대체 무슨일이란 말인구 하고 재도는 사내
를 때려눕힐 기력도없이 제스스로 그 자리에 쓰러질듯도 했다. 모든
것이 꿈이였구나. 하고 미칠듯이 마음이 뒤집혔다.

등신같이 허전허전한 몸으로 이튿날 사내와 함께 창말로 재판을 갔
으나 주재소에서도 면소에서도 낡은 쪽지를 펴들고 두사람을 바라볼
뿐 그 괴이한 사건을 쉽사리는 마르지 못했다. 한사람의 안해를 누구
에게 돌려보냄이 옳을지 바른 재판을 하기가 어려웠다. 고개를 갸웃
거리면서 반나절을 궁리해도 좋은 판결이 안나서 두사람은 실망할 뿐
이였다. 급작히 결말이 나지않을듯함을알고 대장쟁이는 창말에 숙사
를 정하고 날마다 조르러 오기 시작했다. 재도는 기운을 못차리고 살
고있는상 싶지도않았다. 송씨에게만 희망을 걸기로하고 아해는 단렴
한다고해도한번 맺어진 원ㅅ집과의 인연을 끊기는 몸을 에우는것보다
도 아픈일이였다. 원주ㅅ집도 같은느낌 같은생각이였으나 자식의 권
리를 주장하는 전남편에 대한 의리도 있고해서 한숨만 짓고있는 동안
에 사내의 위협이 날로 급해짐을 어쩌는수없어 잠시 몸을 풀때까지
창말에서 사내와함께 지내기로했다. 방한간을 빌려서 궁색한대로 조
그만살림을 차리게 되였다. 안해의 뜻이라면 하는수없는노릇이라고
재도는 잠잣고있는수 밖게는 없었으나 저러다 몸이나 푼 후엔 그대로
눌러 술장수를 하지않나 두구보게 사내두 벌서 고향으로 나가기가 싫
다구 창말에 눌러 있을 작정인 모양인데 하고들 사람들의 수군거리는
것을 듣고는 치가 떨려서 견딜수 없었다. 원주ㅅ집이 창말로 떠나는

날 그래도 그동안 정이 든 현씨는 작별의 눈물을 흘리고 박동이도 논 뚝까지 걸어나오면서 웨이리 사람일이 변하는고 싶어서 눈시울이 뜨 거워졌다. 삽시간에 일어난 변화를 생각하고 재도는 세상일 알수없다 고 숨여드는 가을바람에 목이 메여졌다. 흡족한 추수도 넓은 전토도 지금엔 그다지 마음을 질겁히는것이 못되였다. 비인 방에 앉으니 장 부답지못하게 눈물이 솟았다.

『당신두 놀라겠지만 처를 찾으러 왔소이다. 공연한 짓을 하구 얼마 나 뉘우쳤는지. 동네를 안대준 까닭에 이곳을 찾노라구 큰 고생을 했 소. 문막을 떠난지가 한달이 넘었는데 군내를 구석구석 모조리 들칠 수 밖겐 있어야죠』

『지금 새삼스럽게 그 그게 무슨 소린가. 사람들 보구있는 속에서 작정한일이 아닌가』

『소와 사람을 바꾸다니 그런데가 세상에 어디 있겠수. 사람들 한테 서 내가 얼마나 욕을 받구 조롱을 받았는지 소는 그뒤 얼마안가 죽었 구. 값을 치러 드리죠. 작만해 가지구 왔으니』

『쪽지는 무엇 때문에 썼나. 지장까지 도두라지게 찍구. 여기 다 있 어. 재판소엘 가두 누가 옳은가 뻔한일이야』

『그땐 여편네와 싸운 후라 내가환장했었서유. 바른 정신으로야 누 가 지장을 찍겠수』

『지금 와서 될말인가. 반년 동안이나 한집에서 가치 산 사람을 지 금 와서』

『아무래두 데려가야 겠어요. 우리끼리 정하기 어려우면 여편네더러 정하라구 그러죠. 되로 가든지여기있든지』

사내는 자신있는듯이 여자편을 보았으나 지난날의 안해는 반다시 그뜻을 받어드리랴고 하는것도 아니었다. 변변치못하고 게으른 대장

쟁이에게 시집가 몇해동안에 맛본 신고란 이로 헤아릴수 없었다. 그
렇다고 그 자리에서재도에게 두말없이 몸을 맡길수도 없는노릇 그도
난처한 경우에 서게되여 그 의외의 변에 재도와 함께 안색이 푸르게
질리우고 벙어리같이 입이 열리지 않았다.

『나두 차차 자식 생각두 나구요. 내자식 내 얻어가는데야 무슨말
있겠수. 제 핏줄이야 아문들 어떻게 한단 말요』

『누 누구 자식이라구. 농이냐 진정이냐. 꽤니 더 노닥거리다간 큰
일 날라』

『거즛말인줄 아시우. 쪽지를 쓸때엔 벌서 두달째 됐을 때라우 아이
어미에게 물어보시우 어디─나같은 죄인은 천하에 없어요』

『머 멋이라구. 머. 대체 그게. 놈이…』

그러나 그것으로도 부족한듯 재도에게는 참으로 가을바람은 살을
에우는듯 모질었고 몸과 마음을 한꺼번에쓸어눕힐 날이 기다리고 있
었다. 내몸의 서글픔을 깨닷고 건질수없는 쓰라림에 통곡하게될 날이
기다리고 있었다.

원주ㅅ집이 간후 집안이 쓸쓸해지고 손도 부족해진 탓으로 재도는
중근에게 봄부터 말이있든 임서방의 딸 분이를 짝지어 주랴고 했으나
중근은 고집스럽게 사절하면서 종시 말을 않듣는것이였다. 겨울동안
매산양도 하고 창애로 꿩이나 쪽제비를 잡어서 농사보다도 산양으로
살어가는 임서방은 고달픈 살림사리에서 한사람이래도 좋으니 얼른
식구를 떨어버렸으면 하는 생각으로 함속에는 단벌의 치마저고리까지
준비해주어가지고 잔치날만 기다리고 있었든것이 중근의 고집스런 반
대를 알고 적지아니 황당해했다. 분이가 낙망해서 딴짓이나 하지않을
까 괜한 걱정까지 얻어가지고 안해와 마조앉으면 밤낮으로 그이야기
뿐이였다. 중근이만큼 장골이고 민첩하고 무슨일을 시키든지 한몫을

옳게보는 총각은 마을에는 없었다. 웨 싫단말이냐 네주제엔 과하단다 바누질은 물론 질삼으로도 마을에서 분이를 당하는 처녀가 없는데 재도도 임서방에게 말을주었든 터에 좀 황당해서 조카를 책망해도 중근은 여전히 소귀에 경읽기 였다. 밤에 사랑에 아무도 놀러오는사람이 없고 박동이와 단둘이 마조앉어서새끼를 꼴때 중근은 문득 손을 쉬이고는 재실아저씨는 지금 어디가있을까 동삼 한뿌리만 캐면 그한대로 돈벼락을 마즈렸다. 나두 아무데나 가봤으면 마당같이 넓은 신작로가 그립구나 동으로가면 강릉이요 서으로가면 서울인데 아무데두 좋으니 가구싶어 하면서 중얼거렸다. 너 재실이같이 내뺄 작정이구나 그래서 분이두 안얻겠단말이지. 박동이가 가늠을 보면 중근은 그렇다고도 그렇지않다고도 말하지않고 멍하니 잠잣고만 있었다. 그럴때의 그근심을 띠인 부드러운 눈동자에 박동이는 말할수없는 감동을 받으면서 그렇게 고운눈은 지금까지 본적이 없었든것같이 느껴졌다.

임서방이 사위ㅅ감으로 중근을 원하는 이유가 또하나 있었다. 산양의 재조가 자기도 못미치게 놀라웠든 까닭이였다. 갈은 눈속에 창애를 고여놓을때에도 중근에게는 남모를 특수한 묘리가있는듯 모이를 다는법이며 창애를 묻는법이며 꿩이 흔하게 내릴듯한 자리를 견양대는법을 임서방은 오랜 경험으로도 알어낼수가 없었다. 해마다 잡어드리는 꿩의 수효는 임서방보다도 훨신 많었다. 중근은 그것을 장에서 팔어다가는 한겨울동안 모으면 도야지 한 마리 살 값이 되였다. 그런 중근에게 자기의 묘리까지도 가르켜주어 그고장에서 제일가는 산양꾼을 맨들겠다는것이 임서방의 원이였다. 그해 겨울만해도 중근은 뜻밖게 큰 산양을 해서 임서방을 놀랬을뿐이랴 마을사람들을 탄복시키게 되였다. 홍정리로 넘어가는 산비탈에 함정을 파고 커다란 곰한마리를 잡은것이였다. 홍정리산ㅅ골에서 곰이 간간히 산을 넘어와서는 밭 곡

식을 짓무즐리고 가는것을 알면서도 창말서 포수가 모리꾼을 데리고
와도 한번도 옳게 쏘지는 못했다. 중근은 여러날이 걸려 거의 우물깊
이나되는 함정을 파고 그뒤에 검불을 덮어두었을뿐으로 그 사나운 짐
승을 여반장으로 잡은것이였다. 곰 다니는 길을 잘 살펴두었든것이요
함정위에는 옥수수 이삭을 묶거서 달었다. 실족을한 짐승은 깊은 함
정속에서 밤새도록 구슬프게 울었다. 아침에 중근은 사람을 데리고
커다란 돌을 함정속에 굴려떠러트러서 짐승의 한목숨을 끊었다. 마을
은 그날 개벽이나 한듯이 요란하게 떠들썩들했다. 죽은 짐승을 끌어
내 집 마당까지들어왔을때 십리나되는 무이리 꼭대기에 서까지 농군
들이 몰려왔다. 조상에 범과싸워서 이긴 장사가 있었다드니 그 후손
은 곰을 잡었구나 하면서들 반나절을 요란들이였다. 곰은 당일로 창
말 소장사가 사다가 도수장에서 헤처본 결과 커다란 웅담이 나왔다고
중근은 거의 소 한필값을 받었다. 곰 한 마리 잡는편이 일년 농사 짓
기보다도 났다고 남안리 젊은축들은 부러워들 했다.

　중근의 자태가 사라진것은 그날부터였다. 흥정이 잘됐으니 성애스
술 한턱 쓰라고들 졸라도 그날만은 한목음도 술을 안먹고 눈이 힛긋
힛긋 날리는 장판을 오르나리면서 집으로 갈 생각은 안하더니 그길로
사라저버렸다. 여러날이 지나도 안돌아왔다. 기어커 내뺏구나 신작로
로 나서 필연코 강릉이나 서울로 갔으렸다. 박동이는 마치 기다리고
있든 당연한일이 온것같이 별반 놀라지도 않고 맥이 없어 보였다. 오
랫동안 궁리하고있었든 계획이요 그 때문에 이것저것 준비하고있는
눈치도 박동이는 대강 눈치채이고 있었다. 곰을 잡어서 노자를 맨든
것이 좋은 기회가 되였을뿐이다. 곰을 못잡었다면 아마도 꿩산양이
끝날때까지 기다렸을것이다. 박동이는 사랑에서의 가지가지의 이야기
와 눈치를 생각해내면서 그렇다고는해도 어릴때부터 정드려온 마을을

웨 지금와서 버리지않으면 안되었을까 남모르는 사정이 있으련만 거기에 대해서는 까딱 한마디도 못들었음이 한되게 역여졌다.

송씨는 방안에 누은채로 중근의 실종에 대해서는 한마디도 말이없었다. 남편이 사연을 말하면서 무엇을 걱정하구 무엇이 불만이구 무엇때문에 집이 싫여졌는지 도대체 알수가 없다고 의심적어할 때 송씨는 얼굴빛도 동하지 않고 묵묵히 벽쪽으로 도라눕더니 괴로운듯 신음하면서 옷소매에 얼굴을 묻어버렸다. 오대산에서 돌아왔을때부터 그렇게 경없이하구 수심이있어 보였는데 알수없는 일이야 혹시나 눈치채지 못했느냐고 나다분히 곱씹어 말하는것이 귀치않은지 송씨는 벌덕 자리를 차고 일어나서는 일도없는데 부엌으로 나가버렸다. 그런 안해의 거동조차 알수없는것이여서 제기 집안이 모두 이렇게 화를 내구 틀어지니 다 내죄란 말인가 하고 재도 자신까지 화를 내는것이였다.

겨울도 마저가 그해가 저무라할때 원주ㅅ집은 창말 한간 세ㅅ방에서 여식을 낳었다. 재도는 그다지 감동도 보이지는 않었으나 그래도 산모의 수고를 생각하고는 쌀과 미역을 지고가서 위로하기를 잊지않었다. 변변치못한대장쟁이는 별반 버리도없이 허송세월하노라고 나날의 양식조차 걱정이 되여서 재도의 베푸는것을 사양하랴고도하지않었다. 이꼴이다가는 짜장이제 술장수나 하는수밖겐 없으렸다 하고 재도는 원주ㅅ집의 신세가 가여워졌다. 이제는 발서 큰댁의 몸에밖게는 희망을 걸데가 없었다. 무어니 무어니 해도 조강지처 만이 나를 저바리지 않누나 하고 느즈막이 깨닷게 되였으나 그 깨다름조차 자기를 저버릴줄이야 어찌 알었으랴.

원주ㅅ집 보다는 석달이 떠러지 다음해 춘삼월 날씨가 활짝 풀리기 시작했을때 송씨도 몸을 풀었다. 창말 판수가 장담한것같이 옥같은 동자였다. 이날 재도는 아랫마을 강영감 집에서 암소가 새끼를 낳는다는 바람에 불리워 가있었다. 이해 소곰바지에는 그집 소를 빌려 갈 작정이였다. 박동이가 달려와서 고하는 바람에 소를 돌볼 겨를도 없이 집으로 뛰여갔다. 해볕이 짜링짜링 쪼이는 첫참때는 되였을때 갓난애의 목소리라고는 할수없는 굵은 우름소리가 마당안에 가득이 넘처흘렀다. 모이를 쪼든 숫닭들이 싯뻘언 맨도람이를 꼬추세우고 그 우름소리에 귀를 기우리고있는듯도한 정경이였다. 대강 손익음이있는 현씨가 산모옆에서 몽실몽실한 밝아둥이를 기저구에 받어내는 한편 부엌에서는 노망한 늙은 어머니가 벙글벙글 웃으면서 서투른 솜씨로 불을 때면서 미역국을 끓이고있었다. 중년을 잡아서의 초산인지라 안 해는 정신을 잃은듯이 집단 위에 나른히 누어있었으나 현씨의 말에 의하면 초산인 푼수로는 비교적 수월해서 모체에는 별 탈이 없다는것 이였다. 아히가 이렇게 크구야 잘익은 박덩이 한 개의 무게는 되니. 현씨의 말에 재도는 제절로 얼굴이 벌어졌다. 애비보다 열곱 웃질이 다 동네에서 제일가는 장골이 되렸다. 기쁘겠다고 중중대는 바람에 웬일인지 거짓말 같은데 이렇게 끔찍한 복이 정말일까 하늘에서 떠러 진것같이 지금와서 이런 복덩어리가 굴러들다니 꼭 거짓말만 같어 하 고 재도는 아해같이 짓거렸다. 경사든날에 쓸데없는말을 하는법이 아 니라우 정말이구말구 요런 몽실몽실한 애기가 요게 웨 정말 핏줄이 아니겠수 불공을 드린 효험이 있어서 삼신할머니가 주신거지 받은 이 상은 정성것 공드려 길러야만해. 현씨는 익숙한 말씨로 일러듣기면서 삼신께 바치는 삼신주머니라고 흰 무명자루에 정미 한되를 넣어서는 벽 구석에 걸어두었다.

　재도는 늦게 얻든 그 외아들을 만득이라고 일흠짓고 마을로 돌아다 니면서 자랑스럽게 외이곤 했다. 강영감들의 지시로 하로는 사랑에 사람들을 청하고 득남턱을 차렸다. 도야지까지 잡고 혼례때 잔치에 밀리지않게 놀랍다고 얼굴들을 붉으레 물들여가지고 칭찬들이 놀라웠다. 글줄이나 읽은축들은 적선지가에 필유여경이라 고 외이면서 칭송을하면 재도는 마음이 흡족해서 짜장 앞으로는 경사도 더러는 있어야할때라고 독판 착한사람인양 스스로 느껴졌다. 그러나 그런기쁨도 삽시간에 꺼지고 무서운 날이닥처왔다.

사월이 되니 재도는 문막으로 소곰바지를 떠나랴고 빌려온 소를 걸려도보고 섬에 콩도 돼넣고 하면서 문득 원주ㅅ집을 생각해보곤 하는때였다. 산후 한달이 되여 간신히 일어나앉게된 안해가 어느날 무엇을 생각했는지 또 간수를 먹은것이였다. 일상때에 늘 걱정스러하든 태도와 두 번째의 그 과격한 거동으로 재도는 비로소 심상치않은 안해의 괴롬을 살피고 문득 무서운 고비에 생각이 이르렀다. 그러나 그것을 밝혀볼 겨를도없이 겨우 달이 넘은 안해가 돌연히 목숨을 끊었다. 안해가 다시 소생되여 난것쯤으로는 채울수없는 커다란 상처를 주었다. 그 하로살이같은 목숨을 받은 내자식을 바라보고 한편 겨우 한달로서 어미로서의생애를 마치고도 그다지 슬퍼하는양이없이 차라리 개운해하는듯이 누어있는 안해를 바라보는 동안에 재도에게는 어찌된 서슬엔지 문득 한가지 무서운 의혹이 솟아온랐다. 어미가 말하는것같이 정말 병으로 급히 목숨을 버린것일까 하는 밑도끝도없는 당돌한 생각이 솟자 그 자리로 슬픔도 사라지면서 무서운 느낌에 소름이 쪽 끼치면서 정신없이 방을 뛰여나와 버렸다. 그 무서운것에 닷치지말자는 요량이였다. 닷첬다가는 그자리로 목숨이 막혀 쓰러질것도 같았다. 소등어리에 콩섬을 실고 그길로 문막을 향해 마을을 떠났다. 어느해와도 다름없는 같은 차림이기는했으나 지난 한해동안의 번거러운 변동을 치르고난 오늘의 심중은 찢어질듯이 아펐다. 한시도 참고 있을수가 없는까닭에 길을 뚝 떠난것이다. 다른해와 다름없이 온에도 또 소금을 받어가지고 돌아온것인가. ─재도 자신에게도 그것은 모를 일이였다.

『무슨 까닭으로 온엔 이렇게 담떠러지는 일만 생길까. 꼭 십년 감수는 했어. ─이집은 대체 어떻게 된단 말인구. 사내꼬치 라군 없는 이집은. …일즉이 애비래두 돌아왔으면 좋으련만』

방에 송씨와 단둘이 남게된 현씨는 거듭 당하는 괴변에 등골수라도 얻어마즌듯 혼몽한 정신에 입을 버리기도 성가셨다.

『내가 얼른 죽어야 끝장이 나련만 이목숨이 웨이리두 질긴지 끊어지지 않는구료. 지금와선 목숨이 원수같어』

송씨는 혼자말같이 중얼그리고는 동세의 손목을 꼭 쥐면서 애끊는 눈으로 그를 바라본다.

『…우리끼리니 말이지만─동세 세상에 나같이 악독한 년은 없다우. …동세가 들으면 이 자리에서 기급을 하구 쓸어질것 같어서 말할 수가 없구료』

현씨도 웃동세의 손을 가치 뿌듯이 잡으면서 말하지않어도 다 안다는듯도한 침착한 낯으로

『쓸데없는 말은 짓거리지않는것이 좋을지 몰라. 내 생각하구있는것과 같을는지두 모르니깐』

『…동세. 저자식은 잘죽었다우. 세상에 이집 가장같이 불상한 사람은 없어. …저자식은─저자식은 남편의 자식이 아니였어』

『그만 둬요. 말하지않어두 다 안다니깐. ─중근이 내뺀 곡절이며 머며 다 알어요』

『알구 있었수. 동세. ─불륜의 씨로 가장을 기쁘게 할래두 소용이 없나부. 팔자에 없는건 어쩌는수 없나봐. 난 죄 많은 계집이요. 웨 얼른 벼락이 떠러저 이 목숨을 차가지 않는지 이상해 죽겠구료. 그렇게

되기만을 기다리구 있는데…』

　말하다 말고 쓸어저 탁 터저버렸다. 현씨도 저저오는 눈섭을 꾹 짜면서 동세의 애꾸즌 팔자에 가슴이 휘답답해 왔다.

　소를 몰고 뒤도 돌아보지않고 소곰바지를 떠난 재도의 심중에 펀적인 무서운 생각도 이와 같은것이였을까. 안해의입으로 구지 듣지않어도 다느끼고있었든 까닭에 더 파묻지도않고 황망히 집을 버리고 마을을 떠난것이였을까.

　며칠이 되여 재도의 소문이 마을에 퍼지자 젊은 측들은 모여서

　『올에두 작년처럼 또 소잔등에 젊은 색시를 얻어 실구 올까』

　『그 성품으로 다시 이마을에 발을 들여놓을줄 아나. 근본있는 가문이드니 단지 하나 후손이 없는탓으로 재도두 고생이 자심해』

　『그럼 그집은 대체 어떻게 된단 말유. 알뜰히 작만한 밭과 산과 소 돼지는 다 어떻게 된단 말유』하고들 남의일 같지 않게 궁금해하는것이였다.(『춘추』, 1941.5)

찾아보기

[인 명]

(ㄱ)

강만길　82

강재언　46, 141

권영민　13, 66

김동인　20, 47

김사량　17, 40, 138

김시습　47

김용제　123

김윤식　14, 157

김정한　17

(ㄴ)

노상래　87

(ㄹ)

리몬 케넌　162

(ㅂ)

박계주　22, 66, 135

박영희　15, 55, 114

박종화　21

백 철　12, 90

복거일　150

(ㅅ)

석인해　38

송민호　12

(ㅇ)

안수길　22

양주동　47

오영진　27, 120

우스펜스키　163, 185

유진오　42, 138

이광수　20, 47, 113

이근영　17

이기영　17, 23, 55, 90

이무영　21

이북명　21, 66

이 상　28, 127

이석훈　28, 122

이재선　66, 68

이종환　28, 128

이주홍　123

이태준　17, 20, 109

이효석　138, 183

임종국　13, 15, 90

(ㅈ)

장덕순　147

장혁주　123

정운현　15

정인택　17, 116

정지상　47

조연현　12

주요한　47

(ㅊ)

채만식　17, 20, 38

천이두　90

최인욱   28, 128
최재서   15, 123
최정희   120

(ㅎ)
한설야   17
홍난파   28, 127
히노 아시헤이   123

[작품명]

(ㄱ)
개살구   202
고 향   55
공 간   17
광산촌   23, 90
금오신화   47

(ㄴ)
내 산아   123
노마만리   41, 136, 140

(ㄷ)
대지의 아들   90
동천홍   90
뒤돌아보지 않으리   17, 116

(ㅁ)
메밀꽃 필 무렵   202
목축기   22

무산대위   122
무 연   17
무 정   47
묵은 자장가   17, 38
물오리섬   17, 39

(ㅂ)
배따라기   47
백마강   20
보도연습반   123
보리와 병정   123
봄의 노래   20
불놀이   47
붕 익   121
빙 원   21, 65
빛 속에   40, 138

(ㅅ)
사 냥   17, 109
산 협   183, 202
새로운 출발   123
새 벽   22
서경별곡   47
서도잡가   47
소 년   17
송 인   47
수심가   47
신개지   90
심봉사   17

(ㅇ)

아름다운 새벽   20, 21
아자미의 장   138, 203
애정무한   136
야국초   120
어머니   17, 28, 124
여 명   21
여인전기   20, 21
오리온 성좌   136
왕자호동   20, 21
원각촌   22
유 방   22, 66, 124
육 표   136

(ㅈ)
장 정   123
젊은 용의 고향   27, 120
젖   17
죽엄보다 강한 것   136
집   38

(ㅊ)
청량리계외   122
초록의 탑   203

(ㅌ)
토성랑   39
패강송   47

(ㅍ)
포 인   38
표류기   38

(ㅎ)
하늘의 영웅   122
해 변   121
행 복   121
향 가   21
향 토   136
혈의 누   47

[중요용어]

(ㄱ)
가변 초점화   163, 193
가족사연대기소설   164
가 탁   39, 54
간접화법   170, 192
간텍스트성   5
감정적 요소   163
개척민   21, 22
개척민 소설   90
견문기   120
결사보국   117
결전문학   15, 115
경향파   90
고정 초점화   163, 193
고향상실   85
고향찾기   85
공간적 초점화   163, 174, 186
관념적 국면   163
국권수호   181

국민문학   14, 20, 115, 135, 148,
   149, 152, 158
국민신보   203
국제결혼   148
군국주의   118
극적 반전   199
극적 효과   199
근친상간   201
금점꾼   96
기 의   87, 191
기 표   79, 191
기행문   41

(ㄴ)
낯설게하기   199
내부 지각   165, 189
내선일체   20, 37, 137, 138
내적 독백   177
내적 초점화   163
내포독자   67, 175
내포작가   67
내 화   21, 37, 48, 66
내화 서술자   84
노동요   49
노무공출   91
노무징용   93

(ㄷ)
다성적   86, 164
단일액자   69
담론공간   65, 86

대동강   46
대동아 전쟁   122
대량생산   94
대륙전진병참기지화   22
대체역사   150
대항담론   164
도입액자   68
동기적 부가물   68
동방요배   118
동정자   57

(ㄹ)
리얼리즘   42

(ㅁ)
만선일보   22
만주국   22
만주사변   116
매일신보   20, 23, 79, 90, 118
모티프   185
목적주의   31
몽타주   163
문예수도   138
문 장   12, 66
문학성   178
문화종합   146
민족문학   15, 114

(ㅂ)
반어적   77, 86
범시간적 초점화   186

복수 초점화　163, 193
불협화음　79
비 문　197
비 의　184

(ㅅ)
사적인 담론　170
사회주의　27
산업전사　106
3인칭 텍스트　182
상 품　103
생산현장　98
생산관계　26, 94, 110
생산소설　23, 86, 90, 104
서사 진행　185
서사적 거리　198
서 술　162
서술자　27, 66, 67, 69, 87, 187
서술적 예시　198
서술절　173
성장과정　49
성장사　101
성장소설　58
세태소설　14
소금장수 설화　202
소설 담론　67
속문주의　18, 19
속소재주의　18
속인주의　18
속지주의　18
스토리　162

시간적 초점화　163, 174, 186
시국대응전선사상보국연맹　55
시치미떼기　200
식민지　19
신 민　79, 122
신변소설　13
신소설　47
신시대　17, 20
신체제　20
신 화　78, 185
신흥재벌　71
심리적 국면　163

(ㅇ)
아사셀 양　201
아쿠타가와상　40
알레고리　38
암흑기　12
애국문학　15, 115
액자소설　21, 66, 125, 143
야 담　17, 122, 123
야스쿠니 신사　117
양상적 표현　169
에이론　77
역사소설　20
역사의식　113, 136
역사철학　113
연애물　152
영서 3부작　202
외부 지각　165, 189
외적 초점화　162, 165

외적 초점화자　87
외　화　21, 48, 66
외화 서술자　78
우　의　18, 39
월북작가　40
의식의 흐름　172
이동극단　97
이중 언어　40
이중서술시점　66
인문평론　12, 14
인식적 요소　163
인식적 지향　187
일본문학사　138
일본어　16, 39
일본어 표기　58
일본정신　114
일선통혼　146
일시동인　30, 119
1인칭 텍스트　182
일제말기　14

(ㅈ)
자　연　38
자유 간접 화법　178
작중인물－초점화자　163
재북작가　40
재일본 조선인　42
전　기　58, 122
전시체제　38
전이적 연결점　83
전쟁문학　14, 114

전지적 시점　187
전체주의　27, 76, 91, 92, 101, 109
전체주의적 지수　92
전향공작　56
정치소설　11
조　광　28, 122, 127
조선의용군　30, 40
조선인　41
조선일보　90
조선헌병대　28
조일 혼혈 조선인　42, 157
종결액자　68
종군작가　124, 40
중일전쟁　116
증산경쟁　105
증산정책　26
지각적 국면　163
지문형식　81
지방문학　19
지원병　18, 29, 116
지원병제　116
직접화법　170, 190
징　병　18, 21, 91
징병제　116
징　용　25, 91, 101

(ㅊ)
창씨개명제　146
초점화　162, 183
초점화 교체 현상　174
초점화 대상　163, 170, 187

초점화 이론　162
초점화자　163, 186
춘 추　17
친일문학　11, 13, 14, 37, 65,
　136, 137, 161, 183
친일소설　114
친일작가　41, 114
친일파　15, 27

(ㅋ)
카메라의 눈　168
카프　90

(ㅌ)
탁물우의　18, 57
탐색담　87
탐색영웅　72
태평양전쟁　66, 70, 115
태항산중　40
텍스트　162

(ㅍ)
파노라마　163
파시즘　31, 71, 91
팔로군　125
폐쇄적 액자　69
피화자(독자)　167, 172

(ㅎ)
학도병　29, 91
한국문학사　38, 40, 138, 146,
　152
한국어　37
한국전쟁　40
항공소설　122
항일무장독립투쟁　40
항일문학　28, 32, 136
항일서사물　136
항일성　27, 31
해군지원병　121
협화음　79
화자－초점화자　163, 165, 188
화전민　66, 69, 82
황 국　122
황국신민　15, 26, 118, 148
후일담　43, 90
희생 기제　201

신 | 희 | 교

· 1956년(대구)생
· 고려대학교 국문과 졸업
· 동대학원 석사 및 박사 졸업
· 현재 우석대학교 한국어학과 교수

□ 저서
· 『일제말기소설연구』(국학자료원)
· 『한국현대성장소설』(신아출판사)

일제말기 소설연구방법의 모색

지은이 신희교

인쇄일 초판1쇄 2007년 8월 13일 발행일 초판1쇄 2007년 8월 25일
발행처 새미 등록일 2005.3.15 제17-423호

편 집 박지혜, 이초희, 김나경 영 업 정구형
총 무 한선희, 손화영, 박지연 물 류 박홍주, 김종효

서울시 강동구 암사동 463-25 2층
Tel 441-1762, 442-4623,4 Fax 442-4625

www.kookhak.co.kr
kookhak2001@hanmail.net

ISBN 978-89-5628-278-7 *93180
가 격 23,000원

저자와의 협의하에 인지는 생략합니다.
새미는 국학자료원의 자회사입니다.